Mit ihren unter dem Titel *Ferngespräche* gesammelten Erzählungen, die hier als Neuauflage erscheinen, trat Marie Luise Kaschnitz 1966 in den Insel Verlag ein. Die Menschen, von denen Marie Luise Kaschnitz hier erzählt, finden sich scheinbar mühelos in dem ihnen zugewiesenen Leben zurecht, sie tun, was von ihnen verlangt wird, nicht weniger und nicht mehr, bis eines Tages das Unvorhergesehene geschieht und sie aus der gewohnten Bahn wirft – ob sie es wahrhaben wollen oder vor sich selber verbergen, Unschuld oder Lebenslüge mit der verzweifelten Kraft von Verurteilten niederzureden versuchen. Wie individuell die Personen auch gezeichnet sind – sie sind beispielhaft noch für die Menschen von heute. Nicht die Außenseiter der Gesellschaft werden beschrieben, nicht die Erniedrigten und Beleidigten, sondern die sanft Gestrandeten, hier und jetzt, alle in einem Alltag lebend, der scheinbar glatt funktioniert, plötzlich aber, in einer Geste, einem Wort, im Zufall einer Begegnung, den Blick ins Unheimliche freigibt, in einen Bereich, von dem aus gesehen alles bisher Gelebte fragwürdig wird. Damit und von hier aus ist das Leben neu zu entwerfen.

Marcel Reich-Ranicki schrieb zur Erstausgabe des Bandes: »So vereint der Band *Ferngespräche* Geschichten, deren Atmosphäre in der deutschen Gegenwartsliteratur einmalig ist: Schwermut ohne Verbitterung, Mitleid ohne Wehmut, Trauer ohne Zorn, Schmerz ohne Haß. Und zugleich: Leichtigkeit und Heiterkeit ohne Verharmlosung dessen, was um uns geschah und geschieht... Auch diese Erzählungen sind leise, auch ihnen fehlt es weder an Wärme noch an Herzlichkeit. Es ist nicht Sache der Marie Luise Kaschnitz, anzuklagen oder zu attackieren. Ihre Aufgabe ist es, ihr Erbarmen mit der Kreatur in Bildern und Handlungen auszudrücken.«

insel taschenbuch 1422
Kaschnitz
Ferngespräche

Marie Luise
Kaschnitz
Ferngespräche

Erzählungen

Insel Verlag

4. Auflage 2016

Erste Auflage 1922
insel taschenbuch 1422
© Insel Verlag Frankfurt am Main 1966
Alle Rechte vorbehalten, insbesondere das der Übersetzung,
des öffentlichen Vortrags sowie der Übertragung
durch Rundfunk und Fernsehen, auch einzelner Teile.
Kein Teil des Werkes darf in irgendeiner Form
(durch Fotografie, Mikrofilm oder andere Verfahren)
ohne schriftliche Genehmigung des Verlages
reproduziert oder unter Verwendung elektronischer Systeme
verarbeitet, vervielfältigt oder verbreitet werden.
Vertrieb durch den Suhrkamp Taschenbuch Verlag
Satz: LibroSatz, Kriftel
Printed in Germany
Umschlag: hißmann, heilmann, hamburg
ISBN 978-3-458-33122-3

Ferngespräche

Ein Tamburin, ein Pferd

Ein Haus am Waldrand, eine Art Villa, nicht großartig und auch nicht ärmlich, ein Stockwerk und ein paar Mansardenzimmer, mit schiefen Wänden, in einem der Mansardenzimmerchen schläft das Kind und ein Hampelmann hängt über seinem Bett. Er hängt frei, hat ein Schnürchen zwischen den Beinen, an dem zieht das Kind vor dem Schlafen, ein wenig Licht fällt da noch ins Zimmer, und der Hampelmann zieht die Beine in den geringelten Höschen so hoch er kann. Das Kind ist elf Jahre alt, eine zufriedene Waise, die gern in die Schule geht, gern der Pflegemutter im Hause hilft, gern mit dem Pflegevater an der Strecke entlang geht, wo der alte Eisenbahner jede Minute Verspätung registriert. Die meiste Zeit ist Krieg, Truppentransporte und Gefangenentransporte rollen durch das Birkenwäldchen und, auf einem niederen Damm, durch das Moor. So nah der Grenze liegt das Städtchen nicht, daß die Einwohner evakuiert werden, es wird dort auch nicht geschossen, nur eines Tages kommen die fremden Soldaten und quartieren sich überall ein.

Schon ein paar Tage vorher hat das Kind die Pflegeeltern aufgeregt flüstern hören, wir sind alt und das Kind ist ein Kind, wir geben ihnen alles, was wir haben, es kann uns nichts geschehen. Das Kind weiß nicht, was ihm geschehen soll, Soldaten haben zu essen und geben zu essen, einer hat ihm sogar einmal Schokolade geschenkt. Als eines Nachts das Gepolter an der Tür unten losgeht, erschrickt das Kind, aber nicht allzusehr. Zieh dich an, ruft der Pflegevater, und gleich darauf, wir kommen, ja wir kommen, und schon hört man auf der Treppe seinen leichten Schritt. Ein paar Minuten später stehen alle im Hausflur, die Pflegeeltern, das Kind und die fremden Soldaten, die, wie sich herausstellt, gar kein Quartier verlangen und auch nicht plündern wollen, sondern jemanden suchen, der sich, wie sie meinen, hier verborgen hält. Aber das Kind weiß genau, es ist niemand im Hause, und wie die Pflegeeltern den Kopf schütteln, schüttelt auch das Kind den Kopf. Die Soldaten machen böse Gesichter, einer packt den Pflegevater bei der Schulter und dreht ihn um, er stößt ihm seinen Revolver in den Rücken und zwingt ihn vor ihm her durch alle Zimmer zu gehen, auch in die Küche und in die Speisekammer, schließlich steigen sie auch die Treppe hinauf. Neben dem Zimmer des Kindes liegt noch ein anderes, ebenso kleines, mit ebenso schiefen Wänden, das einmal als Fremdenzimmer gedient hat, aber jetzt kommt schon lange kein Besuch mehr, dann als Vorratskammer, aber es gibt nichts mehr aufzuheben, nur Gerümpel steht da noch herum. Die Pflegemutter hat den Schlüssel vor kurzem einmal abgezogen, tu ihn ins Tamburin, Kind, und das Kind, das den Schlüssel zunächst in sein Schürzentäschchen gesteckt hat, glaubt, daß es das auch wirklich getan hat, denn in dem kleinen runden Kalbfell mit seinem hohen, von Glöckchen besetzten Rahmen, dem Zigeunerinstrument aus der Kostümkiste, werden bei den Pflegeeltern die Schlüssel verwahrt. Vor der Kammer stehen sie jetzt wieder, in der Nacht, dort soll der Gesuchte sich verbergen, die Soldaten rütteln an der Türklinke und die Pflegemutter schickt das Kind nach dem Tamburin, das im Geschirrschrank in der Küche seinen bestimmten Platz hat und dort auch gleich zu finden ist. Das Kind trägt das Ding, so schnell es kann, die Treppe herauf, es hat das Gefühl, daß das vertraute Klappern und Klingeln heute nicht am Platze sei, und darum wickelt es seine Schürze um die Glöckchen und hält die tanzenden Schlüssel fest. Überall brennt das elektrische Licht, aber vor dem Treppenfenster liegen Gärten, Wiese und Waldrand in gespenstischer Dämmerung, und erst jetzt spürt das Kind ein Unbehagen, eine leise Angst, es könne das alles schlecht ausgehen und niemals wieder so werden wie es früher war. Der Pflegevater nimmt dem Kind das Tamburin ab, seine Hände zittern so sehr, daß die Schlüssel auf dem Kalbfell einen kleinen Trommelwirbel ausführen, ein Geräusch, das die Soldaten in Wut und Schrecken versetzt. Jetzt haben plötzlich alle vier ihre Revolver in der Hand und alle sprechen durcheinander, in einer Sprache, die das Kind nicht versteht. Endlich schreit der einzige, der etwas Deutsch kann, aufmachen, da hat der Pflegevater schon ins Tamburin gegriffen und einen Schlüssel herausgezogen, aber es ist der richtige nicht. Auch der zweite, den er den Soldaten hinhält, paßt nicht ins Schloß der Kammer, auch der dritte nicht und der vierte nicht. Er muß aber doch da sein, sagt die Pflegemutter ein paarmal hintereinander und fängt schon zu weinen an. Sie hat vergessen, daß sie dem Kind den Schlüssel zum Verwahren gegeben hat, und auch das Kind hat es vergessen, es fällt ihm erst viel später wieder ein. Den Soldaten ist anzumerken, daß sie die ganze umständliche Sucherei für eine List halten, zornig wühlen sie jetzt selbst im Tamburin, in dem sich fast nur noch ganz kleine Schlüssel, wie für Koffer oder Vorhängeschlösser befinden. Und dann hört das Kind, das am Boden hockt, um die von den Soldaten zornig weggeworfenen Schlüssel aufzulesen, es zweimal scharf knallen, und meint, daß jemand von draußen, aus der unheimlich veränderten Alltagslandschaft, in die Fenster schießt. Es fällt etwas schwer zu ihm herunter, ein Körper, der zwischen den Beinen der Soldaten verkrümmt steckenbleibt, und ein Kopf, der tiefer rutscht und gerade neben seine Hand zu liegen kommt. Es dauert eine Weile, bis das Kind das Lüsterjäckchen und die rosige, von weißen Löckchen umgebene Glatze des Pflegevaters erkennt. Die Mutter ist aufs Gesicht gestürzt, ihr gebrechlicher Körper wird von den Männern beiseite geschoben, und das Kind, das niemand beachtet, rutscht auf dem Bauch die Treppe hinab. Wie es aus dem Haus gekommen ist, weiß es später nicht mehr zu sagen, nur daß sich in seiner Erinnerung drei Dinge verbinden, das eisige Fegen des hohen nassen Grases an seinen Waden, die schweren Schläge, mit denen oben die Soldaten die Tür der Kammer aufbrechen und das Klingeln des Tamburins, das das Kind jetzt wieder in der Hand hält, ohne zu wissen wieso und warum. Es ist inzwischen noch kaum heller geworden und im Wald ist es noch dunkler als draußen, zu dunkel in jedem Fall für ein so kleines Mädchen, das von etwas fortstrebt, aber nicht weiß wohin. Sich zu verstecken wäre gut, aber das Kind bleibt doch lieber auf dem breiten weißen Sandweg, läuft und läuft ohne

Besinnung und ohne sich recht klarzumachen, was geschehen ist. Nichts von Trauer über den Tod der doch geliebten Pflegeeltern, kein Gefühl von Alleinaufderwelt. Nur kalt, kalt, und war da nicht einmal eine Holzfällerhütte, und war da nicht einmal ein Holzstoß, hinter dem man hätte Schutz suchen können vor dem eisigen Wind. Kein Holzstoß ist da, keine Hütte, aber hinter einer Wegbiegung ein Chaisenwägelchen mit einem Pferd und keinem Kutscher, das Pferd ist halb abgeschirrt, läßt den Kopf trübsinnig hängen und döst vor sich hin. Das Kind überlegt nicht lang, es sieht das dicke Spritzleder zurückgeschlagen, es klettert in das Wägelchen und rutscht ganz hinunter und zieht sich die schwarze glänzende Decke über den Kopf. Von dem Augenblick an ist alles gut, das wilde Rauschen der Fichtenwipfel ein Schlaflied, der blutrote Streifen zwischen den Stämmen ein freundliches Licht. Kaum, daß es im Wagen hockt, schläft das Kind schon ein und hat angenehme Träume, Schaukelträume, auf einer Schaukel, deren Seile weiß Gott wo befestigt sind, fliegt es über dem maigrünen Birkenwäldchen hin. Plötzlich dann wird die Schaukel angehalten, jemand reißt an den Seilen, es wird wieder dunkel und eine Schnauze fährt dem Kind ins Gesicht. Es reißt erschrocken die Augen auf, aber dadurch wird nichts besser, die Schnauze ist ein Pferdemaul, aber kein weiches, rundes, wie es der Schecke vom Löwenwirt hat, sondern eines mit langen gelben Zähnen, und wilde glühende Augen stehen dem Pferd ganz außen am Kopf. Das Kind weiß nicht mehr, wie es unter die schwarze Wachstuchdecke gekommen ist, und der Gedanke, daß das halb abgeschirrte Tier sich umgedreht hat, um bei ihm Schutz und Wärme zu finden, kommt ihm nicht.

Weil es unter den noch immer nachtschwarzen Bäumen mit dem Pferd allein ist, wird ihm dieses einzige Lebewesen zum Schrecken aller Schrecken. Sein Anblick ist schlimmer als der Anblick der toten Pflegeeltern, eine viel ältere Erfahrung und darum ganz anders schlimm. Das Kind schlüpft an dem Pferdekopf vorbei und springt aus dem Wagen, es läuft weg, wieder barfuß auf den naßkalten Feldwegen, das Tamburin hat es zurückgelassen, jetzt hat wohl das Pferd mit dem Maul gegen die kleine Trommel gestoßen, was anders hätte im Wald so dumpf und merkwürdig tönen können, aber vielleicht ist es auch der Herzschlag des Kindes, das rennt und rennt und dem jeder Atemzug rauh und schmerzhaft durch die Kehle fährt. Endlich fällt es hin und schreit, weil es jetzt hinter sich auch den Hufschlag des Pferdes und das Räderrollen des Wägelchens vernimmt. Aber nichts kommt, kein Wagen, kein Pferd, dagegen ist hinter den Bäumen die Sonne aufgegangen, und nach einer Weile ruft jemand das Kind, eine Frau aus dem Ort. Die Frau ist zum Reisigsammeln unterwegs, sie weiß schon alles und nimmt das Kind mit sich nach Hause; später ist es in ein Waisenhaus gekommen. Es hat niemals nach seinen Pflegeeltern gefragt, obwohl diese doch gut zu ihm gewesen sind und es sie gern gehabt hat. Um das Haus, in dem es gewohnt hat, hat es immer einen großen Bogen gemacht. Je mehr Zeit vergeht, um so sicherer ist es, daß es den Schlüssel, den ihm die Pflegemutter in die Hand gegeben hat, nicht in das Tamburin gelegt, sondern irgendwo verloren hat, und daß es dadurch eigentlich schuld an dem Tode seiner Pflegeeltern war. Es hat darüber aber keine Gewissensbisse empfunden. Durch alles, was ihm später, das heißt, ehe die guten Zeiten gekommen sind, noch zugestoßen ist, ist es mit einer Art von kaltem Mut hindurchgegangen, wie jemand, der schon bei den Toten war und der durch ein Wunder wieder auf die Erde zurückgekehrt ist. Es hat später geheiratet und selbst Kinder bekommen, es führt jetzt ein Leben, wie alle es führen, mit den Sorgen und Freuden, wie alle sie haben. Vor Pferden allerdings empfindet diese junge Frau ein ganz unmäßiges Grauen, und ich möchte das Entsetzen in ihren Augen nicht sehen, wenn sie einmal, was aber kaum zu erwarten ist, die Glöckchen eines Tamburins hört.

Der Tulpenmann

Der Circus, von dem ich Ihnen erzählen will, Herrn Luigis Circus, war ein trauriger, ein Wrack von einem Circus, so könnte man sagen, ein Ding, das sich noch eine Weile über Wasser hält, aber was hilft das, es geht schließlich doch unter, es ist zum Untergehen bestimmt.

Diesem Circus nämlich hatte, als er in Afrika unterwegs war, ein Wirbelsturm das Zelt in Fetzen gerissen; ein Kriegsschiff, soviel ich mich erinnere, ein britisches, hatte ihn aus Gutmütigkeit nach Italien mitgenommen, und da stand er nun, ich meine die vielen Wagen, große und kleine Wohnwagen und die Wagen für die Tiere und die Lichtmaschine und der Waschwagen, und konnte keine Vorstellungen mehr geben.

Er stand, genau gesagt, vor den Toren Roms, ein Stückchen außerhalb der aurelianischen Mauer, es ist da eine alte Pyramide, die sogenannte Cestiuspyramide und ein akatholischer Friedhof, auf dem Goethes Sohn begraben liegt und der englische Dichter Shelley, der von seinem eigenen Namen behauptete, daß er in Wasser geschrieben sei. Nicht weit von der Pyramide, dem Stadttor und dem Friedhof befindet sich ein großes ödes Feld, eine Art von Schuttabladeplatz und daneben die Station der Schnellbahn, die an den Lido von Ostia und auch zu den Ruinen der alten Hafenstadt führt. Es ist der Platz, der Circussen und wandernden Schaustellern zugewiesen wird. Man sieht von dort aus die nachts angestrahlte Fassade der Basilika San Paolo. Die

Elektrische, die einen Kreis um ganz Rom beschreibt, fährt an der Pyramide und dem alten Stadttor vorüber, so daß man von allen Seiten der Stadt her eine gute Verbindung hat.

Wegen dieser guten Verbindung haben die Circusse und die wandernden Schausteller an der Porta San Paolo auch im allgemeinen recht gute Geschäfte gemacht. Aber, wie ich Ihnen schon sagte, hatte Herrn Luigis Circus kein Zelt mehr und auch keine Tribünen und konnte keine Vorstellungen mehr geben. Es konnten dort nur am Nachmittag ein paar Clowns und Parterreakrobaten auftreten, und es konnten die Ställe besichtigt werden, aber auch das nur in der allerersten Zeit.

Später nämlich, nach dieser Zeit, hat die Polizei um den Circus einen Stacheldrahtzaun gezogen. Sie hat das getan, weil die Tiere, die aus Geldmangel nicht mehr gefüttert werden konnten, Tag und Nacht brüllten und mit ihrem Gebrüll die Einwohner des Stadtviertels um die Porta San Paolo in Schrecken versetzten. Der Panther hatte einen der Stäbe seines Käfigs zertrümmert und ein Kind verletzt. Verschiedene Tiere waren eingegangen, und obwohl die Kadaver sofort verscharrt wurden, hat sich ein pestilenzialischer Gestank verbreitet. So vergingen die ersten Tage des Monats August. Ferragosto, der eisenglühende Fünfzehnte, nach dem sich, wie man sagt, die Hitze bricht, war noch weit. Es war fürchterlich heiß, und vor Mitternacht bewegte kein Windhauch die verpestete Luft.

An einem dieser ersten Augusttage sah Herr Luigi den Circus zum ersten Mal. Er wohnte in einem entfernt gelegenen Stadtteil und kam an der eingegitterten Wagenburg nur ganz zufällig eines Abends vorbei. Aber dann hörte er die Tiere brüllen und sah zu seinem Erstaunen mehrere alte Frauen, die sich mit Körben und Säcken dem Stacheldrahtzaun näherten und Heu, Karotten und halb verfaulte Bananen über den Zaun zu werfen versuchten. Von den alten Frauen erfuhr er, was mit dem Circus geschehen war. Er blieb stehen und machte sich vor Mitternacht nicht wieder auf den Weg. Er sprach mit den Polizisten, die vor dem Tor Wache hielten, und mit den Artisten und Tierpflegern, die dort ein- und ausgehen durften, wenn sie ihre Ausweise zeigten.

Dieser Herr Luigi ist ein Liebhaber von Circussen, oder wie man sich heute ausdrückt, ein Fan. Er ist noch mehr als das, ein Liebhaber des zwecklosen Spiels und jener vollkommen beherrschten Bewegung, die die Schwerkraft besiegt. Im Laufe seines Lebens hat Herr Luigi vielen Circusvorstellungen beigewohnt. Er hat sich in der Pause an jenen Ausgang des Zeltes begeben, wo die Artisten, in schmuddeligen Bademänteln, auf Taurollen hockend, ausruhen oder in ihren Tricots umhergehen und ihre Muskeln lockern, und wo die Haut der von zwei Männern dargestellten Giraffe und die grotesken Musikinstrumente der Musical-Clowns liegen. Er wußte, wie durch eine bestimmte Art des Schminkens die zugleich lachenden und tieftraurigen Gesichter der Spaßmacher entstehen und welche Geduld es kostet, bis die rosa und himmelblau gefärbten Tauben von den obersten Sitzreihen her auf die Hand der mit einer Perlenhaube geschmückten Dame fliegen.

Darum mußte auf den Herrn Luigi, der nun jeden Abend nach Büroschluß den Platz bei der Pyramide und dem alten Stadttor aufsuchte, der Haufen Elend, den dieser Circus darstellte, einen furchtbaren Eindruck machen. Er war nichts als ein kleiner Angestellter, aber er war ein empfindsamer Mensch, ein Mensch, der in einer Katastrophe gleich alle Katastrophen und in dem Niedergang eines Dinges den Niedergang aller entsprechenden Dinge sieht. Obwohl er sich sagen mußte, daß es auf einen Circus mehr oder weniger nicht ankommt, bildete er sich doch ein, daß dieses Unternehmen das letzte seiner Art sei und daß mit seinem Untergang alle schwingenden Trapeze, alle federngeschmückten, dressierten Pferde und alle watschelnden zwerghaften Spaßmacher aus der Welt verschwinden würden. Er war sehr niedergeschlagen, und er wurde noch trauriger, als der Ausverkauf der Tiere begann.

Ja, die Tiere wurden verkauft. Es erschien eine Anzeige in der Zeitung, auf die hin einige Raubtiere und ein junger Elefant vom zoologischen Garten übernommen wurden. Die Schimmel, die gewohnt waren, in der Manege hübsche Figuren zu bilden, und die bei dem immer wieder einsetzenden Beifall freudig mit den straußfedergeschmückten Köpfen genickt hatten, wurden einzeln abgeholt, um geschlachtet zu werden oder um die Karren von Holzlieferanten und Gemüsehändlern zu ziehen. Es blieben aber noch viele hungrige Tiere übrig, und Herr Luigi überlegte sich ernsthaft, ob er nicht eines von ihnen mit sich nach Hause nehmen könnte. Er tat das aber am Ende doch nicht. Denn er hatte zu Hause eine Frau, die sehr schwer und sehr streng war und deren dicke schwarze Augenbrauen in der Mitte zusammengewachsen waren. Er mußte seiner Frau jeden Pfennig seines Gehaltes abliefern und konnte darum so gut wie nichts in die Pappschachtel werfen, die, für milde Spenden bestimmt, an der Außenseite des Drahtzaunes hing. Er konnte zu der Rettung der Tiere nichts beitragen, und er hatte nicht einmal genug Geld, um dem Direktor, der einen Selbstmordversuch gemacht hatte, einen Blumenstrauß ins Krankenhaus zu schicken. An dem Tag, an dem der Direktor ins Krankenhaus gekommen war, zeigte der große Kalender in Herrn Luigis traurigem Eßzimmer eine fette Fünf, es war der fünfte August. Am sechsten wurden die fünf Töchter der Luft, die sich für Schwestern ausgaben, abgeholt. Einige wohlhabende Herren aus der Stadt, die ihre Photographien in der Zeitung gesehen hatten, hatten sie eingeladen, bei ihnen zu wohnen, und in schönen leisen Wagen fuhren die Mädchen weinend davon. Am siebten August verschwanden die Artisten, die gezwungen waren, sich als Kellner zu verdingen. Am selben Tag erhielten die Parterreakrobaten telegraphisch ein Engagement nach Amerika und reisten mit dem Flugzeug ab. Jeden Abend wurde es ein wenig stiller und öder auf dem eingezäunten Gelände, über dem jetzt, weil es so heiß und trocken war, beständig eine dicke erstickende Staubwolke lag. Durch den Staub hindurch sah Herr Luigi die rote Abendsonne und oft hatte er Lust, einen der kleinen Züge der Schnellbahn zu besteigen, um die Sonne in Ostia Mare ins Wasser sinken zu sehen. Er konnte aber den Circus nicht verlassen. In einer Gruppe von Neugierigen stand er allabendlich vor dem von den Carabinieri bewachten Tor und beobachtete die zu einer kleinen Stadt zusammengestellten Wohnwagen, die zuerst in der Nacht noch alle erleuchtet waren, in denen er aber jetzt kaum noch ein helles Fenster gewahrte. Hinter einem Lorbeergebüsch sah er den Kunstreiter, der, wenn es kühler wurde, sein Pferd, einen Araberhengst, herausführte und es an der Longe bewegte. Obwohl die kreisrunde Bahn, in deren Mitte der Kunstreiter stand, ziemlich weit entfernt war, konnte Herr Luigi bemerken, daß das Pferd da nicht einfach herumlief, sondern allerlei komplizierte Schritte ausführte, die Herr Luigi übrigens alle bei Namen kannte. In den ersten Nächten hatte der Reiter das Pferd auch noch gesattelt und bestiegen, und recht schön und geisterhaft hatte es ausgesehen, wenn der Schimmel sich im Mondlicht hoch aufbäumte und bald mit dem rechten, bald mit dem linken Vorderhuf über die glänzenden Lorbeerblätter ins Leere griff. Diese Übungen stellte der Reiter, vielleicht weil das Pferd in seinem geschwächten Zustand sie nicht mehr ausführen konnte, jedoch bald ein. Jeden Abend sah Herr Luigi ihn ein bißchen früher Schluß machen, und er wußte, daß der Tag kommen würde, an dem der Schimmel nicht mehr imstande sein würde, den Stall zu verlassen.

Wahrscheinlich finden Sie, daß alles, was ich über Herrn Luigis Circus erzähle, höchst unwahrscheinlich klingt. Vielleicht meinen Sie, ein solches Unternehmen sei gegen alle möglichen Zufälle versichert, und es gehöre jeder Circus, so international seine Truppe auch ist, einem bestimmten Lande an und könne von der Botschaft dieses Landes über Wasser gehalten werden.

Aber ich weiß das nicht. Ich weiß nur, daß Herrn Luigis Circus zum Sterben verurteilt war, so, wie möglicherweise alles Leichte, Anmutige und im Grunde Überflüssige in unserer Welt zum Sterben verurteilt ist. Wir sehen dem zu, so ohnmächtig, wie Herr Luigi zusah, wie der Araberhengst seine letzten Tanzschritte machte und wie der Tulpenmann seine Bälle in die Luft steigen ließ.

Diesen Tulpenmann habe ich noch nicht erwähnt. Er war, wie der Kunstreiter, einer der letzten, die auf dem öden stinkenden Platz ausharrten, und wie dieser kam auch er am Abend aus seinem Wagen, um seine täglichen Übungen zu machen. Auch er tat das in einiger Entfernung vom Stacheldraht, dort, wo in den ersten Tagen die Parterreakrobaten aufgetreten waren und wo der Boden noch glatt war und mit feinem gelben Sand bedeckt. Es hingen dort an Drähten auch noch einige elektrische Birnen, die der Tulpenmann jedesmal, wenn er zu arbeiten anfing, zum Glühen brachte. Er war also gut zu sehen, wenigstens solange es noch elektrischen Strom gab, also noch fünf oder sechs Abende lang.

Nicht daß dieser Tulpenmann etwa mit Tulpen, mit richtigen oder mit solchen aus Glas jonglierte. Er jonglierte mit Bällen, aber auf seinem Kleid waren silberne und rosafarbene Tulpen gestickt. Das Kleid bestand aus einem Pumphöschen und einem eng taillierten Wams und er trug seidene Strümpfe und Schnallenschuhe dazu. Wie Herr Luigi erfuhr, hatte der Ballwerfer früher immer im Trainingsanzug geübt und das Tulpenkleid nur zu den Vorstellungen angezogen. Aber in diesen Nächten, den letzten auf dem alten Circusgelände, zog er sich an wie zu einer Galavorstellung, und was er da zu den im Wind schwankenden elektrischen Birnen und später zum Mond hinaufwarf, waren auch nicht seine Übungsbälle, sondern die mit Sternen und kleinen Sonnen übersäten und von innen beleuchteten Kugeln, die er sonst nur bei besonderen Gelegenheiten benützte. Diese Kugeln sah Herr Luigi in die Luft steigen, sechs, zehn und noch mehr auf einmal, und immer kehrten sie gehorsam in die Hände des Tulpenmannes zurück.

Obwohl auch der Tulpenmann am Ende Zeichen der Erschöpfung zeigte, ist er doch nicht vor Herrn Luigis Augen zusammengebrochen, so wenig wie der schöne Schimmel zusammengebrochen ist. Es geschah überhaupt nichts mehr, als daß eines Tages der ganze Rest des Unternehmens an einen auswärtigen Circus verkauft und abtransportiert wurde. Der Stacheldrahtzaun wurde abgerissen, und Herr Luigi kehrte nach Hause zurück. Er hatte seiner Frau gesagt, daß er wegen besonderer Aufträge nachts immer lange hätte ausbleiben müssen, und in gewisser Weise stimmte das auch. Er hatte den Auftrag zu sehen und zu hören, und er hat diesen Auftrag erfüllt. Nur, daß ich Ihnen von dem, was Herr Luigi gesehen und gehört hat, noch nicht alles erzählt habe und daß es noch etwas nachzutragen gibt. Und mit diesem Etwas meine ich das Kind.

Ein Kind aus dem Viertel war das, ein Junge von

neun oder zehn Jahren, der auch Luigi hieß, aber Gigi genannt wurde, und dessen Bekanntschaft Herr Luigi vor dem Stacheldrahtzaun machte. Herr Luigi nämlich beobachtete einmal, wie ein Kind versuchte, unter dem Zaun hindurchzukriechen, wozu es sehr lange brauchte, weil immer jemand in der Nähe war, ein Freund seines Vaters, ein Carabiniere oder eine der bananenspendenden alten Damen. Schließlich aber gelang es dem Jungen, sich wie eine Ratte unter dem Zaun hindurch durch die Erde zu graben. Jenseits des Zaunes angelangt, wartete er, bis die Aufmerksamkeit der Bewacher durch irgendein Ereignis am Tor abgelenkt wurde. Er begab sich dann, geduckt und in raschen Sprüngen, ins Innere der Einfriedung, um hinter einem der Wagen Deckung zu suchen. Danach versuchte er, den Zaungästen nicht mehr sichtbar, sich nützlich zu machen. Denn Herr Luigi, der sehr scharfe Augen hatte, hat unter einem schwankenden Heuballen nackte braune Beine mit Ringelsöckchen und an einem Pferdehals eine kleine dunkle, mit einem Striegel bewaffnete Hand erkannt.

Solange nachts noch der Schimmel bewegt wurde, hielt sich der Junge meist in der Nähe des Schulreiters auf. Herr Luigi sah ihn da mehrmals, lachend und mit zurückgeworfenen Haaren, auf dem Rücken des Schimmels stehen, zwischen den Lorbeerbüschen tauchte er auf und verschwand wieder und legte Runde um Runde, in immer schnellerer Gangart zurück. Später gesellte er sich zu dem Tulpenmann, der ihm, wie es schien, auch eine Art von Unterricht gab, ihn Bälle in die Luft werfen ließ, die am ausgestreckten Arm wieder herunterrollen sollten. Über diesen Anblick vergaß Herr Luigi, der in seinem Lüsterrock spät abends noch schwitzend am Zaun stand, zuweilen seinen eigenen, fünfzigjährigen und durch Büroarbeit verkrümmten Körper und wurde, was er immer hätte sein mögen, ein Knabe, der mit dem fahrenden Volk zieht und der, während er zu allerlei niederen Diensten verwendet wird, sich heimlich eine ›Nummer‹ einstudiert, mit der er die Leute von der Truppe eines Tages überrascht. Dabei wußte Herr Luigi doch schon, daß auch seinem kleinen Namensvetter dieses beneidenswerte Los nicht bestimmt war, daß vielmehr in einigen Tagen alles zu Ende sein würde, wie es ja auch, ich sagte das schon, wirklich zu Ende ging. Ferragosto kam, die Hundstage, da verlassen so gut wie alle Römer die Stadt. Als die Wagen abtransportiert wurden und der Zaun verschwand, gab es fast keine Zuschauer, und Herr Luigi sah auch den Knaben, diesen kleinen eifrigen Schüler, nicht mehr.

Er ist ihm aber wenig später noch einmal begegnet und an eben demselben Ort. Herr Luigi nämlich hatte sich so sehr daran gewöhnt, nach seinen Bürostunden den großen Platz bei der Pyramide und dem alten Stadttor aufzusuchen, daß er diese Gewohnheit noch eine Weile beibehielt. Er trank auf der kleinen Bahnstation seinen Grappa, und dann streifte er in der nun schon früher hereinbrechenden Dunkelheit auf dem mit wilden Kamillen und allerlei Unkraut bewachsenen öden Gelände umher. Es ist dort nicht ganz dunkel, von den hellen Bogenlampen der Autostraßen fällt auch auf diese unwegsame und sogar schauerliche Wildnis ein wenig Licht. Eines Abends, der Oktober war da schon angebrochen, sah Herr Luigi in einer Sandgrube etwas glitzern und sich bewegen. Er erschrak und rieb sich die Augen, und unwillkürlich versteckte er sich hinter einem Gebüsch. Denn in der Sandgrube stand, wie Herr Luigi zuerst meinte, der Tulpenmann und warf seine Bälle, eine Geistererscheinung also, der Geist des gestorbenen Circus, der von seinen alten Spielen nicht lassen konnte. Aber nach einigen Minuten der Panik sah Herr Luigi, daß der Ballwerfer keine Geistererscheinung war. Es war der Junge, dem der Artist vor seiner Abreise eines seiner Tulpenkostüme und einige seiner Bälle zurückgelassen hatte. Das Tulpenkleid war dem Kind viel zu groß und die Bälle, statt in die kleinen Hände zurückzukehren, flogen noch oft in den roten Sand. Aber das Kind gab nicht auf. Es übte mit stiller und zäher Beharrlichkeit, und obwohl Herr Luigi sich jetzt ein paar Schritte vorwärts bewegte, bemerkte der Junge seinen Zuschauer nicht.

Mehr ist nicht zu sagen, und mehr hat auch Herr Luigi nicht gesagt. Sie können sich denken, daß er sich an jenem Abend ohne das Kind anzusprechen fortgeschlichen hat und daß er danach heiterer als sonst in sein trauriges Zuhause zurückgekehrt ist. Es gab einen Schüler, und solange es noch Schüler gibt, wird es auch mit den schwingenden Trapezen, den fliegenden Bällen und, ganz allgemein ausgedrückt, mit dem Circus nicht zu Ende gehen.

Lupinen

Wir wagen es, hatten sie gesagt, und hatten alles genau besprochen, sogar den Weg aufgezeichnet, an den langen Abenden, in den Nächten, als sie auf das Klingelzeichen warteten, manchmal wurde auch gar nicht geklingelt, sondern mit dem Gewehrkolben gegen die Türe geschlagen, aufmachen, Judenpack, fort mit euch in den Zug. Die Züge gingen von einem bestimmten Bahnhof ab und fuhren eine bestimmte Strecke, wer in der Stadt und ihrer Umgebung Bescheid wußte, kannte die Kurven, die Unterführungen, die freistehenden Häuser, auf deren Brandmauern riesige Flaschen gemalt waren, die Wäldchen aus struppigem Gebüsch. An einer gewissen Stelle fuhren alle Züge langsam, waren da schon langsam gefahren, als die Schwestern noch Kinder gewesen waren, damals ging es am Wochenende aufs Land zu Verwandten, Johannisbeeren pflücken, Stachelbeeren pflücken, und längs des Bahndamms hatten Lupinen geblüht. Abspringen hätte man können und neben dem Zug herlaufen, und die um sechs Jahre ältere Fanny hatte es sogar einmal gewagt und war mit einem Arm voll ausgerauft er Lupinen wieder auf die Plattform gesprungen, natürlich die Eltern waren damals nicht dabei. Der ängstlichen Barbara hatte das Herz im Hals geschlagen, übrigens auch jedes spätere Mal noch, wenn sie im großen Bogen auf dem Lupinendamm fuhren. Aber dann im Jahre 1943, als die Schwestern Nacht für Nacht auf den Abtransport warteten, war doch sie es gewesen, die den Vorschlag gemacht hatte: Abspringen, fünfzig Meter hinter dem kleinen Tunnel, da sind Schrebergärten und Bretterhütten, da ist das Erlengehölz, da ist ein Hohlweg zurück in die Stadt. Und dann war auch sie es gewesen, die wirklich die Tür aufgerissen hatte und herausgesprungen war, während Fanny einfach sitzen blieb, stumpfsinnig und gleichgültig, so als gäbe es kein Entrinnen, als sei ihr das bestimmt, das Lager in Polen, die Gaskammer, der namenlose Tod.

Wir erzählen von Barbara, die davongekommen war, die sich den Abhang hatte hinunterrollen lassen, ein Geschrei gab es da oben, auch ein paar Schüsse, aber danach nichts weiter, sie würde schon aufgegriffen und dem nächsten Transport zugeteilt werden, ihretwegen hielt man den Zug nicht an. Barbara hatte sich in den Schrebergärten versteckt gehalten, bis es dunkel war und war dann ruhig nach Hause gegangen. So hatten sie es ausgemacht, kein Klingeln an der Haustür, sondern Steinchen ans Fenster geworfen, und erst eine ganze Weile später sollte der Schwager herunterkommen und sie einlassen, Barbara, seine Schwägerin, und Fanny, seine Frau. Nur daß es nun eben nur eine war und die falsche, wie Barbara sich sagte, als sie die Steine ans Fenster geworfen hatte, und ein Schatten bewegte sich hinter den Scheiben und später kam jemand auf Strümpfen die Treppe herab. Das war jetzt schon über ein Jahr her, das Warten im feuchten Westwind, das Gesicht im Geißblatt, und die Schwester indessen fahrend, fahrend, und der Garten der Kindheit mit den Johannisbeer- und Stachelbeersträuchern schon längst versunken und dahin. Der Schwager hatte die Türe vorsichtig aufgemacht und das Mädchen war an ihm vorbei ins Haus geschlüpft, nur du, hatte der Mann gesagt, und Barbara hatte geantwortet, nur ich. Der Schwager hatte den ganzen Abend kein Wort mehr gesprochen, war am Tisch gesessen, den Kopf in den Händen, und erst am nächsten Morgen hatte er seine Anweisungen gegeben: All das schon hundertmal Besprochene, sich nicht am Fenster zeigen, nur in Strümpfen in der Wohnung umhergehen, leise sprechen oder am besten gar nicht sprechen, im Notfall den längst hergerichteten Verschlag auf dem Speicher aufsuchen, ein Schatten sein, ein Nichts. Was für zwei hatte gelten sollen, galt nun für eine, mit nur einer ist eigentlich alles einfacher, zu zweit schwatzt man doch einmal und lacht auch einmal, und wahrscheinlich hätte der Schwager nichts dagegen gehabt, wenn Fanny allein zurückgekommen wäre, vielleicht hat er sich das überhaupt so gedacht. Fanny allein, die zu ihm ins Bett schlüpft, vielleicht hätten sie dann über die Schwester und Schwägerin ein paar Tränen vergossen, aber es wäre doch alles in Ordnung gewesen, in der furchtbaren Ordnung der Ehe, die ein Bollwerk ist gegen Täuschung und Tod. Nur daß es jetzt nicht so war, kein Geflüster im Ehebett, sondern Barbara in ihrer Kammer und drüben der steinerne Mann, der gewiß gar nicht begreifen konnte, warum Barbara die Schwester nicht herausgezerrt hatte aus dem fahrenden Zug. Aber das kann sich niemand vorstellen, wie schnell so etwas geschehen muß, und den Hasenfuß überkommt in solchen Fällen eine wilde Entschlossenheit und der Tapfere bleibt einfach sitzen, starr und steif.

Ich muß es ihm begreiflich machen, dachte Barbara oft in den folgenden Monaten, wenn sie dem Schwager beim Abendessen gegenübersaß, aber sie wußte schon, er konnte es nicht begreifen, dies nicht und auch vieles andere nicht. Er war kein Betroffener, war arisch und blond mit grauer Haut, städtischer Angestellter und nur wegen einer häufig ausgekugelten Schulter nicht im Krieg. Ein Mann, der zwanzig Mal am Tag den Arm in vorgeschriebenem Winkel zum Gruß ausstreckte und der am Abend den englischen Sender hörte, tief über den murmelnden Kasten gebückt. Fanny und er, er und Fanny, eine Trennung von seiner Frau war für ihn nicht in Frage gekommen. Er hatte gemeint, sie schützen zu können, er hatte auch Barbara schützen wollen, aber dann, als sie die Schwägerin zu sich genommen hatten, war es ihm vielleicht schon zuviel geworden, zwei Frauen in der Wohnung, zwei gelbe Sterne, die ausgehen und wiederkommen und die am Abend miteinander flüstern, was er nicht hören soll und auch nicht hören will. Jetzt sind die gelben Sterne untergegangen, Fanny ist wer weiß wo, und Barbara ist auch wer weiß wo, es gibt sie nicht. Sie kann dem Schwager wenig helfen, nicht einmal sein Essen vorbereiten; ehe er zu Hause ist, darf kein Suppengeruch ins Stiegenhaus dringen, wenn er fortgegangen ist, kein Tellerspülen zu hören sein. Er geht jetzt oft am Abend aus, ins Wirtshaus, in die Versammlung, ja, er ist kürzlich in die Partei eingetreten und auch in die SA, er trägt gelegentlich eine braune Uniform. Alles um nicht aufzufallen, um Barbara nicht in Gefahr zu bringen, das weiß sie genau. Sie möchte freundlich zu ihm sein, dankbar, nichts anderes, obwohl auch das andere naheläge, zwei Menschen in solcher Einsamkeit, ein Mann und eine Frau, die einen bestimmten Tag herbeisehnen, und es wird Herbst und wird Winter und wird Frühling und der Tag kommt immer noch nicht. Aber der Schwager weist auch Barbaras Dankbarkeit zurück. Er tut seine Pflicht und Barbara hat das Gefühl, daß er sie nicht leiden kann, daß er sich nur korrekt benimmt, ein korrekter Widersacher des Regimes, ein korrekter Philosemit. Barbara sieht schlecht aus, weil sie nie an die Luft kommt, auch der Schwager sieht schlecht aus, weil sie zu zweit auf seine Karte leben, er kann nicht hamstern, weil auch das aufgefallen wäre, was will der Witwer mit einem Kaninchenbraten, mit einem Säckchen Mehl, mit einer Kiste Wein. Ein Witwer ist der Schwager seit dem letzten Weihnachtsabend, als ihm die vorgedruckte Mitteilung gebracht wurde, aber da hatte sich erwiesen, daß er seine Frau längst verloren gegeben hatte, schon in der Nacht, in der Barbara zurückgekommen war, aber Fanny nicht. Er hatte sogar an dem Tag wieder angefangen, mit Barbara zu sprechen und in seiner trockenen Weise dieses und jenes zu erzählen, aber nur das Unerfreulichste, heute sind die Alliierten da und da zurückgedrängt worden, heute hat sich die jüdische Frau des Gemischtwarenhändlers das Leben genommen. Wenn er von den Zellenabenden kam, wo er hatte singen und bei festlichen Gelegenheiten auch schunkeln müssen, war seine Stimmung besonders finster. Einmal sagte er, warum tue ich das alles, ich bin SA-Mann, ich habe einen Revolver, ich kann zuerst dir und dann mir eine Kugel in den Kopf schießen. Wenn meine Mutter in Hamburg nicht wäre, hätte ich es längst getan. Barbara sagte nichts, aber sie zitterte am ganzen Körper, sie war zwanzig Jahre alt und hatte gehofft, daß alles vorüberginge, hatte auch manchmal kichernd, ein bleicher Kobold, in der Bodenluke gesessen und eben das gesungen, es geht alles vorüber, es geht alles vorbei, und den ziehenden Wolken nachgeschaut. Das tat sie jetzt nicht mehr, sondern hockte im Zimmer und zeichnete auf die leeren Seiten ihrer alten Schulhefte große Sonnen und Monde und Männchen, die Hand in Hand gingen, in einer Art von Zoologischem Garten oder einem Paradies. Doch ließ sie endlich auch von dieser Beschäftigung und zwar noch ehe die ersten Bomben fielen.

Das Städtchen, abgelegen und unwichtig, war von Fliegerangriffen lange verschont geblieben. Die zahlreichen Alarme hatten nichts zu bedeuten gehabt, der Schwager, der das Planquadrat mit seinen Märchennamen kannte, hatte, gewisse militärische Nachrichten abhörend, immer schon gewußt, daß die Geschwader rechts oder links vorbeiflogen, er hatte vom Rundfunkgerät her beruhigende Zeichen gemacht. In den Keller ging damals noch kaum jemand, obwohl dieser mit allerlei ausgedienten Stühlen, Löschsand und Erste-Hilfe-Schränken vorschriftsmäßig ausgerüstet war. An dem Abend, an dem die Flieger ihre Bomben auf die Stadt warfen, saß der Schwager ebenfalls am Rundfunk, er machte aber keine Zeichen, drehte nur das Licht aus, zog die schwarzen Papierrollos hoch und blieb am Fenster, während draußen die ersten Christbäume herabsanken und das Abwehrfeuer begann. Im

Haus wurde es jetzt lebendig, Kinder wurden die Treppe heruntergezerrt, an der Türe rief jemand, Herr Kapfinger und klopfte, aber der Schwager rührte sich nicht. Barbara durfte nicht in den Keller, der Schwager ging nicht, was Barbara nicht verstand, weil er sie ja die ganze Zeit über allein gelassen hatte und auch jetzt allein ließ, da er nur im dunkeln Zimmer von Fenster zu Fenster wanderte und mit Hiobsbotschaften aufwartete: Das war die Zementfabrik, jetzt brennt die Schule, jetzt kommen sie hierher. Bei den folgenden Angriffen verhielt sich der Schwager nicht anders, er wurde dem Mädchen immer rätselhafter, sie wußte nicht, haßte er sie oder war er nur unglücklich, daß er alles noch schlimmer haben wollte. Als sie einmal, was ihr verboten war, vor seinem abendlichen Heimkommen den Rundfunk anstellte, hörte sie dann andere Nachrichten als die ihr der Schwager erzählt hatte, die Amerikaner waren in der Normandie gelandet, was selbst der einheimische Sender nicht verschweigen konnte und was der ausländische in vielen Einzelheiten schilderte, eine gute Botschaft für alle, denen die Zwangsregierung verhaßt war, das rennende Kreuz und der doppelte Blitz.

Barbara sprang auf, zog ein helles Kleid an, holte auch, verstohlen durchs Fenster greifend, ein wenig Weinlaub, das sie in einem Krügchen auf den Eßtisch stellte, das Essen war vorgerichtet, eine Flasche jener Flüssigkeit, die als Heißgetränk bezeichnet wurde, bereitgestellt. Der Schwager kam nicht zur gewohnten Zeit, er polterte erst nach Mitternacht betrunken die Treppe herauf. Barbara, die ihn in solchem Zustand nie gesehen hatte, zog sich erschrocken in ihre Kammer zurück. Am nächsten Morgen wagte sie nichts zu erwähnen, weder die Landung noch den Rausch, und tat es auch nicht, als ihr der Schwager, auf eine geringfügige Verschiebung des Rundfunkzeigers aufmerksam geworden, die heftigsten Vorwürfe machte. Barbara dachte nur ratlos, aber jetzt wird doch alles gut, sie vertrieb sich am Nachmittag die Zeit mit Haareschneiden und Haarebürsten und sah am Abend aus wie Fanny, deren Frisur sie ganz unwillkürlich nachgeahmt hatte. Der Schwager kam, starrte sie an und ging sofort zu Bett. Er bequemte sich, an einem der nächsten Tage, ihr einiges von den Kriegsereignissen zu erzählen, fügte aber gleich hinzu, so schnell geht das nicht. Wie jeder weiß, behielt er damit recht, es dauerte noch viele Monate, bis alles vorüber war. Den Sommer über hatte Barbara noch Geduld, sie bemühte sich, den Schwager bei Laune zu erhalten, der immer öfter betrunken nach Hause kam und der auch einmal nachts in der Speisekammer den Wochenvorrat an Brot verzehrte, was ihn am nächsten Morgen bedrückte, so daß er noch finsterer dreinschaute als sonst. An einem andern Abend aber griff er nach dem Mädchen, brutal und hochmütig, so als wolle er sagen, du könntest doch zu etwas nützlich sein, und ließ die heftig Widerstrebende gleich wieder fahren, verächtlich, so viele Scherereien und noch nicht einmal das.

Das Leben ist voller Rätsel, es muß doppelt rätselhaft gewesen sein für die kleine Barbara, die den Schwager im geheimen liebte und gehofft hatte, einmal die Stelle ihrer Schwester einzunehmen und die sich nun nicht erklären konnte, warum für sie alles anders sein sollte, keine Liebe, keine Hoffnung auf Glück. An einem Abend im Spätsommer war es gewesen, daß der Schwager ihr die Bluse aufgerissen hatte. Der nächste Tag wartete auf mit heißer Sonne und goldenen Gebüschen, und Barbara machte, kaum daß sie allein war, die Fenster weit auf und stand in der Sonne, so daß jeder sie hätte sehen können, und spürte die heiße Sonne auf ihrer Haut. Es war niemand auf der Treppe und niemand im Vorgarten, und auch als Barbara dann die ein wenig abschüssige Straße hinunterlief, hat sie niemand gesehen. Der Morgen war still, nur daß hier und dort schon die Kastanien aufplatzten und ihre rotbraunen Früchte dem Mädchen vor die Füße warfen. Eine dieser Früchte hob Barbara auf und rieb sich mit ihr die Wange und steckte sie dann in die Tasche und spielte mit ihr. Wohin, nirgendwohin, nur draußen sein, den Weg suchten die Füße, die, des Gehens ungewohnt, stolperten, dann wieder tanzten. Die Füße liefen aus der Stadt hinaus, war da nicht ein Hohlweg gewesen mit roten Berberitzen und hatte man nicht beim Wiederauftauchen den Bahndamm gesehen. Barbara sah den Bahndamm, den großen Bogen um die Schrebergärten, die Lupinen blühten nicht mehr, nur ein Birnbäumchen stand rosarot und messinggelb im herbstlichen Laub. Der Weg lief auf den Bahndamm zu, es war die Stelle, an der alle Züge langsam fuhren, die Stelle, an der einmal vor zwölf Jahren, vor hundert Jahren, Fanny abgesprungen war, um Blumen zu pflücken. Barbara blieb stehen und sah sich um, der ungewohnte Himmel, die ungewohnte Helligkeit warfen ihr die Zeiten durcheinander. Den Zug, der von der Stadt herkam, sah sie schon von weitem. Lauter schäbige, klapprige Kriegswägelchen, kein Judenzug mit verrammelten Luken, aber auch ein Sonderzug, Kinderlandverschickung, und Hunderte von Kindern beugten sich aus den Fenstern hinaus. Barbara rannte so schnell sie konnte, sie war gleich außer Atem, griff, um sich den Bahndamm heraufzuziehen, in die verblühten Lupinen, und die Stauden, die trocken und geheimnisvoll raschelten, lösten sich aus der Erde und blieben ihr in der Hand. Einen Augenblick lang stand Barbara keuchend dort oben im warmen Oktoberwind, wußte nichts, wollte nichts, ließ sich nur fallen in das Stoßen, Stampfen und Klappern des Zuges hinein. Eine Selbstmörderin, hieß es später, als Barbaras unkenntlicher Körper in die Leichenkammer gebracht, von niemandem identifiziert und schließlich im Armensarg bestattet wurde. Die wenigen alten Leute aber, die, aus ihren Schrebergärten zwischen kleinblütigen Herbstastern und späten Rosen dem Zug nachblickend, den Vorfall beobachtet hatten, sagten einmütig, die Tote sei ein Kind gewesen, das auf den Kinderzug habe aufspringen wollen, einen Büschel verblühter Lupinenstauden im Arm.

Der Tunsch

Mit seinen Melkern und Knechten, rauhen und stumpfen älteren Männern, vertrug sich der Senne nicht schlecht. Sie machten sich lustig über den jungen Mann, der ihnen von der landwirtschaftlichen Hochschule geschickt worden war, mußten aber anerkennen, daß er von seinem Fach und besonders von den neuerdings in Gebrauch genommenen Maschinen etwas verstand. Wenn sie in ihrer Freizeit sangen und Karten spielten, blieb der Senne wohl in der ersten Zeit bei ihnen sitzen und versuchte ihre Spiele und Lieder zu lernen. Es waren aber kaum drei Wochen vergangen, da litt es ihn nicht mehr in ihrer lauten Gesellschaft, er saß abends allein vor der Hütte oder lief den steinigen Pfad zum Grat hinauf und warf sich dort oben ins kurze Gras. Am Morgen höhnten die Männer, sie glaubten, daß es der Junge ohne Mädchen nicht aushielte, und, mach dir doch eine, riefen sie ihm, zu seinem Erstaunen, des öfteren zu. Was das heißen sollte, wollte der Junge endlich wissen und wurde auf den nächsten Abend vertröstet, da wollten die Männer es ihm sagen und ihm auch gleich die nötigen Anweisungen geben.

Der nächste Abend war warm und düster, in die stickige Hütte wollte diesmal keiner, Gewitterwände standen am Himmel, und im Osten wetterleuchtete es schon. Der Junge wurde aufgefordert, Bier auszugeben, und tat das auch, in dem beginnenden Sturm saß man unter der Traufe am langen Tisch. Der Junge sah die Gesichter der Männer auftauchen und wieder verschwinden, sie kamen ihm vor wie Kobolde, hochschultrig, kropfig, mit Satyrnasen und Faunsaugen, in denen ein arger Schabernack spielte. Herr Doktor, so nannten sie ihn spaßhaft, und, weiß er das nicht, der Herr Doktor, sagte der eine, und, Zeit, daß wir es ihm beibringen, der zweite, und die übrigen kicherten und stießen sich an. Eine Puppe sollte er sich kneten, aus dem Brotteig, der gärend schon in der Backmulde lag, er würde das schon fertigbringen, er sei doch geschickt. Was er denn anfangen solle, fragte der Junge unlustig, mit einer Teigpuppe, einem stummen klebrigen Ding. Aber, wer spricht denn von stumm, wer spricht denn von tot, erwiderten die Knechte, man muß ihr nur Augen machen, der Brotmasse, und eine Nase und einen Mund. Mit den Augen wird sie dich anschauen, mit dem Mund wird sie reden, besser als einer von uns. Nur getauft muß sie werden, mit echtem Weihwasser, und das Kreuz über sie geschlagen, dann fängt sie schon an zu erzählen, und wird nicht mehr still, bis der Sommer vorüber ist und wir die Herde heimtreiben ins Dorf.

Mit diesen Worten zog einer der Melker, ein Buckliger, aus dem Hosensack eine Flasche, kein Schnaps war darin, sondern Wasser, und er sagte auch gleich, wo er es her hatte, nämlich aus der Kirche Maria Schnee, dahin waren es auf Kraxelpfaden zwei Stunden und fünfe zurück, und der Junge hätte den Mann wegen seines Fernbleibens von der Arbeit zur Rede stellen müssen, es kam ihm aber kein Wort über die Lippen, den Kopf auf die Hände gestützt, saß er schweigend am Tisch. Die Knechte gingen ins Haus und kamen wieder, sie brachten den Brotteig, dicke Patzen, die schon Blasen warfen, und türmten ihn auf die Eichenplatte, widerwillig genug griff der Junge hinein. Er hatte aber, wie er sagte, von klein auf Lust am Formen und Kneten gehabt, und so sahen die Männer denn auch bald, wie seine Hände sich rührten, wie sie zusammenballten und glattstrichen, einen Leib bildeten mit langen Beinen, da lag er, weiß wie ein Leichnam, schon auf dem Tisch. Es war aber keine Frau, sondern ein Jüngling und wie der Senn ihm ein Gesicht geben sollte, wurde es ein Knabengesicht, das unter der in einem Drahthäuschen hin- und herschwankenden elektrischen Birne geheimnisvolles Leben gewann. Die Knechte machten nun tatsächlich das Kreuzzeichen über die Puppe und der Bucklige besprritzte sie mit dem Wasser aus der Flasche, wozu er allerlei Unsinniges murmelte, Reimsprüche, die niemand verstand. Die Puppe wurde, auf das Weihwasser und die Reimsprüche hin, keineswegs lebendig, es fiel ihr, als der Junge sie ins Zimmer trug und sie auf das alte Roßhaarsofa setzte, der Kopf auf die Schulter, man mußte sie mit Kissen stützen, sonst wäre sie umgefallen. Nun, sagte der Junge höhnisch, hört ihr ihn sprechen, sieht er euch an? Aber da waren die Männer schon verschwunden, in der Schlafkammer ließen sie sich auf die Betten fallen und riefen nur noch, warte, warte, während der letzte seine Nagelschuhe gegen die Holzwand warf und der erste schon schlief.

Alles hier Geschilderte hat der Polizeibeamte von den Knechten erfahren, als sie in die Kreisstadt kamen, um den Tod des Sennen anzusagen, einen, wie sie behaupteten, gewaltsamen Tod. Der Beamte hat aber danach noch weiter gefragt und herausbekommen, daß in jener Nacht die Knechte doch nicht geschlafen haben, jedenfalls nicht die ganze Zeit. Vielmehr hatten sie den Jungen reden hören und auch gehört, daß eine Stimme, die Stimme eines jungen Mannes, ihm Antwort gegeben hatte. Und nun wollten sie wissen, daß dieser junge Mann kein anderer als die zum Leben erweckte Teigpuppe gewesen sei. Es sei sonst niemand in der Hütte oder in der Nähe gewesen, von ihnen sei auch keiner aufgestanden und in die Stube gegangen, und es habe auch keiner von ihnen so reden können, so fein und leise wie der Junge selbst.

Was sie denn geredet hätten, die beiden, fragte der Beamte, in dieser Nacht und in allen folgenden Nächten, aber darauf gaben die Knechte nur die Antwort, das hätten sie nicht verstehen können, es sei ihnen zu hoch gewesen, gelehrtes Zeug. Ob denn alle Teigpuppen gelehrtes Zeug redeten, fragte der Beamte, und die Knechte antworteten nein, es komme eben darauf an, wer die Puppe herstelle, und wenn einer von ihnen das Ding geknetet hätte, so wäre es gewiß wie einer von ihnen geworden, hätte geflucht und gesungen und Karten gespielt. Aber so einen hätte der Junge eben nicht brauchen können, so ein Vieh.

Der Beamte schüttelte den Kopf, er wollte jetzt wissen, was mit der Puppe geschehen sei und ob sie etwa in Abwesenheit des Sennen auch einmal mit einem von ihnen geredet hätte. Nein, sagte der Bucklige, der sich zum Sprecher für alle gemacht hatte, das habe die Puppe nicht getan, sie habe den ganzen Tag über leblos in der Sofaecke gelegen und sich nicht gerührt. Auf die

Frage, ob sie denn nicht neugierig gewesen seien, antwortete der Bucklige, neugierig seien sie wohl gewesen, sie hätten aber auch Angst gehabt, und, wie sich ja herausgestellt habe, mit Recht.

Dem Beamten wurde es zuviel, er preßte seine Hände gegen die Ohren, das könnten sie doch nicht im Ernst behaupten, daß die Puppe mit dem Sennen gesprochen und ihn am Ende umgebracht habe. Die Knechte sagten aber, ja, doch, das habe sie, denn von ihnen sei es keiner gewesen und ein Fremder käme in der Nacht nicht auf die Alm.

Danach berichteten die Männer von einem militärischen Hubschrauber, den sowohl das mit der Herde talwärts wandernde Trüpplein, wie auch der Senne gesehen hatte, der in diesem Augenblick noch lebend vor der Hütte gestanden und der Besatzung heraufgewinkt habe.

Von einer Wegbiegung, der letzten, von der aus man die Almhütte noch erblicken konnte, hatten auch die Knechte sich noch einmal umgesehen, weil der Senn versprochen gehabt hatte, gleich nachzukommen, aber nicht nachgekommen war. Als der Beamte gespannt fragte, was sie denn da gesehen hatten, gaben sie eine Antwort, die er nicht verstand. Die Haut natürlich, sagten sie nämlich, und erklärten am Ende, was sie damit meinten, die Haut des Sennen, die, ihm vom Körper gezogen, am Giebel des Hüttendaches geflattert sei.

Der Beamte meinte es mit Verrückten zu tun zu haben, vier Verrückte, ein kleines Irrenhaus, und in ein großes, richtiges hätte er die Männer am liebsten gesteckt. Er blieb aber geduldig, sagte, einen Augenblick bitte, und telefonierte mit seiner vorgesetzten Dienststelle, er beschrieb, nachdem er sich bei den Männern nochmals genau nach dem Tatort erkundigt hatte, den Weg, ein Jeep der Polizei sollte hinauffahren, und sofort. Bis der Wagen zurückkam, würden einige Stunden vergehen, und der Beamte hatte Lust, die vier wegzuschicken, in die Zelle oder spazieren, sie sahen nicht aus, als wollten sie sich jetzt noch aus dem Staube machen. Schließlich hieß er drei von ihnen gehen und behielt nur den Buckligen da. Es war heiß im Zimmer, der Beamte war bei dem unklaren Bericht der Männer müde geworden. Er fing dann aber doch noch einmal an zu fragen, und der Bucklige, der nicht im geringsten erschöpft schien, gab auch Antwort, aber immer auf dieselbe starrsinnige Weise. Es sei, sagte er, immer so gewesen, daß der Tunsch am Ende dem Sennen an den Kragen wolle, und sie, die Knechte, hätten das auch gewußt. Sie hätten aber vor allem daran gedacht, ihr eigenes Leben in Sicherheit zu bringen. Was das nun wieder sei, der Tunsch, wollte der Beamte wissen, und der Bucklige sagte, so würde die Puppe genannt. Mann, sagte der Beamte, Sie können das alles doch nicht im Ernst glauben, es wird noch jemand da oben gewesen sein, den ihr nicht gesehen habt, ein Landstreicher, der es auf die Kasse des Sennen abgesehen hat. Der Bucklige gab zu, daß der Senne eine Menge Geld, die Einnahmen des ganzen Sommers, bei sich gehabt und in einem ledernen Beutel verwahrt habe, und diesen ledernen Beutel habe er in einer Stahlkassette verschlossen gehalten.

Nun also, sagte der Beamte, wenn das Geld gestohlen ist, ist die Sache klar. Er telefonierte wieder, ließ Bier kommen und schenkte auch dem Buckligen ein. Das Geld wird da sein, sagte der Bucklige ruhig, der Tunsch will kein Geld, sondern Blut. Woher er das wisse, fragte der Beamte, und der Bucklige sagte, von seinem Vater, und sein Vater habe es wieder von seinem Vater gewußt.

Der Beamte hätte jetzt zum Mittagessen nach Hause gehen sollen, aber er ging noch nicht. Es soll da etwas vertuscht werden, dachte er, die Männer selbst haben den Sennen umgebracht, aber nur einen Teil des Geldes an sich genommen, und er blickte den Buckligen mißtrauisch an. Dann hob er, weil das Telefon summte, den Hörer ab. Man habe, so wurde ihm gesagt, inzwischen den Hubschrauber ausfindig gemacht und die drei Mann, die darin gesessen hatten, und einen dieser Männer bekam er schließlich auch an den Apparat. Ist es wahr, fragte er, daß Sie gestern ein paar hundert Meter unter der Hörnlesalp eine Herde gesehen haben, die zu Tal getrieben wurde, und Männer, und wie viele Männer haben Sie gesehen? Vier, sagte der Mann von der Luftwaffe, ohne zu zögern, ich erinnere mich genau. Es war gestern sehr klar, und wir sind tief geflogen, wir haben sogar die Gesichter der Männer deutlich gesehen. Und sonst, fragte der Beamte, haben Sie nichts gesehen? Doch, antwortete der Unteroffizier, der eine helle junge Stimme hatte, vor der Almhütte haben wir noch einen Mann stehen sehen, der ein weißes Hemd anhatte. Der Mann war offenbar damit beschäftigt, die Läden der Hütte dicht zu machen und die Tür zu verschließen. Er hat zu uns heraufgesehen und mit der Hand gewinkt. Waren es, fragte der Beamte, vielleicht zwei Männer, die vor der Hütte standen? Aber der Unteroffizier sagte, er habe nur den einen gesehen.

Der Beamte bedankte sich und hängte ein, und dann fragte er den Buckligen, ob es in der Hütte einen Telefonanschluß gäbe, aber den gab es natürlich nicht. Vielleicht, sagte der Beamte, ist der Senn überhaupt nicht tot, ich höre eben, daß er ein weißes Hemd anhatte, vielleicht ist er vor dem Weggehen noch einmal aufs Dach gestiegen, und Sie haben sein weißes Hemd gesehen. Der Bucklige trank sein Bier aus und schüttelte den Kopf. Er sagte, der Beamte könne ja in dem Dorf anrufen, zu dem die Herde gehörte, ein Senn geht auf jeden Fall zuerst dorthin zum Abrechnen, und wenn der Junge am Leben sei, müsse er längst dort angekommen sein. Der Beamte ließ sich mit dem Bürgermeister des Dorfes verbinden, die Kühe waren, von den Knechten bis zum Dorfeingang gebracht, allein in ihre Ställe gelaufen. Den jungen Sennen hatte niemand gesehen. Seine Adresse in der Stadt war aber bekannt, und der Beamte telefonierte auch dorthin, er sprach mit dem Vater des Jungen, vorsichtig, um ihn nicht zu erschrecken, nein, der Junge war noch nicht nach Hause gekommen, und er hatte auch keine Nachricht gegeben.

Der Beamte hatte nach diesen Telefongesprächen keine Lust mehr, zum Essen zu gehen, die Zeit war auch längst vorbei, es war jetzt beinahe vier Uhr. Während der Bucklige vor sich hindöste, erledigte der

Beamte, was er sonst noch zu erledigen hatte, er verließ auch einige Male das Zimmer und fand beim Zurückkommen den Buckligen immer in derselben Stellung und mit demselben Ausdruck eines dumpfen Staunens auf dem Gesicht. Gegen sechs Uhr kam ein Anruf von einem Berggasthof, in dem sich offenbar der der Hütte zunächst gelegene Telefonanschluß befand. Der Polizist, der mit dem Jeep zur Alm heraufgefahren war, verlangte den Beamten zu sprechen, und der Beamte sagte, ja, ich bin es, was haben Sie gefunden, wahrscheinlich gar nichts, und hörte dann zu und starrte dabei den Buckligen an.

Die Polizisten hatten schon von weitem etwas Weißes flattern sehen, wie ein Signal oder ein Segel, das Weiße hatte an der Klinke der Hüttentür gehangen und war das Hemd des Sennen gewesen, und der Senne hätte vor der Tür am Boden gelegen, ohne sichtbare Wunden oder Würgspuren, aber tot. Ob sie ihn herunterschaffen sollten, fragte der Wachtmeister, und der Beamte sagte, nein, auf keinen Fall. Er wolle hinaufkommen und sie sollten inzwischen die Nachbarschaft der Hütte gründlich untersuchen.

Es dauerte eine Weile, bis der Beamte, begleitet von einem Gerichtsmediziner, einem Photographen und einem Polizeihund, losfahren konnte. Auch den Buckligen nahm er am Ende noch mit. Als die Männer die Alm erreichten, war es stockfinster, der schmale steinige Weg war sehr schwer zu befahren gewesen, zudem gefährlich, und dem Beamten stand der Schweiß auf der Stirn. Er hatte unterwegs den Buckligen noch einmal verhört, immer dieselben Fragen, war niemand in der Nähe, es muß doch jemand in der Nähe gewesen sein, ein Mensch, habt ihr keinen gesehen? Der Bucklige war dabei geblieben, daß kein Fremder auf die Alm gekommen sei, und daß der Senn außer mit der Teigpuppe mit niemandem geredet habe. Verfluchter Aberglaube, hatte der Beamte gemurmelt und hinzugefügt, wir werden schon sehen. Was die vier Männer dann im Schein einer Stablampe zu sehen bekamen, war aber nur der Tote, der noch immer vor der Schwelle der Hütte ausgestreckt lag, und sein Hemd, das die Polizisten vorsichtig auf dem Tisch ausgebreitet hatten. In der Hütte befand sich nichts, was der Mörder etwa hätte zurückgelassen haben können, und es war in den sauber aufgeräumten Stuben überhaupt nur ein einziger merkwürdiger Gegenstand, nämlich die auf dem Sofa liegende Teigpuppe zu sehen.

Der wars, sagte der Bucklige, wies aber nur mit dem Finger und weigerte sich, die Hütte zu betreten, er wollte, auch als die Männer die gebrechliche, mit einer alten Hose bekleidete Gestalt auf einer Tragbahre, wie vorher schon den Toten, in den Wagen schafften, nicht Hand anlegen. Zuvor hatte man mit Blitzlicht und starken Lampen Aufnahmen gemacht, hatte auch den Hund an die Leiche geführt und ihn dann zur Spurensuche freigelassen, er kreiste aber nur um die Hütte und knurrte den Bucklingen an. Der Beamte saß jetzt auf der Bank, in der dünnen Luft machte ihm sein Herz zu schaffen. Es wurde langsam hell, der Gletscher begann zu leuchten und ein Streifen Morgenrot lag wie ein feuriger Riegel über dem Ausgang des Tals.

Die Gerichtsverhandlung, zu der viele Zeugen geladen waren, soll hier im einzelnen nicht geschildert werden. Der Junge war zu dieser Zeit schon längst begraben, die Todesursache hatten auch die Mediziner nicht herausgebracht, man hatte alles mögliche vermutet und sogar auch an einen Blitzschlag, den berühmten Blitz aus heiterem Himmel, gedacht. Der Vater des Sennen hatte nicht nur seinen toten Sohn, sondern auch den von jenem geformten schlaffen Teigjüngling genau angesehen und in diesem das Abbild eines ehemaligen Mitschülers des Jungen erkannt. Der Richter hatte den Namen dieses Mitschülers zu den Akten genommen, übrigens auf Wunsch des Polizeibeamten, der sich seit jener Nacht im Hochgebirge seine Gedanken machte. Noch einmal wurden die Zeugen ausgefragt, wer da etwa vor dem Tode des Jungen landstreichend in der Gegend gesehen worden war. Es war aber niemand gesehen worden, und niemand hatte auf den Almhütten und in den Berggasthöfen ein Obdach, Brot oder Wasser verlangt. Kein Hund war mitten in der Nacht unruhig geworden, und in dem feuchten Schlamm der Furten hatte niemand die Spuren fremder Nagelschuhe entdeckt. Die Hubschrauberleute wurden nochmals vernommen und die Knechte, alle vier, ausgefragt, der Bucklige wiederholte seine Aussagen, und die andern stammelten und grunzten, sie hatten offensichtlich ein schlechtes Gewissen, ohne doch an dem Tode des Jungen eigentlich schuld zu sein. Der Vater des Sennen, Schullehrer und Witwer, wußte nichts von Feinden, die sein Sohn etwa gehabt habe, er schilderte den Toten als einen verträglichen und freundlichen Menschen, eine Beurteilung, die von vielen anderen Zeugen bestätigt wurde. Der Anklagevertreter fragte verbissen weiter; daß der Geldbeutel unangetastet gefunden worden war, galt ihm nichts. Der Täter konnte, etwa durch das erneute Auftauchen des Hubschraubers gestört, das Weite gesucht haben, er konnte eines Tages hier oder dort wieder auftauchen und Schrecken verbreiten. Aber die Anklage lautete gegen Unbekannt, und dieser Unbekannte, der sich einen alten Aberglauben offensichtlich zunutze gemacht hatte, trat auch in den folgenden Wochen aus dem Dunkel nicht hervor. Auf den Gedanken, daß der von dem Sennen abgebildete junge Mensch bei dem Ganzen eine Rolle gespielt haben könnte, kam nur der Polizeibeamte, der, als die Verhandlung vertagt worden war, seine Spur verfolgte und eine Reihe von weiteren Zeugen ausfindig machte, die über das Verhältnis der beiden jungen Leute etwas auszusagen hatten. Was man von diesen Zeugen erfuhr, war, daß zwischen dem Jungen und dem Urbild der Puppe während des letzten Hochschuljahres eine Art von Haßliebe bestanden hatte. Wann immer die beiden zusammengekommen waren, seien sie sogleich auf eine hitzige und maßlose Weise in Streit geraten. Es war dabei auch einmal um ein Mädchen, aber doch meistens um andere Dinge, politische und sogar theologische Fragen gegangen. Man habe das Gefühl gehabt, daß die beiden zwar Todfeinde gewesen seien, aber nicht voneinander hätten lassen können, und es sei eigentlich jeder, der sie gekannt habe, erleichtert gewesen, als die gemeinsame Studienzeit zu Ende gegangen sei. Der Freund oder Feind des Jungen, vom Gericht nun ebenfalls vorgeladen, erschien nicht. In dem Ort, in dem er gewohnt hatte, war er nicht abgemeldet, aber man fand ihn dort nicht vor. Der Beamte, der, auf die Aussagen der Lehrer und Mitschüler des Jungen hin, davon überzeugt war, daß kein anderer als der Geliebte und Gehaßte den Jungen auf der Alm aufgesucht hatte, von diesem versteckt worden war und ihn schließlich ums Leben gebracht hatte, setzte den Polizeiapparat in Bewegung und dehnte endlich seine Nachforschungen auch auf das Ausland aus.

Eines Tages, es war jetzt schon Winter und über den fernen Gebirgen lagen dicke Schneewolken, wurde der Beamte von der Interpol angerufen. Der Gesuchte war ausfindig gemacht worden, zumindest sein letzter Aufenthaltsort, der in Südspanien lag. Er war aber dort vor einiger Zeit gestorben und auf eine nicht völlig geklärte Art. Und wann, fragte der Beamte leise. Es war niemand im Zimmer, er glaubte aber am Fenster den Buckligen sitzen und ihn spöttisch anstarren zu sehen. Einen Augenblick, sagte der Anrufer und blätterte hörbar in seinen Papieren, ja, da steht es, es war im September, am 15. September genau. Der Beamte bedankte sich, er griff nach dem Aktenbündel Mordsache Almhütte, das noch immer auf seinem Schreibtisch lag, und vergewisserte sich, daß an demselben Tage auch der Senn gestorben war. Dann trug er die ihm eben gemachte Mitteilung ein. In seinem Bericht an die Staatsanwaltschaft vertrat er die Ansicht, daß der Fall damit abgeschlossen sei. Er verbrachte aber seinen nächsten Sommerurlaub in der Nähe jener Almhütte und lernte dort einiges kennen, den schaurigen Hall des Echos in den Schluchten, die eisige Klarheit der Abende auf den Graten und das Nebelmeer, das zuweilen ganz schnell aufsteigt und die untere Welt vollkommen verhüllt. Er sprach auch oft mit den Männern, die dort oben die Kühe molken und den Käse zubereiteten und die dieselben waren wie im vergangenen Jahr. Nur der Senne natürlich war ein anderer, und kein Studierter diesmal, sondern ein Bauernsohn mit schwarzen kurz geschnittenen Haaren und einem lustigen roten Gesicht.

Wer kennt seinen Vater

Als die Nachricht kam, befand sich meine Mutter im Krankenhaus, wo ein kleiner Eingriff gemacht worden war, den sie glänzend überstanden hatte. Ich habe sie an dem Nachmittag noch besucht und habe ihr süße Wicken gebracht, das ist eine Art von Erbsenblüte, aber eine hochgezüchtete, in lauter zarten Pastellfarben, meine Mutter freute sich sehr. Sie versuchte sogar, die Blumen abends im Zimmer zu behalten, aber das gelang ihr nicht, noch ehe ich fortging, hat die Schwester alle Vasen auf den Korridor gestellt. Da standen sie auf dem moosgrünen Linoleum, vor jeder Tür der Privatstation ein ganzes Beet, und als ich an ihnen vorüber zur Treppe ging, mußte ich an einen Grasweg auf einem Friedhof denken. Ich erschrak und überlegte, ob meiner Mutter nicht doch am Ende etwas zustoßen konnte, eine Herzschwäche oder eine Embolie. Ich ging sogar unter dem Vorwand, meine Handschuhe vergessen zu haben, noch einmal zurück und klopfte an ihre Tür. Gut, daß du noch einmal kommst, sagte meine Mutter ganz arglos, ich brauche die Papiere von der Krankenkasse, eben war die Oberschwester da, morgen soll ich aufstehen und übermorgen nach Haus.

Das ist ja schön, sagte ich, da ist auch der Vater wieder da. Ich sagte das aber aus reiner Zerstreutheit, in Wirklichkeit wäre ich lieber mit ihr allein gewesen und auch sie wäre lieber allein gewesen mit mir. Ich suchte meine Handschuhe und zog sie aus der Tasche meines Mantels, ich spielte den Zerstreuten und küßte meine Mutter und sah sie liebevoll an. Als ich ging, ermahnte sie mich noch einmal wegen der Papiere, denk daran, tu es gleich, vergiß es nicht. Ich nickte und freute mich darüber, wie gut und jung sie aussah, wenn wir jetzt zusammen ausgingen, würde man uns wieder für ein Liebespaar halten.

Als ich die Treppe hinunter und über die Straße ging, war ich in besserer Stimmung. Ich schloß den Wagen auf und kroch hinter das Steuerrad, und als ich dann die langen regennassen Vorstadtstraßen hinunterfuhr, fing ich sogar, was ich ganz selten tue, zu pfeifen an. Zu Hause stellte ich den Wagen in die Garage, alle Fenster unserer Wohnung waren dunkel; seit meine Mutter im Krankenhaus und mein Vater in Amerika war, war ich abends immer allein zu Hause. Ich drückte im Vorplatz auf den Lichtknopf und ging die Treppe hinauf, und als ich oben war, sah ich, daß über das Schlüsselloch ein gelber Zettel geklebt war, auf dem die Worte ›Sehen Sie in Ihren Briefkasten‹ standen. Ein Telegramm, dachte ich, eine Nachricht aus dem Krankenhaus, aber ich war kaum zwanzig Minuten unterwegs gewesen und dann hatte ich noch den Wagen abgestellt, vierundzwanzig Minuten im ganzen, und gewiß hätte man doch mein Heimkommen abgewartet und dann telefoniert. Wenn mein Vater zu Hause war, kamen oft Telegramme, aber die meisten doch ins Büro, meine Mutter und ich erhielten nie welche, und wenn doch einmal eines kam, fürchtete sich meine Mutter und wagte nicht, es aufzumachen, ehe ich nach Hause kam. Vielleicht ist es auch kein Telegramm, dachte ich, sondern ein Eilbrief, von Vater, er schreibt aus Chicago, es kann ihm ja immer nicht schnell genug gehen, er ist das Telegraphieren und Eilbriefeschreiben gewöhnt.

Ich hätte jetzt die Treppe wieder hinunterlaufen sollen, aber ich tat es nicht, ich hatte ohnehin die Absicht, noch auswärts essen zu gehen, jetzt mußte ich die Papiere von der Krankenkasse heraussuchen, und weil ich vergessen hatte, meine Mutter zu fragen, wo sie sie verwahrte, mußte ich noch einmal anrufen und mir Bescheid sagen lassen. Es dauerte eine ganze Weile, bis ich die Verbindung mit der Stationsschwester bekam, und während dieser Zeit stand ich im Vorplatz, der bei uns sehr hübsch eingerichtet und mit einem blauen Teppich ausgelegt ist, und starrte auf ein Bild, das da hing, aber schon so lange, daß ich es niemals richtig ins Auge gefaßt hatte. Es war ein französischer Kupferstich, der die Vertreibung der Hagar darstellte. Der alte Abraham stand da vor einem sehr festen, tempelartigen Haus mit dicken Säulen und einem Giebel und seine Frau Hagar und sein Sohn Ismael standen schon ziemlich weit weg von ihm am Rande einer Landschaft voll kleiner Wasserlachen und zierlicher Gebüsche, die trotz ihres parkähnlichen Charakters etwas Unheimliches und Endloses hatte. Nachdem ich den Kupferstich eine Weile betrachtet hatte, fand ich heraus, daß der stämmige Abraham meinem Vater ähnlich sah und daß auch zwischen dem schmächtigen jungen Ismael und mir eine gewisse Ähnlichkeit bestand. Der Alte, schon im Begriff, ins Haus zurückzukehren und die schwere Tür hinter sich zufallen zu lassen, streckte seinen Arm gebieterisch fortweisend aus, und diese Gebärde war es, die mich erschreckte, obwohl sie mit der Wirklichkeit, mit unserer Wirklichkeit in gar keinem Zusammenhang stand.

Tatsächlich war bei uns alles anders, meine Mutter und ich waren es, die den Vater oft ausgeschlossen hatten, zum Beispiel, wenn wir einander am Abend Platten vorspielten, Bach oder die alten Italiener, das macht dir doch keine Freude, und schon war der Vater gegangen, laßt euch nicht stören, ich habe auch noch zu tun. Einmal hatte er bei einer solchen Gelegenheit auch gelacht und gesagt, ich weiß schon, ich bin ein Banause, den Ausdruck hatte ich mir von meiner Mutter erklären lassen müssen, ich hatte gedacht, ja, das bist du, gut, daß du es einsiehst, du hast keine anderen Interessen als deine Fabrik. Ich studierte damals schon Kunstgeschichte und meine Mutter und ich machten oft kleine Reisen, auf denen wir Kirchen und Schlösser besichtigten, wir forderten meinen Vater nie auf, uns zu begleiten, und er schien dazu auch keine Lust zu haben. Auf jeden Fall ließen wir ihn aus dem Spiele, aus unseren schönen Spielen, ich war der Sohn meiner Mutter und ich wollte nicht wahrhaben, daß ich auch der Sohn meines Vaters war.

An dem Abend nun und während ich den Kupferstich betrachtete, kamen mir zum ersten Mal Zweifel an meinen bisherigen Empfindungen und mit einer Art von Entsetzen musterte ich die kleinen und schwächlichen Gestalten der Hagar und ihres Sohnes Ismael, die im Begriff waren, sich für immer in dieser düsteren Parklandschaft zu verlieren. Währenddem hatte ich schon mit der Schwester gesprochen und sie war weggegangen, um sich bei meiner Mutter nach dem Aufenthaltsort der Papiere zu erkundigen, und war wieder zurückgekommen und hatte mir Bescheid gesagt. Ich bedankte mich und legte den Hörer auf und dann ging ich in das Zimmer, das wir meinem Vater eingeräumt hatten, das kleinste der Wohnung, weil er ohnehin sehr selten zu Hause war. Es roch dort muffig, fast wie in einem nie benützten Fremdenzimmer, die Aufwartefrau hatte saubergemacht, aber die Fenster gleich wieder geschlossen, mein Vater war schon über eine Woche unterwegs. Es war der einzige Raum unserer Wohnung, der häßlich eingerichtet war, mit Möbeln, die sich mein Vater kurz vor dem Krieg von seinen ersten Ersparnissen gekauft hatte, wir nannten es die Schreckenskammer und machten uns darüber lustig, daß mein Vater nichts geändert haben wollte. Er hatte jetzt Geld genug, und meine Mutter hätte ihm gern hübsche antike Möbel gekauft. Der Schreibtisch war riesig, mit einem plumpen schrankartigen Aufsatz, die Stühle waren mit violettem Leder bezogen, und ein Ölbild, das mein Vater schon immer besessen hatte, ein Sonnenuntergang über der Heide, hing an der Wand. An dem Schrankaufsatz steckten die Schlüssel, wie die Schwester gesagt hatte, vielmehr hatte sie gesagt, vielleicht stecken sie dort, aber sie steckten wirklich und darüber wunderte ich mich sehr. Um die Fächer und Schubladen zu öffnen, mußte ich mich auf den Schreibtischstuhl setzen, ich tat das ungern und saß deshalb auch nur auf der Kante und erst viel später setzte ich mich zurück. Erst viel später stützte ich meine Ellbogen auf die harten Armlehnen und meinen Kopf auf die Hände und vergaß das Zimmer und vergaß die Zeit.

Wahrscheinlich werden Sie jetzt denken, daß ich an dem Abend, angeregt vielleicht durch den Kupferstich im Vorplatz, im Schreibtisch meines Vaters herumgewühlt und etwas Bestimmtes gesucht habe, aber das entspricht den Tatsachen nicht. Ich habe, als ich die Schubladen und Fächer öffnete, an den Kupferstich überhaupt nicht mehr gedacht. Ich wollte die Papiere herauslegen und abendessen gehen und vielleicht noch ein bißchen arbeiten, und als ich nicht fand, was ich suchte, habe ich mich über meine Mutter geärgert, die nie wußte, wo etwas aufgehoben war. Ein paar große, eng mit der Hand beschriebene Bogen hatte ich während des Kramens auf die Schreibtischplatte gelegt und dort vergessen und erst am Ende, als ich sie wieder einräumen wollte, ist mein Blick auf das oberste dieser Blätter gefallen. Ich habe gedacht, was für eine Handschrift, so klein und fest und gedrungen wie mein Vater, und erst dadurch bin ich überhaupt auf den Gedanken gekommen, daß die Handschrift die meines Vaters war.

So erstaunlich, wie es zuerst erscheinen mag, ist das nicht. Sie müssen bedenken, daß mein Vater uns sehr selten schrieb und jedenfalls immer mit der Maschine, er diktierte seine Briefe und das merkte man ihnen auch an. Natürlich hatte er meine Zeugnisse unterschrieben, daran erinnerte ich mich jetzt, sie waren nie besonders gut gewesen, aber doch ausreichend, er hatte sie aufmerksam durchgesehen und nie etwas darüber gesagt. Als ich die Handschrift meines Vaters erkannt hatte, war ich natürlich neugierig, es wird sein Testament sein, dachte ich, und sobald ich mich davon überzeugt hatte, wollte ich die Bogen zurücklegen und das Fach abschließen und gehen. Es war aber nicht sein Testament, und eine Weile lang verstand ich gar nicht, wozu diese Aufzeichnungen gemacht worden waren. Ich bin mir darüber erst ganz klargeworden, als ich den letzten Bogen vor mir hatte, der übrigens leer war, bis auf drei Worte, die ganz oben standen und den Anfang eines Briefes bildeten.

Wenn ich, was auf die Dauer vielleicht nicht zu vermeiden sein wird, meiner Mutter von dem allen erzähle, wird sie verlangen zu lesen, was ich gelesen habe, und wahrscheinlich wird sie behaupten, daß sie ein Recht darauf habe. Ich habe das an dem Abend schon vorausgesehen und deswegen habe ich die Blätter, zwar nicht gleich, aber doch in derselben Nacht noch verbrannt. Ich möchte aber nicht, daß Sie denken, es sei etwas Abfälliges über meine Mutter darauf gestanden oder etwas, woraus man hätte schließen können, daß mein Vater ihr untreu gewesen ist, ich meine durch eine Beziehung zu einer anderen Frau. Es ist darum besser, wenn ich versuche, Ihnen zu sagen, was da stand, obwohl das nicht so einfach ist. Ich habe nämlich sehr schnell gelesen, und später, als ich das Telegramm heraufgeholt hatte, habe ich die Blätter sofort vernichtet. Es kann also gut sein, daß ich etwas weglasse oder auch etwas dazuerfinde, wie man das beim Erzählen von Träumen macht.

Zuerst, wie gesagt, kannte ich mich gar nicht aus. Mein Vater berichtete über verschiedene Vorkommnisse, aber er leitete jeden dieser Berichte mit den Worten, muß ich ihm erzählen, Doppelpunkt, oder, das muß er auch wissen, Doppelpunkt, oder einfach mit den Worten, für ihn, ein. Die so begonnenen Abschnitte waren mit verschiedener Tinte oder mit einem Kugelschreiber oder auch mit einem Bleistift geschrieben, und der erste lag, wie man aus dem Zustand des Papiers ersehen konnte, schon weit zurück. Übrigens kamen als Einleitung der Berichte auch die Worte, für den Brief, oder, in den Brief, vor, was den Eindruck erweckte, als habe mein Vater sozusagen sein Leben lang, jedenfalls aber bald nach seiner Verheiratung, die Absicht gehabt, an eine bestimmte Person einen Brief zu schreiben. Diese Person wurde nie angeredet, es handelte sich ja auch bei dem Geschriebenen noch nicht um den Brief, sondern nur um das Rohmaterial dazu. Mein Vater hat sich infolgedessen mit der Form auch keine große Mühe gegeben, er war ja auch kein Akademiker, geschweige denn ein Literat. Oft berichtete er im Telegrammstil und schrieb auch manchmal nur einzelne Namen oder kurze Sätze hin. Die Namen waren meist russische, sie waren oft von einem Ausrufungszeichen begleitet, wodurch mein Vater sich selbst wohl gewisse, ihm bedeutsame Kriegserlebnisse ins Gedächtnis zurückrufen wollte. Die kurzen Sätze stammten, soviel ich erkennen konnte, aus dem Alten Testament.

Aha, werden Sie jetzt sagen, da haben wir ihn ja, Ihren frommen Abraham, und behaupten, daß ich darauf nur hinausgewollt habe, oder daß ich das Ganze geträumt habe, vielleicht erst viel später in dieser Nacht. Ich kann Ihnen ja auch nichts beweisen, ich besitze die Blätter, mit Ausnahme des letzten, nicht mehr. Die Bibelstellen, um die es sich handelte, waren aber alle pessimistische, wenn man das so ausdrücken kann. Es war darin die Rede von einer Zeit, da »kein Singen mehr auf den Bergen« sein würde, von Freunden, die einander bis in den Tod gram werden, von dem Auswurf, den das Menschengeschlecht darstellt, und von »bestimmten Tagen«, die der Schreiber, der Prophet oder mein Vater, auf sich zukommen sah. Mehrere Male hatte mein Vater diesen schwermütigen rebellischen Texten auch eigene Bemerkungen hinzugefügt. Ich erinnere mich an eine, in der er behauptete, daß zwar Jesus für immer gestorben sei, daß aber der alte Rachegott noch lebe und sich anschicke, seine Schöpfung zu zerstören. Die Episoden, die mein Vater in diesen Aufzeichnungen festgehalten hat, waren auch nicht lustig, keineswegs. Einmal hat er den Tod eines einfachen Mannes (offenbar eines seiner Arbeiter) beschrieben, das Sichaufbäumen des knochendürren Leibes, das Pfeifen und Röcheln des Atems und den fürchterlichen Ernst der Augen, die weder der Frau noch dem Chef einen Abschiedsblick gönnten. Einmal war von den Eltern meines Vaters die Rede, die ich gar nicht kannte und von denen ich angenommen hatte, daß sie längst tot seien. Sie lebten aber, zum mindesten zur Zeit der früheren Aufzeichnungen noch, der Angeredete sollte mit ihnen zusammenkommen, wobei es aber viele, nicht näher bezeichnete Hindernisse zu überwinden galt. Die Mutter, hieß es, trinkt nicht mehr. Die Kur hat geholfen, sie ist dick geworden, weil sie jetzt so viel Kuchen ißt. Eine große Rolle spielte in den Aufzeichnungen auch ein Mann mit dem Namen Karl, ein Kriegskamerad meines Vaters offenbar, aber ein Einzelgänger, der sich auch meinem Vater nicht anvertraut hatte, ehe er auf eine ebenso einfache wie fürchterliche Weise Selbstmord beging. Dieser Karl, schrieb mein Vater, hat sich auf einen Stuhl gesetzt, den Stahlhelm auf dem Kopf, hat sein Gewehr zwischen die Knie genommen und sich in den Mund geschossen, der Anblick war entsetzlich, aber für uns, nicht für ihn. Ich muß, hieß es an dieser Stelle weiter, »ihm« noch mehr von Karl erzählen, nämlich, daß er lustig war, wie feine Leute gar nicht lustig sein können, bis er in der Tinte steckte, in die feine Leute gar nicht kommen, sie haben Erziehung und hadern nicht miteinander und auch nicht mit Gott. Ich muß, hieß es später einmal, ihm auch von den beiden Soldaten erzählen, die 1944 von der Front nach Hause fuhren, einer hatte ein verstümmeltes, entsetzliches Gesicht, keine Nase, keine Augen, der andere hielt ihm die Feldflasche an das schiefe Loch von Mund. Eine junge Dame, die dem Krüppel gegenübersaß, reichte seinem Begleiter einen Zettel herüber, darauf stand, der Anblick sei niemandem zuzumuten und die beiden möchten so gut sein und das Abteil verlassen. Ich war, schrieb mein Vater, nicht dieser Begleiter, aber ich hätte es ebenso gemacht, meinen Revolver gezogen und das Mädchen totgeschossen. Das soll »er« erfahren, aber jetzt noch nicht. Auf seine Eltern kam mein Vater noch oft zurück, es wurde ein Vertrag erwähnt, den er, offenbar schon vor der Hochzeit, mit meiner Mutter geschlossen hatte, ein Versprechen, seine Familie zwar in Notfällen zu unterstützen, aber niemals ins Haus zu ziehen: wie es mir schien, bereute mein Vater diesen Vertrag, je älter er wurde, immer mehr. Es folgten auch hier ein paar allgemeine

Bemerkungen, eine Frau kann ihre Herkunft vergessen, ein Mann niemals, eine Frau wird im Alter immer mitteilsamer, ein Mann verstummt. Dann ging es wieder weiter mit: ich muß ihm das alles eines Tages erzählen, auch wie das war zu Hause, die öde Wohnung, mein Vater, der die Mutter die Treppe herauf trug und ins Bett brachte, und am frühen Morgen wachte sie dann auf, fing an zu weinen, warf sich über unsere Kinderbetten und küßte uns, sie roch entsetzlich, wir stießen sie weg. Er weiß nichts vom Leben, hieß es dann, und natürlich ahnte ich jetzt schon, wer dieser »er« war, der nichts wußte und alles erfahren sollte, der sich lustig machte über seines Vaters kurze rote Hände, den er aufforderte, mit ihm am Sonntag an den Fluß zu gehen, aber die Mutter erlaubte es nicht. Einen anderen »Er« gab es auch noch, aber der wurde groß geschrieben, es war der aus den Bibelsprüchen, und mein Vater begegnete ihm, wenn er zu seinen Geschäftsbesprechungen flog, in allerlei merkwürdigen Himmelserscheinungen, er hat das verschiedene Male angedeutet, übrigens auch zweimal dick unterstrichen die Worte, *es gibt ihn,* hingeschrieben und einmal von einem schrecklichen Untergangstraum erzählt.

Von dem Gelesenen habe ich vieles vergessen, wahrscheinlich weil ich es mit schlechtem Gewissen las, ich merkte ja erst am Ende, es war für mich bestimmt. Die ganze Zeit, während ich da saß, hatte ich das Gefühl, mein Vater wäre im Zimmer, zugleich aber auch in Chicago, das Telegramm, das seine Heimkehr ankündigte, lag im Kasten, zwei verschiedene Väter und den einen hatte ich nie gekannt. Als ich alles gelesen hatte, kam noch die letzte, die leere Seite, die drei Worte, die darauf standen, bildeten, wie ich schon sagte, den Anfang eines Briefes, das Datum bezeichnete den Tag vor meines Vaters Abreise und die Worte lauteten, mein lieber Sohn. Ich schob die Blätter zusammen, an die Versicherungspolice dachte ich nicht mehr, auch nicht an meine Mutter und an das Friedhofsbeet vor ihrer Tür. Als ich die Treppe hinunterlief, um das Telegramm zu holen, lief ich gewissermaßen schon meinem Vater entgegen, ich hatte nicht alles verstanden, was ich gelesen hatte, aber ich liebte ihn sehr.

Das Telegramm lag am Boden des kleinen Blechkastens, ich sah es zuerst gar nicht und mußte mit dem Fingernagel kratzen, dann hatte ich es in der Hand. Eine Fluggesellschaft verlangte meinen Anruf, auch außerhalb der Dienststunden, auch mitten in der Nacht. Es war die Fluggesellschaft, bei der mein Vater gebucht hatte, und als ich wieder in der Wohnung war und die Verbindung hergestellt hatte, teilte man mir mit, daß das Flugzeug meines Vaters an der irischen Küste abgestürzt war und daß es keinen Überlebenden gab. Sie wissen ja, daß man auf solche Nachrichten, plötzliche Überfälle des Schicksals, mit einer Art von kaltem Stumpfsinn reagiert. Schon während der Beamte der Fluggesellschaft mir sein Beileid ausdrückte, begann ich zu denken, es gab so viel zu bedenken, daß es fast nichts zu empfinden gab. Daß meine Mutter noch nichts erfahren durfte, stand bei mir gleich fest, ich überlegte, unter welchem Vorwand ich die Reise nach Irland antreten und durch welche Listen die Krankenschwestern meiner Mutter die Zeitungen vorenthalten könnten. Es stellte sich später heraus, daß das nicht möglich war. Eine Beerdigung gab es nicht, nur in Irland eine Trauerfeier für alle, deren Leichen in dem Sumpfgebiet nicht aufzufinden gewesen waren. Ich kam nach ein paar Tagen zurück, meine Mutter wußte schon alles und war gefaßt, in ihrer Begrüßung lag sogar etwas von Erleichterung, endlich allein mit dir. Ich konnte sie von dem Tag an nicht mehr sehen, ihr Parfüm nicht mehr riechen, ihre kleine Vogelstimme nicht mehr hören. Eines Morgens, als sie beim Friseur war, habe ich meine Koffer gepackt und bin in ein Zimmer in der Stadt gezogen. Ich habe unseren Hausarzt gebeten, ihr zu erklären, daß der Tod meines Vaters oder die Tatsache, daß er noch immer irgendwo in einem irischen Sumpf steckte, bei mir eine Art von Nervenschock hervorgerufen habe. Demnächst wird sie auch erfahren müssen, daß ich das Studium der Kunstgeschichte aufgegeben habe. Sie wird das nicht verstehen. Sie war immer so glücklich darüber, daß ich mich mit Dingen beschäftigte, die schön waren und zu denen auch sie einen Zugang hatte. Aber darauf kann ich jetzt keine Rücksicht mehr nehmen.

Ferngespräche

Ich bins, Paul, Angeli, sagte die junge Angelika Baumann (am Telefon) zu ihrem Freunde Paul – ich stör dich doch nicht? Du hast vielleicht gearbeitet, nein? – da bin ich froh. Ich hab dich nur fragen wollen, ob du etwas gehört hast, ich meine von deinem Vater... Ja, natürlich bin ich ungeduldig, ich denk doch an nichts anderes, ich mal mir das aus, unseren Besuch bei ihm, und ein bißchen Angst hab ich auch. – – – Es wird ihm schon recht sein, sagst du? Ach ja, ich wünschte, es wäre ihm recht. Ich möcht ihn wohl liebhaben, alle deine Verwandten möcht ich lieb haben, besonders deine Schwester, ich hab ja keine und hab mir immer eine gewünscht... Ende der Woche? Ja, natürlich paßt mir das, ich leb ja nur darauf hin, auf den Besuch bei deinem Vater, und wenn der vorbei ist und wir weggehen, dann sind wir richtig verlobt... Nein, lach nicht. Paul, du darfst nicht lachen, du weißt ja nicht... ich bin heute durch den Englischen Garten gegangen... ein schöner Tag? Ja, sicher ein schöner Tag. Ich hab aber nichts gesehen, keine Fliederbüsche und keine Butterblumen, auf jeder Bank bist du gesessen und jeder, der mir von weitem entgegengekommen ist, warst du. Und ich hab gedacht, das vorher, bevor ich dich gekannt habe, das war gar kein Leben, und wenn du weggingest und nicht mehr wiederkämest, das... Dumm, ja, ja, das bin ich, ganz dumm. Ich sag ja auch nichts mehr, ich hab nur wissen wollen, ob du schon Nachricht hast. Aber jetzt wart ich bis zum Ende der Woche, da ist mein

Namenstag, – sie sollen dich mir zum Namenstag schenken, – liebes Fräulein Angeli, da haben Sie unseren Paul. Machen Sie ihn glücklich ... Du bist es schon? Du bist schon glücklich? ... Nein, nein, jetzt sag nichts mehr, etwas Besseres kannst du nicht sagen, das war das Beste, jetzt häng ich ein ...

Hör mal, sagte der alte Mann (am Telefon) zu seiner Tochter Elly, du mußt deinem Bruder ins Gewissen reden. Es handelt sich ja nicht um Standesvorurteile. Wenn sie jemand wäre, meinetwegen auch eine Filmschauspielerin oder eine Tänzerin, aber eben jemand Besonderes, jemand Bekanntes, dann könnte sie auch aus der Hafengasse stammen. Aber sie ist gar nichts, einfach kleine Leute, ein hübsches Gesichtchen, solange sie jung ist, später eine Madam ... Nein, gesehen hab ich sie nicht, nur eine Photographie, niedlich und so etwas Rührendes in den Augen. Aber wie schnell geht das vorbei. Dann hat sie Speck an den Hüften, und die Finger sind ohnehin kurz und dick. Der Paul kann so etwas nicht machen, ich weiß, wie das ausgeht, nämlich schlecht, für alle Teile schlecht. In ein paar Jahren genügt sie ihm nicht mehr, ich meine gesellschaftlich. Er ist ein ganz guter Kaufmann und hat den Doktor, in ein paar Jahren ist er dann so weit, daß er sich mit einer Frau, die keine fremde Sprache spricht und Picasso für einen provenzalischen Eintopf hält, lächerlich macht. Die kann man nicht einladen, heißt es dann, eine unmögliche Person, und er muß sich immer etwas Neues ausdenken, meine Frau ist leidend, meine Frau kann von den Kindern nicht weg. Und eines Tages hat er bei

Tisch eine neben sich, eine schöne, gepflegte, spöttische, die ihm zeigt, daß er ihr nicht gleichgültig ist, und schon denkt er, Herrgott, wenn ich noch frei wäre, frei ... Also sei so gut und sage das dem Paul, ich will mich da noch nicht einmischen, aber, eine Heirat, das kommt nicht in Frage. Du kannst auch deine Tante Julie anrufen, ich glaube, sie ist aus Gastein zurück. Wir müssen alle zusammenhalten, eine Familie, das ist eine Macht, auch wenn nicht alle in derselben Stadt hocken, wozu gibt es das Telefon. Sag mir noch schnell, wie es den Kindern geht ... Laß sie nicht zu früh aufstehen, nach den Masern gibt es leicht Komplikationen. Ruf mich wieder an, aber nicht morgen abend, da hab ich ein Herrenessen, und übermorgen ... du mußt es eben versuchen, einmal bin ich schon da.

Du weißt natürlich, warum ich anrufe, Tante Ju, sagte Elly (am Telefon) zu ihrer Tante Julie ... der Papa will, du sollst dich da einschalten, ältere Generation und so weiter, und weil es ja wirklich eine Dummheit ist, was der Paul da vorhat, ich habe immer gesagt, der *wird* einmal geheiratet, der heiratet nicht. Ob ich sie kenne, ja natürlich, einmal gesehen. Wenn du mich fragst, der sanfte Typ mit dem eisernen Willen, die geht aufs Ganze und nicht auf den hübschen Jungen allein ... Was du machen sollst? Ihn anrufen natürlich, pausenlos anrufen, oder ein anderes Mädchen dazwischen schieben, du hast doch so viele Bekannte. Schick ihm eine, die er in München herumführen soll, dir zuliebe, und abends ins Theater, nur daß er einmal sieht, daß es auch noch andere Frauen gibt. . . . Was sagst du? Wenn er sie liebt?

Ich bitte dich, Tante Ju, sei doch nicht kindisch, wer sagt denn, daß er sie nicht noch besuchen darf, meinetwegen auch mit ihr schlafen. Du hast da Begriffe, wirklich noch aus dem vorigen Jahrhundert, entschuldige schon. Wenn du nicht weißt, was du ihm sagen sollst, so sag halt, der Papa wird sich aufregen, Blutdruck zweihundert hat er schon, und Kinder sollen ihre Eltern ehren. Aus deinem Munde macht sich das ganz gut. Übrigens regt er sich wirklich auf, der Papa, er hat seine ganz bestimmten Absichten, vielleicht geht es ihm auch geschäftlich augenblicklich gar nicht so prima. Vielleicht braucht er so etwas wie eine Heiratsanzeige auf Bütten und eine Hochzeit in Brenners Kurhof, da wird noch einmal tüchtig hineingebuttert, aber es macht sich bezahlt... Sorgen? Na ja, ich weiß nicht, vielleicht ja, vielleicht nein, ich würde sagen eher nein. Jedenfalls du, unterdrück deine sentimentalen Anwandlungen, die Familie muß zusammenhalten. Mein Mann will auch einmal mit dem Paul sprechen, so von Mann zu Mann, wenn er Zeit hat, aber du weißt ja, er hat keine Zeit.

Nein, nichts Großes, sagte Tante Julie (am Telefon) zu ihrem Neffen Paul, nur sechs Personen, zum Abendessen, Hummercreme in Tassen und Lammschulter mit jungen Bohnen und irgendeine süße Speise hinterher. Du kannst in der Nacht noch zurückfliegen. Tu deiner alten Tante den Gefallen. Mir fehlt ein Kavalier für ein schönes Mädchen, rötlich-blonde Haare, ganz dein Typ. Südamerikanerin übrigens, ich meine, dort geboren und aufgewachsen, aber von deutschen Eltern, und gerade im Begriff, sich die alte Heimat anzusehen. Du kannst ihr da doch ein bißchen zur Hand gehen. Du kennst dich so gut aus. Museen, Ausstellungen, Theater und so... Ja, das hast du schon geschrieben, daß du verabredet bist für dieses Wochenende, aber weißt du, ich laß das nicht gelten. Nein, mein Lieber, das mußt du absagen, den Gefallen mußt du mir schon tun... Wie sagst du, – mit deiner Braut, das ist ja das erste Wort, was ich höre. Nein, offengestanden, ich kann nicht lügen, ich habe es schon gehört, aber nicht ernst genommen, du bist doch noch viel zu jung zum Heiraten und deinem Vater wird das gar nicht angenehm sein. Hoffentlich hast du dich noch nicht wirklich gebunden, ich meine mit Heiratsversprechen und Ringen und so weiter. In unseren Kreisen wäre das nicht so wichtig, aber... Na hör mal, Paulchen, schrei mich nicht an. Du bist wohl völlig mit den Nerven herunter, du, das kann ich verstehen. Das ist ja auch nichts für dich, du bist keine Kampfnatur und natürlich wird es da allerlei Schwierigkeiten geben. Du mußt dir das noch einmal sehr genau überlegen. Vor allem die Eltern kennenlernen, ich meine gut kennenlernen, vor allem die Mutter, wie die Mutter heute ist, wird die Tochter in fünfundzwanzig Jahren..., ich weiß das, ich habe es beobachtet, ich bin eben so ein Mensch, der sich über alles Gedanken macht. Du darfst mir das nicht übelnehmen, ich habe nichts gegen kleine Leute, und da hast du recht, Frauen *sind* anpassungsfähig, aber eben nur bis zu einem gewissen Grad... Nein, ich höre jetzt auf, du wirst ein guter Junge sein und zu meinem kleinen Abendessen kommen, komm schon ein bißchen früher, dann reden wir weiter. Wie ich höre, geht es dem Papa gar nicht besonders gut. Übrigens kannst du natürlich deine Braut auch mitbringen, ich muß es nur wissen, damit ich noch einen Herrn für sie habe. Kleines Abendkleid, und sie spricht doch gut Französisch? Ich habe nämlich den belgischen Konsul, reizender Mensch und großer Sammler, du, das wird dich interessieren, Heiligenbilder hinter Glas –

Hör zu, Paulchen, sagte Elly (am Telefon) zu ihrem Bruder, die Geschichte mit deinem Mädchen ... natürlich, das weiß jeder und auch, daß du am nächsten Sonntag mit ihr an der Hand beim Papa erscheinen willst. Aber ich meine, du könntest diesen Besuch noch ein bißchen verschieben. Der Papa hat sich nämlich etwas ausgedacht, er will dir eine Reise schenken. Er hat schon mit deinem Chef gesprochen. Du sollst da zugleich geschäftlich einiges erledigen, damit es dir nicht als Urlaub angerechnet wird ... Also wirklich, du kannst dem Papa diese Freude nicht verderben; wenn du zurückkommst, ist immer noch Zeit genug. Wohin ... Das weiß ich nicht genau, ich glaube Kanada. Mit dem Flugzeug ist das ja auch nur ein Katzensprung. Auf jeden Fall könntest du hier vorbeikommen, die Kinder sind nicht mehr ansteckend und wir würden uns freuen, du könntest dich auch ein bißchen ausruhen, weißt du was, ich fahre dich mit meinem neuen Roten an die Elbe, nach Blankenese oder so, da gehen wir spazieren. Tante Ju sagt nämlich, du habest, als du neulich bei ihr warst, schrecklich schlecht ausgesehen, so als ob dich etwas bedrückt. Vielleicht ist es die Sache mit dem Mädchen, Angelika heißt sie wohl, hübscher Name, und wie weiter ... Baumann, und wohnt in München, wo? ... Nein, nein, ich gedenke nicht sie zu besuchen, ich kann ja auch hier gar nicht weg. Ich möchte dir bloß einen Rat geben, was sagst du ... wie man jemanden sitzen läßt? Also sei doch nicht albern. Erinnere dich daran, wie du mir damals den Sänger ausgeredet hast, in den ich so verschossen war. Ich hab den übrigens vor kurzem einmal wiedergesehen, also du ahnst es nicht, wie er jetzt aussieht, ich konnte bloß lachen, und natürlich bin ich dir ewig dankbar dafür ... Das kann man nicht vergleichen, sagst du, na ja, vielleicht kann man es wirklich nicht vergleichen, aber ich habe schon genug, wenn ich nur deine Stimme höre. So etwas Gequältes, keine Spur von ›Ihr könnt mich alle gern haben und ich mache doch, was ich will.‹ So eine Stimme hast du gehabt, als du mit vierzehn Jahren von zu Hause durchbrennen wolltest, Schiffsjunge, Dockarbeiter, erinnere dich. Es war natürlich furchtbar zu Hause, aber doch auch ganz angenehm, und du bist einmal nicht fürs Zwischendeck, jetzt so wenig wie damals. Damals hab ich dir deine Schuhe verstecken müssen, weil du es nicht eingesehen hast, aber ich bin sicher, jetzt siehst du es ein ... was ich mit dem Zwischendeck meine, nun, das kannst du dir schon denken, keine Zuschüsse mehr, unter Umständen auch kein Erbe, je nachdem, wie wütend der Papa wird ... Nein, natürlich hast du sie nicht von der Straße aufgelesen, das sagt ja auch keiner ... wie bitte, kleines Kurzwarengeschäft? Na siehst du, da müßt ihr dann am Sonntag immer zum Mittagessen hin, da gibt es Schweinebraten und Rotkraut und Apfelkuchen aus dickem Hefeteig. Und bei der Hochzeit muß der Papa die Kurzwarenmama zu Tisch führen und sie nach dem Umsatz von Gummiband fragen. Kannst du dir das vorstellen, – ich, offengestanden, nicht.

Nein, wirklich, Angeli, sagte Paul (am Telefon) zu seiner Freundin, ich habe nichts, es tut mir nur leid, daß wir übermorgen nicht zusammen nach Düsseldorf fahren können, es ist da verschiedenes dazwischen gekommen. Nein, nicht bei mir, meinem Vater paßt es diesen Sonntag nicht, ich meine, daß wir *zusammen* kommen, ich muß schon hin. Er hat etwas mit mir zu besprechen, ich soll für das Geschäft eine Reise machen. Nein, nicht lang – Herrgott, deswegen brauchst du doch nicht gleich zu weinen, und überhaupt wird das später auch nicht anders, daran mußt du dich gewöhnen, ewig zu Hause sitzen kann ich nicht ... Zuerst? Was verstehst du unter zuerst? ... Als noch niemand etwas wußte, ... ja, nun wissen sie es eben und müssen sich damit abfinden, Familien haben immer andere Pläne und sie haben eben auch andere Pläne gehabt. Zuerst sind wir jeden Abend spazierengegangen? Gott, mach mich doch nicht nervös, gleich wirst du fragen, ob ich dich noch liebhabe. Natürlich hab ich dich lieb, ich bin überhaupt nur bei dir glücklich. Ich hab das gemerkt, als ich bei Tante Julie zum Abendessen war, da hab ich die ganze Zeit Löcher in die Luft gestarrt und keine Antworten gegeben, und Tante Ju, die mir eigentlich bei der Gelegenheit eine andere Braut andrehen wollte, hat mir zugetrunken und das hat heißen sollen, ich sehe

schon, es hat keinen Sinn... Nein, mit der jungen
Dame bin ich nicht verabredet, Herrgott, glaub mir das
doch und sprich nicht immer von »meiner Welt«. Ich
hab ein Zuhause wie alle Leute, aber eine Welt will ich
mir mit dir aufbauen, vielleicht hier, vielleicht ganz
woanders,... nein, nein, ich weiß noch nicht wo. Jetzt
muß ich aufhören, sag noch etwas Nettes... Nein, nur
das nicht, daß du Angst hast, wovor denn eigentlich
Angst. Leg eine Platte auf, unsere Platte, Porgy and
Bess, It isn't necessarily so,... nein, vorbeikommen
kann ich nicht mehr, ich fahre schon heute abend, weil
die Straßen da leerer sind... Eine komische Stimme?
Was du dir alles einbildest... nun ja, es *gibt* Schwierigkeiten, aber es ist doch nicht nötig, daß du so
mißtrauisch bist... doch, das bist du, du hast kein
Vertrauen zu mir, wahrscheinlich hörst du zuviel auf
deine Eltern... keinen Kontakt, sagst du, mit wem soll
ich denn Kontakt haben, mit deinen Eltern oder mit
dir? Aber bitte, mach nur so weiter... Was sagst du,
Angeli?... Ach sag doch etwas... sei mir nicht
böse... hör doch, es wird alles wieder gut...

Fräulein Baumann, sagte Pauls Schwester Elly (am Telefon) zu Pauls Freundin Angelika, Sie werden sich
wundern, daß ich Sie anrufe, obwohl ich Sie so gut wie
gar nicht kenne. Aber ich bin Pauls Schwester, und Paul
hat mir von Ihnen erzählt... nein, ich bin nicht in
München, ich bin zu Hause in Hamburg... nein, nein,
regen Sie sich doch nicht auf, dem Paul ist nichts geschehen... Hören Sie doch einmal einen Augenblick
ruhig zu, Fräulein Baumann. Ich weiß ja nicht, was der

Paul Ihnen von seiner Familie erzählt hat, und ob er überhaupt etwas erzählt hat, er ist wahrscheinlich jetzt in einem Zustand, wo er denkt, daß er ohne seine Familie ganz gut auskommen kann. Aber es wird Sie vielleicht interessieren, auch einmal auf diesem Wege etwas über ihn zu erfahren, nämlich das kann er nicht, ich meine, ohne seine Familie auskommen kann er nicht... Das muß er doch auch nicht, sagen Sie? Natürlich nicht, jedenfalls, wenn Sie so sind, wie ich Sie mir vorstelle, nämlich als ein Mädchen, das nicht unbedingt unter die Haube kommen will... na sehen Sie, das hab ich mir doch gleich gedacht. Wenn ich Ihnen jetzt etwas erzählen wollte von ewiger Liebe, würden Sie mich auslachen, ich weiß ja, wie junge Leute heutzutage sind, kühl, nüchtern, sie gehen ein Stück Wegs zusammen, und dann trennen sie sich wieder. Das ist ja das Schöne, es gibt keine Sentimentalität mehr, jeder hat sein eigenes Leben... wie sagen Sie, – das stimmt nicht? Nun, vielleicht stimmt es für Sie nicht? Aber für meinen Bruder, Sie haben das gewiß schon gemerkt. ... Nein, *wir* sind nicht schuld, auch mein Vater nicht. Mein Vater möchte übrigens gern einmal mit Ihnen sprechen. Es könnte ja sein, daß Sie sich irgendwie verändern möchten, in eine andere Stadt ziehen, mal weg von zu Hause, das wäre doch begreiflich.... Sie würden Auslagen haben, die mein Vater... nein, schreien Sie nicht, ich weiß gar nicht, warum Sie so aufgeregt sind. Dazu ist doch wirklich kein Grund. Ich gebe Ihnen auf jeden Fall die Adresse meines Vaters, haben Sie einen Bleistift, sonst warte ich... Also Düsseldorf-Büderich, Kastanienallee 42. Er ist auch bereit, zu Ihnen zu kommen, aber vielleicht ist es besser, wenn Sie hinfahren, es wird Sie gewiß auch interessieren, wo der Paul aufgewachsen ist, und die Reise 1. Klasse bekommen Sie selbstverständlich ersetzt... Sie werden fahren, sagen Sie? Nun, das freut mich wirklich. Aber warum haben Sie plötzlich eine so gehässige Stimme, nein, hängen Sie noch nicht ein. Fräulein Baumann, hören Sie doch...

Das ist ja sehr freundlich, sagte Pauls Vater (am Telefon) zu Dr. Kaminsky, seinem Rechtsanwalt, daß Sie mir das alles herausgesucht haben, Entschädigung im Falle eines Eheversprechens usw. ... doch, natürlich, das wollte ich, aber ich glaube, wir können das alles noch hinausschieben, es kann auch sein, daß aus der ganzen Sache nichts wird... Gratulieren? Wieso gratulieren, das ist doch noch ein bißchen verfrüht, – ach, Sie meinen, der Paul, dem Paul wollen Sie gratulieren, nein, nein, der wird das Mädchen nicht heiraten, auf keinen Fall. Er hat sich übrigens ganz leicht davon abbringen lassen, so eine große Liebe war das offenbar nicht. Er ist ja auch viel zu jung, Kaminsky, er weiß noch nicht, was er will. Und was hat denn ein Mädchen an so einem weichen, unentschlossenen Burschen? Frauen, das kann ich Ihnen sagen, suchen im Grunde etwas ganz anderes als ein bißchen Liebe, nämlich Schutz... Was sagen Sie, ob ich sie kenne? Natürlich kenne ich sie, sie hat mich doch besucht. Ein hübsches Ding, war zuerst ein bißchen kratzbürstig, ein bißchen wild. Aber unsereiner, lieber Kaminsky, kann ja schließlich mit Frauen umgehen. Sie ist dann noch über

Sonntag geblieben, und ich bin mit ihr an den Rhein gefahren und habe ihr meine Sammlungen gezeigt . . . Dumm? Nein gar nicht, jedenfalls ganz gelehrig, und so was Liebes hat sie gehabt, wenigstens zum Schluß. Schlecht angezogen natürlich, wenn nicht gerade Sonntag gewesen wäre, hätte ich ihr gern etwas Hübsches gekauft . . . Ob sie das angenommen hätte, nein, wahrscheinlich nicht, nicht einmal das Geld für die Fahrkarte hat sie sich zurückgeben lassen. – Also, Sie hören von mir, das ist alles nicht so einfach, man muß warten, bis der Paul aus Kanada zurückkommt. Vielleicht fahre ich auch inzwischen noch einmal nach München, ich habe ohnehin dort zu tun . . . Ob ich was? Nein, also hören Sie, da muß ich lachen. Aber gefallen hab ich ihr, so etwas merkt man doch. – Und jetzt bitte entschuldigen Sie mich, ich habe mir in der Mittagspause den Trainer bestellt. . . . Ja, Tennis, doch, das wird mir guttun, man darf doch nicht warten, bis man steif wird – da ist er schon, leben Sie wohl, lieber Kaminsky, leben Sie wohl.

Ju, sagte Pauls Schwester Elly (am Telefon) zu ihrer Tante Julie, ich hoffe, du hast noch nicht geschlafen . . . doch geschlafen? Na, du hast ja das Telefon am Bett. Es tut mir wirklich leid, daß ich so spät noch anrufe, aber ich *muß* wissen, was du dazu sagst, daß der Papa in den letzten zehn Tagen zweimal nach München gefahren ist . . . Wie? Ja, natürlich zu dem Mädchen. Mein Gott, ist das eine Gerissene, und ich selbst habe sie noch nach Düsseldorf geschickt. Ich könnte mich ohrfeigen, weißt du. Aber wer kommt denn auf so etwas, der Papa ist jetzt einundsechzig und hat schon einen Infarkt gehabt, und immer hat er gesagt, daß er die Mama nicht vergessen kann. Doch, das glaube ich, daß er sie heiraten will. Ich kann es natürlich nicht wissen, aber so etwas fühlt man doch. Er hat an uns überhaupt kein Interesse mehr. Du erinnerst dich an die Sache vom Erwin, er wollte mit dem Minister sprechen, der Erwin hat ihn deswegen angerufen, es war ja sehr wichtig für uns. Der Papa hat sich auch erinnert, er hat aber nur gesagt, ja, ja, ich weiß schon, dazu habe ich jetzt keine Zeit. Und dann weißt du, Sibyllchen hat diese Woche Geburtstag gehabt . . . doch natürlich hat sie dein Paket bekommen, tausend Dank; *du* hast daran gedacht, aber der Papa hat den Geburtstag total vergessen. Er hat doch sonst jedes Jahr ein silbernes Besteck geschickt, Sibyllchen ist schon zehn geworden, sie hat das Dutzend beinahe voll . . . Erinnern, ja natürlich kann ich ihn daran erinnern, aber das ist doch peinlich, und überhaupt zeigt das nur, was wir zu erwarten haben, wenn er sich wirklich wieder verheiratet und ausgerechnet mit einer Zwanzigjährigen, die selbst noch Kinder bekommen kann . . . Nein, hinfahren kann ich nicht, die Kinder gehen noch nicht wieder in die Schule, und außerdem ist sie mir neulich, als ich ganz freundlich mit ihr am Telefon gesprochen habe, patzig geworden. So, als wenn das unsere Schuld wäre, daß der Paul sich zurückgezogen hat, und daß die jungen Mädchen heutzutage kühl sind, wollte sie auch nicht wahrhaben. Aber das sieht man ja jetzt, was an der großen Liebe daran war und daß sie bloß in die Familie hineinwollte, und wenn es der Junge nicht sein kann, ist auch der Alte recht . . . Der Paul, doch, er hat geschrieben, ganz vergnügt, er scheint froh zu sein, daß er fort ist, aber natürlich, was inzwischen hier gespielt wird, ahnt er nicht . . . Ein Telegramm? Fällt mir nicht ein, damit machen wir uns nur lächerlich, und wenn der Papa sich einmal etwas in den Kopf setzt, bringt ihn keiner davon ab, wenigstens keins von uns Kindern, allenfalls noch du. Versprich mir, Tante Ju, daß du ihn anrufst, heute noch. Was sagst du, was du ihm sagen wirst, – er sei ein alter Esel? Ja, das ist gut.

Wie lange schon, sagte Angelika Baumann (am Telefon) zu ihrer Freundin Renate, morgen sind es drei Monate. Und wieso in Düsseldorf? Weil ich hier verheiratet bin. – Doch, du hörst richtig, ich habe einen alten Mann geheiratet, einen mit viel Geld, so wie wir es uns manchmal ausgemalt haben, aber am Ende haben wir gelacht und gemeint, daß wir das doch nicht fertigbringen. Aber – nun habe ich es eben fertiggebracht . . . Ja, natürlich. Einen Witwer. Mit Kindern? Auch mit Kindern. Eine verheiratete Tochter und ein Sohn, auch schon längst erwachsen und macht Geschäfte, wie der Herr Papa. . . . In den werd ich mich verlieben, meinst du? Nein, das werde ich nicht. Wie er aussieht, wer? Der Sohn? Ich weiß wirklich nicht, warum du immer nach dem Sohn fragst, der doch gar nicht hier ist und auch nicht herkommen wird. Auch die Tochter kommt nicht mehr, und eine Tante war da noch, aber mein Mann will von seiner Familie nichts mehr wissen, er hat ihnen auch die Zuschüsse gesperrt. Mich? Ja, mich verwöhnt er. Schönes Haus, natürlich, neuerdings auch mit Schwimmbecken im Garten, und jetzt will er mir noch verschiedenes kaufen, einen Bungalow im Tessin und einen Sportwagen, nur für mich. ... Was sagst du? Zufrieden? Natürlich, ich bin zufrieden, schon weil die Familie sich ärgert, daß ich ein Kind kriege und daß das Kind einmal alles erben wird. So bin ich doch gar nicht? Doch, so bin ich, so war ich nicht immer, so wird man unter Umständen, unter ganz gewissen Umständen, das kannst du nicht verstehen. Jetzt muß ich aufhören und mich umziehen, es kommen Leute zum Abendessen, auch ein Minister ist dabei. Wenn du etwas brauchst, schreib mir ... Uns sehen, sagst du? Ach nein, das lieber nicht. ... Soviel du dich erinnerst? Ja, du erinnerst dich gut. Ich habe einmal einen jungen Freund gehabt, ich hab ihn nicht heiraten können, seine Familie war dagegen und er war schwach. Ich habe ihn nicht vergessen, aber deswegen – gerade deswegen – –, nein, was du dir einbildest. Meine Stimme ist wie immer. Warum sollte ich denn weinen, ich weine doch nicht – –

Zu irgendeiner Zeit

Zu irgendeiner Zeit und auf irgendeine Weise muß man es erfahren. Entweder man ist noch ganz jung oder man ist gar nicht mehr jung. Aber einmal muß man es erfahren, auf jeden Fall.

Muß man was erfahren, fragen Sie.

Daß die Existenz des Menschen eine tragische ist, sage ich. Einer, den ich kenne, fahre ich dann fort, war, als er es erfuhr, schon über 30 Jahre alt. Er bereitete sich auf das Assessor-Examen vor und machte eine Lehrzeit bei einem Notar, der ein Freund seines Vaters war. Dieser junge Jurist war ein oberflächlicher Mensch, nüchtern und auf eine rasche erfolgreiche Karriere bedacht. Eines Tages bekam er von dem alten Notar einen gerade von diesem behandelten Fall erklärt. Es handelte sich um den Nachlaß einer vierzigjährigen unter merkwürdigen Umständen verstorbenen Frau, der Notar war mit der Verwaltung ihres Erbes betraut. Woran gestorben, fragte mein Bekannter, und der Notar antwortete, verhungert, ja, Sie werden es nicht glauben, und wohlhabender Leute Kind. Ich habe den Vater noch gekannt, fuhr er fort, ein solider Beamter, aber schrullig, die Tochter, die sehr gut zeichnete, sollte keine Kunstschule besuchen, er ließ ihr Lehrer ins Haus kommen, sie hatten so gut wie keinen Verkehr. Als der Vater vor etwa zehn Jahren starb, hätte sie alles tun können, studieren, verreisen, und tat gar nichts, war wie ein Vogel, der seinen Käfig, obwohl die Gittertüre offensteht, nicht mehr verläßt.

Also nicht ganz richtig, sagte mein Bekannter, und der Notar antwortete, wahrscheinlich nicht. Es müssen da, fügte er hinzu, eine Menge Bilder sein, möglich, daß sie etwas taugen, jedenfalls muß ein Inventar gemacht werden, chronologisch, abgesehen von dem Verzeichnis des Mobiliars. Gehen Sie gleich, vielleicht werden Sie heute noch damit fertig, vielleicht erst morgen, dann rufen Sie mich an.

Mein Bekannter ließ sich den Hausschlüssel geben, steckte einen Packen weißes Papier ein und machte sich auf den Weg. Er setzte sich in seinen kleinen Wagen, fuhr durch eine Rotdornstraße, eine Weißdornstraße, ein junges Mädchen, das er nach dem Wege fragte, errötete, und er rückte seine Krawatte zurecht. Ein heller Maitag, und er malte sich aus, wie er in der kleinen Stadt leben und was für Eroberungen er machen würde. Er befand sich, und das muß ich betonen, in dem Augenblick, in dem er das ihm bezeichnete Haus betrat, durchaus im Einverständnis mit sich selbst. Auch als er die verschiedenen komplizierten Schlösser geöffnet hatte und in den Hausflur trat, änderte sich seine Stimmung nicht. Er fand das Sterbehaus weniger unheimlich, auch weniger verwahrlost, als er erwartet hatte. In den unteren Räumen befand sich eine wohlgeordnete Bibliothek, die Möbel waren abgenützt und von geringem Wert. Im oberen Stockwerk sah es anders aus, es herrschte dort ein auffallendes Durcheinander, offenbar hatten der Verstorbenen alle Räume als Arbeitsräume gedient. Die Bilder, von denen der Notar gesprochen hatte, hingen an den Wänden, aber nur ein Teil von ihnen, die meisten waren ungerahmte Leinwände, die auf Staffeleien oder in Stapeln auf dem Fußboden standen, mit der bemalten Fläche zur Wand. Es roch nach frischer Ölfarbe und dieser kräftige und reine Geruch spornte die Tatenlust meines Bekannten an. Er bemerkte auf den Bildern Jahreszahlen und beschloß, sie nach diesen Jahreszahlen zu registrieren. Aus dem größten der Zimmer, in dem die Malerin offenbar auch geschlafen hatte, entfernte er so gut wie alle Möbelstücke, dann reihte er die Leinwände dort auf, wobei er auch die gerahmten Bilder auf den Fußboden und auf die ihnen zukommenden Plätze stellte. Es gab kein Bild, das nicht datiert war, es war für jedes Jahr nur eines vorhanden und es fehlte kein einziges Jahr.

Nachdem er mit dieser Arbeit fertig war, stellte mein Bekannter sich in die Mitte des Zimmers und wischte sich mit seinem Taschentuch den Staub von den Fingern und, ein wenig zerstreut schon, den Schweiß von der Stirn. Er zählte die Bilder, von denen, wie er bemerkte, die meisten Selbstbildnisse waren. Daß sich diese Bezeichnung auch auf die wenigen andern hätte anwenden lassen, wurde ihm im Augenblick noch nicht klar. Er war, was ich vielleicht noch nicht erwähnt habe, mit den sogenannten schönen Künsten wenig vertraut, und das hatte zur Folge, daß er die Bilder ansah wie ein Kind sie angesehen hätte. Er nahm Papier und Füllfeder aus seiner Mappe und setzte sich auf eine alte Kiste, die er später immer weiter rückte. Bevor er bei dem ältesten Bild anfing, sah er noch auf die Uhr. Es waren insgesamt einundzwanzig Bilder da, für deren jedes er eine Zeit von drei Minuten aufzuwenden gedachte, also dreiundsechzig Minuten insgesamt. Selbst wenn er gelegentlich aufstand, um eine Zigarette zu rauchen oder am Fenster frische Luft zu schöpfen, mußte er in ein und einer halben Stunde mit seiner Arbeit fertig sein.

Es gab aber eine unerwartete Verzögerung bereits bei dem ersten Bild. Bei seiner Entstehung war die Verstorbene ohne Zweifel ein sehr junges und schönes Mädchen gewesen, und mein Bekannter ärgerte sich darüber, daß sie sich nicht so dargestellt hatte, jung, hübsch und in einem schönen Kleid, etwa so wie daheim seine Großmutter über der Eßzimmeranrichte hing. Es hatte ihm immer gefallen, wie die Großmutter ihren ungewissen und etwas wehmütigen Blick in eine unbestimmte Ferne richtete, während ihre Finger mit einer kleinen Perlenkette, dem Hochzeitsgeschenk ihres Mannes spielten. Sie saß auf einem Stuhl, der als Louis XVI. deutlich erkennbar war, und eine Schale mit ebenfalls deutlich erkennbaren Maréchal-Niel-Rosen stand neben ihr auf einem kleinen Tisch.

Von einer solchen angenehmen Umgebung konnte, wie mein Bekannter feststellte, auf den Bildern seiner Klientin die Rede nicht sein. Auf was sie jeweils saß oder wo sie stand, war nicht auszumachen, sie war in häßliche grobe Stoffe gekleidet, der Hintergrund war ein stumpfes Schwarz oder ein stumpfes Weiß, gelegentlich auch eine Art von Feuersee oder ein Gewirr von zackigen Strahlen, aus dem das gemalte Haupt wie gepeinigt dem Besucher entgegensank. Auf dem ersten Bild war eine häßliche Stadtlandschaft angedeutet, Gasometer, Brandmauern, Hochbahnschienen und dergleichen, was alles doch aus den Fenstern dieses Hauses gar nicht zu sehen war. Achselzuckend schrieb mein Bekannter auf seine Liste, Selbstbildnis mit Gasometer, und wollte schon weiterrücken, blieb aber noch sitzen und starrte das Mädchen an, das wiederum ihn anstarrte, mit zumindest einem seiner schielenden Augen und mit einem schiefen Lächeln um den Mund. Verrückte Person, dachte er, was will sie von mir, er war zu ungebildet, um zu bedenken, daß, wer sich selbst porträtiert, in den Spiegel blickt.

Auf dem zweiten Bild hob die verrückte Person ihm einen kleinen Totenschädel entgegen, wobei sie, nun mit beiden Augen, auf dieselbe dringliche Weise in seine Augen sah. Auf der dritten, ungerahmten Leinwand war nicht nur das junge Mädchen, sondern auch ein halb hinter ihm verborgener Mann wiedergegeben, eine Art von Phantom, ähnlich dem von Gott noch nicht erschaffenen Adam auf dem Relief in Chartres, von dem mein Bekannter aber nichts wußte, weil er noch nicht in Chartres gewesen war. Das Gefühl, das ihn angesichts des Schattenmannes überkam, war denn auch ganz einfältig, eine Art von Eifersucht, ein blinder Zorn. Selbstbildnis Nr. 3, schrieb er mit seiner damals noch so glatten, hübschen Schrift, und dachte ärgerlich, was hat der Kerl da zu suchen, ich denke, das Mädchen durfte nie ausgehen, es ist eine alte Jungfer geworden und schließlich verhungert, aber das ging ihn nichts an. Was ihn anging und ihn von Bild zu Bild mehr verwirrte, war der auf ihn gerichtete Blick, die Frage, wer bist du, die die Malerin sich selbst gestellt hatte, die er aber ohne weiteres auf sich bezog.

Als mein Bekannter vor dem vierten Bild auf seine Uhr sah, zeigte diese eine späte Nachmittagsstunde, eine Stunde, die bereits zu seiner Freizeit zählte. Er war, was ihm seit seinen Knabenjahren nicht geschehen war, ins Trödeln und Träumen geraten, jetzt rief er sich zur Ordnung, stand auf und schob die Kiste zurück. Die Fledermäuse, die auf diesem vierten Selbstbildnis ein recht verzerrtes Gesicht umflatterten, hatten es ihm angetan, er erinnerte sich daran, wie er selbst einmal, in einem dämmrigen Schuppen auf Entdeckungsreisen ausgehend, einen ganzen Schwarm von Fledermäusen aufgescheucht und welches Grauen er dabei empfunden hatte. Er kam nicht auf den Gedanken, daß die Malerin die weichflügeligen unheimlichen Tiere nur benützt hatte, um einen anderen tieferen Schrecken auszudrücken. Er fühlte sich ihr verbunden und meinte in den knabenhaften Gesichtszügen der Umflatterten sich selbst zu erkennen. Unsinn, dachte er gleich darauf zornig, die und ich, was heißen sollte, ein gesunder und erfolgreicher junger Mann und ein wahnsinniges Mädchen, und erschrak darum doppelt, als er das nächste Bild ins Auge faßte. Denn auf diesem fünften Porträt, das die Malerin in Männerkleidung zeigte, trat nun wirklich eine erstaunliche Ähnlichkeit mit ihm selber hervor.

Von der auf all diesen Leinwänden, Aquarellpapieren und Holztafeln angewandten Technik wußte mein Bekannter mir später nichts mehr zu sagen. Ein Kenner, meine ich, hätte eine gewisse Qualität der Malerei wohl festgestellt, er hätte wohl auch herausgefunden, daß sich in ihr die künstlerischen Wandlungen eines halben Jahrhunderts spiegelten, was angesichts der Tatsache, daß die Verstorbene das Haus nie verlassen und mit niemandem verkehrt hatte, vielleicht erstaunlich erscheint. Es liegen diese Dinge aber, wie man weiß, in der Luft und werden wie geflügelte Samen umhergetragen, und an Luft zum Atmen fehlte es ja auch dem Mädchen nicht. Mein Bekannter allerdings, der, nun schon nicht mehr ganz so systematisch und auch nicht mehr ganz so unbekümmert wie am Anfang, die Bilder ansah, bemerkte von solchen Wandlungen nichts. Er bemerkte nur die Leidenschaft, die hier zum Ausdruck kam, und wenn er selbst es auch nie in diese Worte gekleidet hätte, so hatte er doch eine Empfindung für die Existenz eines fremden Menschen und zum erstenmal. Dieser Mensch hatte mit ihm eine merkwürdige Ähnlichkeit und er blickte ihm aus immer andern Gesichtern auf eine Weise in die Augen, die in ihm ein starkes Unbehagen erweckte.

Das bin ich, auch das bin ich, dachte er wohl, wenn er überhaupt etwas dachte und sich nicht nur dieser unerwarteten Ausweitung seines Wesens ins Gefährliche, Abgründige mit törichtem Staunen überließ. Es war jetzt sieben Uhr, und er hätte fortgehen, in der Pension essen, einen Spaziergang machen und sich zu Bett legen können. Aber er tat das alles nicht, er blieb. Ein Bild zog ihn zum nächsten und das nächste zum übernächsten, so wie man von einer gutgeschriebenen Biographie ja auch immer weiter gezogen wird, bis zum Alter, bis zum Tod. Ehe er auch nur die Hälfte seines Inventars angefertigt hatte, wurde es Nacht. Die Deckenbeleuchtung ließ sich nicht anzünden, doch fand er in einem Abstellraum eine scheinwerferartige Stehlampe, die er an einer langen Schnur hinter sich her ziehen konnte. Es war jetzt still draußen und stiller noch in dem großen, verlassenen Zimmer. Er schrieb im Stehen, mit nachgerade zitternden Händen, Selbstbildnis mit Algen und Fischen, Selbstbildnis als Seiltänzerin, Selbstbildnis mit dem Kopf eines Hundes im Schoß. Der Hund war besonders unheimlich, weil er mit Menschenaugen (seinen Augen!) zu dem Mädchen aufsah, auch die Fische hatten Menschenaugen, während die kleine Gestalt auf dem Drahtseil überhaupt keine Augen hatte, nur schwarze Löcher in einem weißen Gesicht. Trotzdem war es gerade dieses, soviel mein Bekannter sich erinnerte, mit Ölkreide gezeichnete Porträt, das in ihm ein neues Gefühl für die Gegenwart der Dargestellten wachwerden ließ.

Obwohl es sich hier nur um eine Skizze handelte, schien nämlich diese mit ein paar Strichen angedeutete Tänzerin sich auf ihrem Seil zu bewegen und ihm immer näher zu kommen. Er war plötzlich lustig, wie betrunken, wahrscheinlich schrie er, die unheimliche Stille zu übertönen, sogar ein paar Worte, komm, Puppe, und breitete die Arme nach der Tänzerin aus. Diese natürlich blieb wo sie war und er blieb auch, wo er war und sammelte verlegen die heruntergefallenen Blätter vom Boden auf. Er ahnte aber jetzt, daß er dieses Mädchen geliebt hätte wie kein anderes, das ihm je gefallen hatte oder gefallen würde.

Kaum daß mein Bekannter auf diese Weise liebte (eine Tote liebte), mußte er auch schon leiden. Hatten nämlich die bisher von ihm betrachteten Bilder alle eine jugendliche Neugierde oder Wißbegierde, jedenfalls ein starkes Lebens- oder Liebesgefühl ausgedrückt, so machten solche Empfindungen auf dem fünfzehnten Selbstbildnis einer plötzlichen stummen Verzweiflung Platz. Das bisher gerundete Gesicht schien von Auszehrung befallen, durch die zarte Haut meinte der Betrachter den Totenschädel bereits durchschimmern zu sehen. Erschrocken schob er die Lampe zurück, dann wieder näher, er sah immer das gleiche, den Tod in einem Menschen wohnend, und von Angst erfüllt griff er sich an die eigenen glatten Wangen, das eigene feste Kinn. Von nun an war das fremde Gesicht sein Spiegelbild nicht mehr, auch sein Bruder nicht mehr. Noch immer, ja erst recht aber war es seine Geliebte, und hilflos mußte er zusehen, wie sie vor seinen Augen verfiel.

Mein Bekannter hat an diesem Abend das Haus nicht mehr verlassen. Er richtete sich auf einem alten Kanapee mit Kissen und Decken ein Lager her, fand aber so gut wie gar keinen Schlaf. Ehe er sich niederlegte, schrieb er sein Verzeichnis zu Ende. Es war nun schon so weit mit ihm gekommen, daß er auch ein wirres Geschlinge von feinen Linien, ein winziges, inmitten von lauter sinnloser Krakelei auftauchendes Gesichtchen, einen über apokalyptischen Wasserwüsten auftauchenden Stierkopf als Selbstbildnisse bezeichnete. Er ärgerte sich nicht mehr darüber, daß er nichts begriff, vielleicht war es ihm auch lieber so; aus der Geliebten, der Verrückten, war etwas anderes geworden, ein Wellenkamm, ein Stück Muschelkalkwand, eine Fahne Blattgrün über einem Nichts von

Welt. Während er bei ausgelöschter Lampe schlaflos lag, versuchte er sich vorzustellen, wie das Mädchen gelebt hatte, und wie es gestorben war. Er ertappte sich dabei, daß er mit den Schritten der Malerin durchs Zimmer ging und mit ihren Fingern nach dem Pinsel griff. Weil es das erstemal war, daß er von sich absah, tat er es gleich gründlich, wußte nichts mehr von dem strebsamen Referendar, und grübelte und rätselte nur, was es alles gab, unausdenkliche Menschen und Schicksale, und die Gesichter von den Bildern schwebten von allen Seiten auf ihn zu.

Am Morgen wußte er zunächst nicht, wo er sich befand, dann, als er sich erinnerte, begriff er nicht, warum er die Nacht über in dem staubigen Totenzimmer geblieben war. Er sprang auf und beugte sich aus dem Fenster, ein Kind im roten Wämschen schaukelte im Nachbargarten, durch die blühenden Bäume fuhr ein frischer, reiner Wind. Das Verzeichnis steckte schon in seiner Mappe, nur ein Blatt war auf dem Schreibtisch zurückgeblieben, das wollte er noch mitnehmen und sah es flüchtig an. Das Blatt gehörte nicht zu der Bilderliste, es war etwas darauf geschrieben, aber keine Nummern und Jahreszahlen, nur ein kurzer, fortlaufender Text, den ich Ihnen natürlich wörtlich nicht wiedergeben kann. Es war da, soviel mein Bekannter sich später erinnerte, in ziemlich unklaren Worten davon die Rede, daß einer in der Welt sich selbst, aber ein anderer in sich selbst die Welt erkennen könne, auch davon, daß alles nur eines sei, Draußen und Drinnen, Stein und Pflanze, Leben und Tod. Auch Du, Liebster, hieß es am Ende (und, Liebster, dachte er erschüttert) wirst eines Tages tragisch leben, aber ich sage Dir, daß das tragische Leben das einzig menschenwürdige und darum auch das einzig glückliche ist.

Hier schien, ohne Satzzeichen, das Geschriebene zu Ende, und mein Bekannter ging damit zum Fenster, um beim Tageslicht eine vielleicht schwächer werdende Schrift zu erkennen. Dort aber, als er das Blatt wieder aufhob, traute er seinen Augen nicht. Denn was da stand, hatte er selbst geschrieben und er wußte nicht wann und verstand es nicht. Sie möchten wahrscheinlich noch erfahren, was damals aus meinem Bekannten geworden ist. Vielleicht denken Sie, daß er sich nun von den Bildern nicht mehr trennen und das Haus nicht mehr verlassen wollte, und daß der Notar seinen Vater anrufen mußte, verzeih, aber ich konnte das nicht ahnen, ich kannte ihn noch wenig, ja du mußt unbedingt kommen, und vielleicht bringst du auch einen Nervenarzt mit. Aber so war es nicht. Mein Bekannter hat über diesem nächtlichen Erlebnis den Verstand nicht verloren. Er ist nach Hause gegangen, hat sich rasiert und sich umgezogen und dann hat er dem Notar Bericht erstattet, wobei er das meiste von seinen Erfahrungen für sich behielt. Er hat sich am Nachmittag mit Schreibarbeiten beschäftigt und ist am Abend mit einem Mädchen ausgegangen, das in demselben einfältigen Zustand wie er war und zugleich schüchtern und keck. Danach hat er weitergelebt, wie er bisher gelebt hatte, jedenfalls beinahe so. Erst viel später hat er sich daran erinnert, daß er in jener Nacht den Paukenschlag gehört hat, den jeder von uns einmal hört und mit dem das eigentliche Leben beginnt.

Eisbären

Endlich, dachte sie, als sie hörte, wie sich der Schlüssel im Türschloß drehte. Sie hatte schon geschlafen und war erst von diesem Geräusch aufgewacht; nun wunderte sie sich, daß ihr Mann im Vorplatz kein Licht anmachte, das sie hätte sehen müssen, da die Tür zum Vorplatz halb offen stand. Walther, sagte sie, und fürchtete einige Minuten lang, es sei gar nicht ihr Mann, der die Tür aufgeschlossen hatte, sondern ein Fremder, ein Einbrecher, der jetzt vorhatte, in der Wohnung herumzuschleichen und die Schränke und Schubladen zu durchsuchen. Sie überlegte, ob es wohl besser sei, wenn sie sich schlafend stellte, aber dann könnte ihr Mann heimkommen, während der Einbrecher noch in der Wohnung war, und dieser könnte aus dem Dunkeln auf ihn schießen. Darum beschloß sie, trotz ihrer großen Angst, Licht zu machen und nachzusehen, wer da war. Aber gerade, als sie ihre Hand ausstreckte, um an der Kette der Nachttischlampe zu ziehen, hörte sie die Stimme ihres Mannes, der in der Türe stand.

Mach kein Licht, sagte die Stimme.

Sie ließ ihre Hand sinken und richtete sich ein wenig im Bett auf. Ihr Mann sagte nichts mehr und rührte sich auch nicht, und sie fragte sich, ob er sich vielleicht auf den Stuhl neben der Türe gesetzt hatte, weil er zu erschöpft war, um ins Bett zu gehen.

Wie war es, fragte sie.

Was, fragte ihr Mann.

Alles heute, sagte sie. Die Verhandlung. Das Essen. Die Fahrt.

Davon wollen wir jetzt nicht sprechen, sagte ihr Mann.

Wovon wollen wir sprechen, fragte sie.

Von damals, sagte ihr Mann.

Ich weiß nicht, was du damit meinst, sagte sie. Sie versuchte vergeblich, die Dunkelheit mit ihren Blicken zu durchdringen, und ärgerte sich über ihre Gewohnheit, die Fensterläden ganz fest zu schließen und auch noch die dicken blauen Vorhänge vorzuziehen. Sie hätte gerne gesehen, ob ihr Mann da noch in Hut und Überzieher stand, was bedeuten konnte, daß er die Absicht hatte, noch einmal fortzugehen, oder daß er getrunken hatte und nicht mehr imstande war, einen vernünftigen Entschluß zu fassen.

Ich meine den Zoo, sagte der Mann. Sie hörte seine Stimme immer noch von der Tür her, was – da sie eine altmodische Wohnung und ein hohes großes Schlafzimmer hatten – bedeutete, von weit weg.

Den Zoo, sagte sie erstaunt. Aber dann lächelte sie und legte sich in die Kissen zurück. Im Zoo haben wir uns kennengelernt.

Weißt du auch wo, fragte der Mann.

Ich glaube schon, daß ich es noch weiß, sagte die Frau. Aber ich sehe nicht ein, weshalb du dich nicht auszieht und ins Bett gehst. Wenn du noch Hunger hast, bringe ich dir etwas zu essen. Ich kann es dir ins Bett bringen, oder wir setzen uns in die Küche und du ißt dort.

Sie schlug die Decke zurück, um aufzustehen, aber

obwohl es für ihren Mann genauso dunkel sein mußte wie für sie selbst, schien er doch gesehen zu haben, was sie vorhatte.

Steh nicht auf, sagte er, und mach das Licht nicht an. Ich will nichts essen und wir können im Dunklen reden.

Sie wunderte sich über den fremden Klang seiner Stimme und auch darüber, daß er, obwohl er doch sehr müde sein mußte, nichts anderes im Sinne hatte als von den alten Zeiten zu reden. Sie waren jetzt fünf Jahre lang verheiratet, aber jeder Tag der Gegenwart schien ihr schöner und wichtiger als alle vergangenen Tage. Da ihm aber so viel daran zu liegen schien, daß sie seine Frage beantwortete, streckte sie sich wieder aus und legte ihre Hände hinter ihren Kopf.

Bei den Eisbären, sagte sie. Die Fütterung war gerade vorbei. Die Eisbären waren von ihren Felsen ins Wasser geglitten und hatten nach den Fischen getaucht. Jetzt standen sie wieder auf ihren Felsen, schmutzig weiß, und –

Und was, fragte ihr Mann streng.

Du weißt doch, was die Eisbären machen, sagte sie. Sie bewegen ihren Kopf von der einen Seite zur anderen, unaufhörlich hin und her.

Wie du, sagte ihr Mann.

Wie ich, fragte sie erstaunt und begann für sich im Dunkeln die Bewegung nachzuahmen, die sie soeben beschrieben hatte.

Du hast auf jemanden gewartet, sagte ihr Mann. Ich habe dich beobachtet. Ich kam von den großen Vögeln, die ganz ruhig auf ihren Ästen sitzen und sich dann plötzlich herabstürzen und einmal im Kreis herumfliegen, wobei sie mit ihren Flügelspitzen die Gitter streifen.

Bei den Eisbären, sagte die Frau, gibt es keine Gitter.

Du hast auf jemanden gewartet, sagte ihr Mann. Du hast den Kopf bald nach dieser, bald nach jener Seite gedreht. Der, auf den du gewartet hast, ist aber nicht gekommen.

Die Frau lag jetzt ganz still unter ihrer Decke. Sie hatte das Gefühl, auf der Hut sein zu müssen, und sie war auf der Hut.

Ich habe auf niemanden gewartet, sagte sie.

Als ich dich eine Weile lang beobachtet hatte, sagte ihr Mann, bin ich auf dem Weg weitergegangen und habe mich neben dich gestellt. Ich habe ein paar Späße über die Eisbären gemacht und auf diese Weise sind wir ins Gespräch gekommen. Wir haben uns auf eine Bank gesetzt und die Flamingos betrachtet, die ihre rosigen Hälse wie Schlangen bewegten. Es war nicht mehr so heiß und es war sogar ein Hauch von Spätsommer in der Luft.

Damals habe ich angefangen zu leben, sagte die Frau.

Das glaube ich nicht, sagte ihr Mann.

Zieh' dich doch aus, sagte die Frau, oder mach das Licht an. Sitzt du wenigstens auf einem Stuhl?

Ich sitze und stehe, sagte der Mann. Ich liege und fliege. Ich möchte die Wahrheit wissen.

Die Frau fing an, in ihrem warmen Bett vor Kälte zu zittern. Sie fürchtete, daß ihr Mann, der ein fröhlicher und freundlicher Mensch war, den Verstand verloren habe. Zugleich aber erinnerte sie sich auch daran, daß sie an jenem Nachmittag im Zoo wirklich auf einen anderen gewartet hatte, und es erschien ihr nicht ausgeschlossen, daß ihr Mann diesen anderen heute getroffen und von ihm alles mögliche erfahren hatte.

Was für eine Wahrheit, fragte sie, um einen Augenblick Zeit zu gewinnen.

Ich habe dich, sagte ihr Mann, damals nach Hause gebracht. Wir sind noch ein paarmal zusammen spazieren und auch einige Male abends ausgegangen. Jedes Mal habe ich dich gefragt, ob du an jenem Nachmittag im Zoo auf einen anderen Mann gewartet hast und ob du vielleicht immer noch auf ihn wartest und ihn nicht vergessen kannst. Du hast aber jedes Mal den Kopf geschüttelt und nein gesagt.

Das war die Wahrheit, sagte die Frau.

Es mochte sein, daß draußen der Morgen schon anbrach, vielleicht hatten sich ihre Augen auch endlich an die Dunkelheit gewöhnt. Jedenfalls tauchten jetzt ganz schwach die Umrisse des Zimmers vor ihr auf. Sie sah aber ihren Mann nicht und das beunruhigte sie sehr.

Das war nicht die Wahrheit, sagte der Mann.

Nein, dachte die Frau, er hat recht. Ich bin mit ihm spazierengegangen und abends tanzen gegangen und jedesmal habe ich mich heimlich umgesehen nach dem Mann, den ich geliebt habe und der mich verlassen hat. Ich habe Walther gern gehabt, aber ich habe ihn nicht aus Liebe geheiratet, sondern weil ich nicht allein bleiben wollte. Sie war plötzlich sehr müde und es kam ihr in den Sinn, alles das zuzugeben, was sie so lange geleugnet hatte. Vielleicht, wenn sie es zugäbe, würde ihr

Mann aus dem Dunkeln herüberkommen und sich zu ihr auf den Bettrand setzen. Sie würde ihm sagen, wie es gewesen war, und wie es jetzt war, daß sie jetzt ihn liebte und daß ihr der andere Mann vollständig gleichgültig geworden war. Sie zweifelte nicht daran, daß es ihr, wenn sie nur ihre Arme um seinen Hals legen konnte, gelingen würde, ihn davon zu überzeugen, daß es so etwas gab, daß eine Liebe erwachen und jeden Tag wachsen kann, während eine andere abstirbt und am Ende nichts ist als ein Kadaver, vor dem es einem graut. Walther, sagte sie, nicht Schatz, nicht Liebling, sie nannte nur seinen Namen, aber sie streckte im Dunkeln ihre Arme nach ihm aus.

Aber ihr Mann kam nicht herüber, um sich zu ihr auf den Bettrand zu setzen. Er blieb, wo er war und wo sie nicht einmal die Umrisse seiner Gestalt wahrnehmen konnte.

Ich war, sagte er, damals noch nicht lange in München. Es war dein Vorschlag, daß ich die Stadt erst einmal richtig kennenlernen sollte. Weil wir noch keinen Wagen hatten, fuhren wir jeden Sonntag mit einem anderen Verkehrsmittel in eine andere Richtung, stiegen an der Endstation aus und gingen spazieren. Immer ist es mir vorgekommen, als ob du auf diesen Spaziergängen jemand suchtest. Immer hast du deinen Kopf nach rechts und nach links gewendet wie die Eisbären, die die Freiheit suchen, oder etwas, von dem wir nichts wissen, und ich habe dich oft meinen Eisbären genannt.

Ja, sagte die Frau mit erstickter Stimme.

Sie erinnerte sich daran, daß ihr Mann ihr in den

ersten Monaten ihrer Ehe diesen Namen gegeben hatte. Sie hatte geglaubt, er täte das in Erinnerung an ihr erstes Zusammentreffen im Zoologischen Garten, oder weil sie so dicke weißblonde Haare hatte, die ihr manchmal wie eine Mähne auf der Schulter hingen. Es war aber, wie sich jetzt herausstellte, kein Kosewort, sondern ein Verdacht.

Später, sagte sie, als wir den Wagen hatten, sind wir am Sonntag ins Freie gefahren. Wir sind durch den Wald gelaufen und haben auf einer Wiese in der Sonne gelegen und geschlafen, du mit deinem Kopf auf meiner Brust. Wenn wir aufgewacht sind, waren wir ganz benommen von der Sonne und dem starken Wind. Es ist uns schwergefallen, die richtige Richtung einzuschlagen, und einmal haben wir viele Stunden gebraucht, um den Wagen wiederzufinden. Weißt du das noch, fragte sie.

Aber ihr Mann ging auf diese Erinnerung nicht ein.

Wir sind ihm einmal begegnet, sagte er.

Ach, hör doch auf, sagte die Frau plötzlich ärgerlich. Geh etwas essen oder laß mich Licht anzünden und aufstehen und dir etwas zu essen bringen. Es ist noch ein halbes Hähnchen im Kühlschrank und Bier. Aber während sie das sagte, wußte sie schon, daß ihr Mann auf ihren Vorschlag nicht eingehen würde. Sie überlegte, womit sie ihn von seinen Gedanken abbringen könnte, und es fiel ihr nichts ein.

Du hast morgen einen schlimmen Tag, sagte sie schließlich, du mußt bis zum Abend die Abrechnungen fertig haben und wenn du nicht ausgeschlafen bist, wird dir alles noch schwerer fallen.

Wir sind ihm einmal begegnet, sagte ihr Mann wieder.

Die Frau krallte ihre Hände in die Bettdecke und wußte nicht, was sie noch sagen sollte. Wenn es nur hell wäre, dachte sie. Ihr Mann hatte ihr zu Weihnachten einen Toilettetisch geschreinert mit einem Kretonnevorhang und einer Glasplatte, und sie hatte ihm einen Lampenschirm gebastelt und diesen mit den Gräsern und Moosen, die sie im Sommer gesammelt und gepreßt hatten, verziert. Sie war überzeugt davon, daß diese Dinge, wenn man sie nur sehen könnte, ihr beistehen würden, ihren Mann davon zu überzeugen, daß sie ihn liebte und daß auch er selbst seinen alten Argwohn längst vergessen hatte.

Wir sind, sagte ihr Mann zum drittenmal, ihm einmal begegnet, und er sagte es mit seiner Stimme von heute abend, die so eintönig und merkwürdig klang. Wir sind die Ludwigstraße hinuntergegangen auf das Siegestor zu, es war ein schöner Abend und es war eine Menge Leute unterwegs. Du hast niemanden besonders angeschaut, es ist auch niemand stehengeblieben und es hat dich auch niemand gegrüßt. Ich hatte aber meinen Arm in den deinen gelegt und plötzlich habe ich gemerkt, daß du angefangen hast, am ganzen Körper zu zittern. Dein Herz hat aufgehört zu schlagen und das Blut ist aus deinen Wangen gewichen. Erinnerst du dich daran?

Ja, ja, wollte die Frau rufen, ich erinnere mich gut. Es war das erste Mal, daß ich meinen ehemaligen Liebhaber wiedergesehen habe, und es war auch das letzte Mal. Mein Herz hat wirklich aufgehört zu schlagen, aber dann hat es wieder angefangen und so, als wäre es ein ganz anderes Herz. Während das schöne kalte Gesicht meines ehemaligen Liebhabers in der Menge verschwunden ist, hat es sich in nichts aufgelöst, und ich habe mich später an seine Züge nie mehr erinnern können.

Das alles wollte die Frau ihrem Mann sagen und ihn auch daran erinnern, daß sie sich damals auf der Straße an ihn gedrängt hatte und versucht hatte, ihn zu küssen. Sie zweifelte aber plötzlich daran, daß ihr Mann ihr glauben würde. Sie hatte das Gefühl, als stände hinter seinen Worten eine Unruhe, die sie nicht würde stillen, und eine Angst, die sie ihm nicht würde ausreden können, jedenfalls nicht in dieser Nacht.

Ich erinnere mich an unseren Spaziergang, sagte sie und versuchte ihrer Stimme einen gleichgültigen Klang zu geben. Ich habe keinen Bekannten gesehen. Ich habe so etwas wie einen Schüttelfrost gehabt, eine kleine Erkältung, und am Abend habe ich auch Fieber bekommen.

Ist das wahr, fragte der Mann.

Ja, antwortete die Frau.

Sie war traurig, daß sie nicht die Wahrheit sagen durfte, die doch viel schöner war als alles, was ihr Mann von ihr hören wollte. Sie war jetzt sehr müde und hätte gerne geschlafen, aber vor allem lag ihr daran zu wissen, was in ihren Mann gefahren war und warum er kein Licht anzünden und nicht zu Bett gehen wollte.

Dann ist also auch das andere wahr, sagte der Mann, mit einem Schimmer von Hoffnung in der Stimme.

Was, fragte die Frau.

Das vom Zoo, sagte der Mann. Daß du auf keinen anderen gewartet hast.

Ich habe auf dich gewartet, sagte die Frau. Ich habe dich nicht gekannt, aber man kann auch auf jemanden warten, den man noch nie gesehen hat.

Du hast mich, sagte der Mann, also nicht genommen, weil du von einem andern Mann im Stich gelassen worden bist. Du hast mich geliebt.

Noch einmal dachte die Frau, wie schmählich es von ihr war, daß sie hier lag und ihren Mann anlog, und noch einmal richtete sie sich auf und wollte die Wahrheit sagen. Es kam aber von der Tür her ein merkwürdiges Geräusch, das wie ein tiefes verzweifeltes Stöhnen klang. Er ist krank, dachte sie erschrocken, und legte sich wieder in die Kissen zurück und sagte laut und deutlich: Ja.

Dann ist es gut, sagte der Mann. Er flüsterte jetzt nur noch. Vielleicht hatte er auch die Schlafzimmertür von außen zugezogen und war im Begriff, die Wohnung wieder zu verlassen. Die Frau sprang aus dem Bett, sie riß an der Kette der Nachttischlampe und gerade, als habe sie damit eine Klingel in Bewegung gesetzt, begann es vom Flur her laut und heftig zu schellen. Das Zimmer war hell und leer, und als die Frau auf den Vorplatz lief, sah sie ihren Mann auch dort draußen nicht.

Obwohl das Haus, in dem die jungen Eheleute wohnten, ein altmodisches Haus war, gab es seit kurzem in allen Wohnungen Drücker, mit deren Hilfe man die Haustüre öffnen konnte. Walther, sagte die Frau unglücklich. Sie drückte auf den Knopf und öffnete zugleich schon die Wohnungstür und horchte hinaus. Sie wohnten fünf Stockwerke hoch, und fünf Stockwerke lang hörte sie die schweren Schritte, die die Treppe heraufkamen und die, wie sich herausstellte, die Schritte von Polizeibeamten waren. Ihr Mann, sagten die Männer, als sie der Frau auf dem Treppenabsatz gegenüberstanden, sei bei der Ausfahrt von der Autobahn mit einem anderen Wagen zusammengestoßen und schwer verletzt worden. Und als sie das gesagt und eine Weile in das erstaunte Gesicht der Frau geschaut hatten, fügten sie hinzu, daß der Verunglückte sich jetzt auf dem Weg ins Krankenhaus befände, daß aber die Sanitäter, die ihn in den Wagen getragen hätten, der Ansicht gewesen seien, daß er den Transport nicht überleben würde.

Das kann nicht sein, sagte die Frau ganz ruhig, es muß sich um eine Verwechslung handeln. Ich habe mit meinem Mann noch eben gesprochen, er ist in der Wohnung, er ist bei mir.

Hier, fragten die Männer überrascht, wo denn, und gingen in die Küche und gingen ins Wohnzimmer und drehten überall die Lampen an. Da sie niemanden fanden, redeten sie der Frau gut zu, sich anzuziehen und sie ins Krankenhaus zu begleiten, und die Frau zog sich auch an, bürstete ihre langen weißblonden Haare und ging mit den Polizisten die Treppe hinunter. Auf der Fahrt saß die Frau zwischen den Männern, die versuchten, freundlich zu sein, und deren schwere Wollmäntel nach Regen rochen. Sie hatte ihren Spaß daran, daß der Fahrer das Martinshorn gellen ließ und alle roten Lichter überfuhr. Schneller, sagte sie, schneller, und die Polizisten glaubten, daß sie Angst habe, ihren Mann nicht mehr am Leben zu finden. Aber sie wußte gar nicht, warum sie in dem Wagen saß und wohin es ging. Die Worte ›schneller, schneller‹ sagte sie ganz mechanisch, und ganz mechanisch drehte sie ihren Kopf von links nach rechts und von rechts nach links, wie es die Eisbären tun.

Die Pflanzmaschine

Sofort nachdem der Häftling Nr. 304 die Telefonnummer des Polizeireviers gewählt und eine gleichgültige Stimme sich gemeldet hatte, fing er zu reden an. Er ließ sich, wie man hören wird, auch nicht mehr unterbrechen, weder durch den Beamten noch durch die Leute, die den öffentlichen Fernsprecher ebenfalls benutzen wollten und die von Zeit zu Zeit ungeduldig an die Wände des kleinen Glaskastens klopften. Der Häftling, der trotz des kühlen Spätsommerabends seine mit einer großen Zahl versehene Jacke zusammengerollt unter dem Arm trug, hatte den Mund die ganze Zeit dicht an der Muschel, er sprach wie ein Besessener, was um ihn herum vorging, bemerkte er nicht.

Hier ist, sagte er gleich zu Anfang, die Nummer 304 aus der Strafanstalt, Häftling mit Arbeitserlaubnis in Kolonne 46, zugeteilt dem Gartenbaubetrieb Hugo Maier mit ai. Der Beamte auf dem Revier, der seit Jahren die Kennkartenanträge bearbeitete und der nur ganz zufällig am Apparat war, fiel dem Anrufer ins Wort: Mann, sagte er aufgeregt, nach Ihnen ist eine Großfahndung angesetzt, ich weiß Bescheid. Der Gärtner Maier, fuhr der Häftling unbeirrt fort, hat das Land nur gepachtet, wir haben gern bei ihm gearbeitet und es tut mir leid, daß er jetzt Unannehmlichkeiten hat. Ich habe seinen Wagen nehmen müssen, um wegzukommen, der Wagen steht in der Hasenschneise im Sternwald, er hat keinen Brennstoff mehr, aber sonst ist er in Ordnung, die Papiere im

Handschuhkasten, der Regenmantel, wo er war, auf dem hinteren Sitz.

Eine alte Opel-Limousine, sagte der Beamte schnell, wir haben sie bereits gefunden, was Sie sagen, stimmt. Aber jetzt möchten wir wissen, wo Sie sich aufhalten und von welchem Apparat Sie sprechen.

Einen Augenblick, Herr Kommissar, sagte der Häftling, und der Beamte unterbrach ihn und sagte, Wachtmeister Fröhlich, aber der Mann in der Zelle achtete darauf nicht. Wir haben, sagte er, auf der Pflanzmaschine gearbeitet, ich weiß nicht, ob Sie so eine Maschine kennen. Sie ist sehr breit, zehn Mann sind nicht zuviel, um sie zu bedienen, und wenn sie sich über den Acker bewegt, haben alle zehn Mann das Gesicht in der Fahrtrichtung, umsehen kann sich keiner, das müssen Sie verstehen.

Hören Sie doch auf, Mann, sagte der Beamte, der allein im Zimmer war und also die Verantwortung hatte, und es wäre ihm lieber gewesen, sein Kollege wäre zurückgekommen, aber der kam nicht. Hören Sie auf, sagte er ungeduldig, ich will keinen Vortrag über landwirtschaftliche Maschinen, ich will wissen, wo Sie jetzt sind. Einen Augenblick, sagte der Mann in der Zelle, die Maschine ist wichtig, sie macht Rillen und setzt die Salatpflänzchen in einer bestimmten Entfernung und wirft die Rillen wieder zu, alles in einem Arbeitsgang, aber natürlich muß sie ununterbrochen mit den Pflanzen gefüttert werden, so daß niemand, der sie bedient, sich auch nur einen Augenblick umdrehen kann. Die Maschine bewegte sich in östlicher Richtung, also auf die Stadt zu. Der Wachmann – ja richtig, warf der

Beamte ein, was war mit dem Wachmann, hat er geschlafen oder war er betrunken, er sagt, er habe auf der Maschine mitgearbeitet, aber das stimmt wahrscheinlich nicht.

Doch, das stimmt, sagte der Strafgefangene, er hat immer mitgearbeitet, obwohl er nicht mußte, es war ihm zu langweilig herumzusitzen, und er hat uns da auch besser unter den Augen gehabt. Wie Figura zeigt, sagte der Beamte und erlaubte sich zu lachen, aber nur ganz kurz, weil ihn der Häftling offensichtlich nicht verstand. Der Wachmann, sagte dieser jetzt ruhig, gehörte also zu der Mannschaft auf der Maschine, zu den Leuten, die sich nicht umdrehen konnten. Ich selbst bin, sobald die Maschine die mir passende Richtung eingeschlagen hatte, abgesprungen, nachdem ich zuvor dem Wachmann mitgeteilt hatte, daß ich austreten müsse. Der Lokus ist neu, aus Brettern zusammengeschlagen, er steht ungefähr in der Mitte des großen Gemüseackers und ein kleiner Schuppen für Geräte ist angebaut. Ich bin ziemlich langsam auf den Verschlag zugegangen und habe mich dabei ein paar Mal umgedreht. Als ich sah, daß niemand auf mich achtgab, habe ich mich dem Wagen genähert, den der Gärtner neben dem Geräteschuppen stehen hatte. Die Tür war nicht verschlossen und der Zündschlüssel steckte. Ich habe mich ans Steuer gesetzt und bin langsam rückwärts gefahren, so daß ich die Pflanzmaschine immer im Auge behielt. Als ich die Straße erreicht hatte, habe ich einen kurzen Bogen gemacht und dann Gas gegeben, niemand hat mich gesehen.

Das bilden Sie sich nicht ein, Mann, sagte der Beamte, dessen Stimme vor Ungeduld bebte. Ein alter Rentner, der in seinem Schrebergarten gearbeitet hat, hat Sie gesehen, er hat dem Gärtner Bescheid gesagt, auf zwei Motorrädern waren sie hinter Ihnen her.

Meinetwegen, sagte der Mann in der Zelle, ich habe keine Motorräder gesehen. Ich bin auf einem Umweg nach Hause gefahren und ich werde Ihnen gleich sagen, warum.

Der Beamte, der, als das Telefon läutete, im Begriff gewesen war, Feierabend zu machen und nach Hause zu gehen, war außer sich vor Wut. Er hätte am liebsten den Hörer hingeworfen, aber so wie der Fall lag, traute er sich nicht, auch nur ein böses Wort zu sagen. Er hatte den Mann, auf den eine Großfahndung angesetzt war, am Apparat und dieser Mann konnte seinerseits jeden Augenblick den Hörer auflegen und im Dunkeln verschwinden. Was erzählen Sie mir da, sagte der Beamte, der sich zu beherrschen versuchte. Ich bin nicht der Untersuchungsrichter und nicht Ihr Gefängnisdirektor und ich habe noch anderes zu tun. Sagen Sie mir, wo Sie sind, dann schicke ich eine Streife, und die Streife bringt Sie ins Gefängnis, es ist Zeit zum Schlafengehen und wenn Sie Durst haben, spendieren wir Ihnen sogar ein Fläschchen Bier. Hier lachte der Beamte wieder, aber sein Lachen klang unnatürlich und der Häftling überhörte es einfach und überhörte auch den Scherz mit dem Bier.

Einen Augenblick, Herr Pfarrer, sagte er.

Was heißt hier Pfarrer, sagte der Beamte, er sah zu den beiden unterdessen ins Zimmer gekommenen Streifenpolizisten hinüber und tippte sich an die Stirn.

Jetzt spielt er noch den Verrückten, dachte er, oder er ist wirklich verrückt; die so vernünftig tun, sind am verrücktesten und ich muß den Leuten von der Streife sagen, daß sie sich vorsehen sollen. Aber dann fiel ihm ein, daß er gar niemanden wegschicken konnte, ehe er nicht den Aufenthaltsort des Gefangenen erfahren hatte, und er sagte rasch, sind Sie noch da, und: bitte sprechen Sie, und der Mann in der Telefonzelle fing ganz unbeirrt wieder zu reden an.

Kinder, Herr Pfarrer, sagte er, sind ja nach Ihrer Ansicht auf alle Fälle ein Segen, auch wenn es fünf sind und wenn man erst 24 Jahre alt ist und nicht weiß, wie man sie satt kriegen soll. Und eine Mutter, die fünf Kinder hat, ist eine rechtschaffene Mutter, so denken Sie sich das, ein bißchen abgearbeitet und abgehärmt, aber sonst in Ordnung und nur dem Mann muß man ab und zu ins Gewissen reden, daß er daheim bleibt und neue Kinder macht und keine begehrlichen Blicke auf die Mädchen wirft. Aber Herr Pfarrer, so ist das nicht immer, es gibt Frauen, die sind noch nach fünf Kindern rosig wie Äpfelchen, weiß Gott, wie sie das machen, und die Männer drehen sich nach ihnen um. Ja, da können Sie noch zulernen, Herr Pfarrer, nämlich daß es zärtliche Mütter gibt, die sind auch zärtlich zu ihrem Mann und zu jedem, der des Weges daherkommt, einfach von Natur. Und es kommt ja auch immer einmal einer des Weges daher, ein Handelsreisender mit Schlips und feinem Wagen, und bei der Schwiegermutter, der Kupplerin, gibt man die Kinder ab, seid nur schön brav, ihr Engelchen, Mutti geht zum Friseur.

Über all diesen hastig herausgestoßenen Sätzen war

der Mann im Glashäuschen so außer Atem gekommen, daß er, um Luft zu schöpfen, eine Pause machen mußte. Der Polizeibeamte hatte sich indessen besonnen, verrückt, vielleicht, aber doch vor allem eifersüchtig und wer weiß, wozu die Eifersucht die Nummer 304 getrieben hatte, ein Geständnis war wichtig, war vielleicht auch zu erreichen, aber nur auf die sanfte, die väterliche Tour. Ihre Frau hat sie also betrogen, sagte er ruhig, und warf zornige Blicke auf die beiden Streifenpolizisten, die sich anstießen und lachten, so daß der Beamte mit seiner großen Hand die Muschel zudecken mußte, also nur noch hören und nicht mehr reden konnte, aber die Gelegenheit zu reden war ohnehin vorbei.

Das sagst du, du Dreckskerl, rief der Häftling empört. Du hast die Nachricht ins Gefängnis gebracht, und wenn ich sie nicht gehört hätte, wäre ich nicht ausgerissen und wenn ich nicht ausgerissen wäre, hätten sie mich am 15. entlassen, meine Zeit war so gut wie vorbei. Aber weil ich es gehört habe, habe ich vom Acker wegfahren müssen, ein Stück den Fluß entlang und durch den Sternwald nach Hause, und wenn ich dich auf dem Weg getroffen hätte, hätte ich dich windelweich gehauen.

Wissen Sie eigentlich, mit wem Sie sprechen, sagte der Beamte eisig, weil er jetzt fest davon überzeugt war, daß er zum Narren gehalten wurde.

Eben habe ich mit dem Anton geredet, sagte der Mann in der Zelle, einem aus unserer Siedlung am Sternwald, der das Gefängnis mit Kartoffeln beliefert, aber jetzt erkenne ich Ihre Stimme, entschuldigen Sie, Herr Leutnant, Kunze war Ihr Name, soviel ich weiß.

Sie wollten etwas über den Wald hören, ein Sumpfwald ist das, und wo er zu Ende ist, liegt unsere Siedlung und da wird auch das neue Stück Autobahn gebaut. Wir hatten da einmal eine Übung, vielleicht erinnern Sie sich, Herr Leutnant, ich habe mich schon damals abgesetzt und bin nach Hause gelaufen, Sie selbst haben mich aus der Stube geholt und mich zur Sau gemacht, aber dann sind Sie plötzlich ganz still geworden, weil Sie meine Frau gesehen haben, und wahrscheinlich haben Sie verstanden, daß man so eine Frau nicht lang allein lassen kann.

Der Beamte räusperte sich, womit es ihm überraschenderweise gelang, den andern einen Augenblick zum Schweigen zu bringen. Herr, sagte er, und wühlte auf dem Schreibtisch seines Kollegen nach dem Fahndungsbefehl mit dem Namen, fand ihn aber nicht. Herr, sagte er noch einmal, nehmen Sie sich zusammen, hier ist kein Leutnant und kein Pfarrer, und kein Anton und kein Kommissar. Erzählen Sie, was Sie gemacht haben, nachdem Sie den Wagen in der Hasenschneise verlassen haben, und fassen Sie sich kurz.

Wir sprachen, sagte der Mann in der Zelle ruhig, also von der Hasenschneise, Hasenstall, und für einen Hasenstall hab ich mir nachts von der Autobahnbaustelle einen Arm voll Holz geholt, weil die Kinder auch einmal Fleisch haben sollten und Pantöffelchen aus Hasenfell, jawohl Herr Inspektor, fünf Bretter, jedes 1,50 m auf 30 cm, fünf Bretter, fünf kleine Kinder, und ein bißchen Dachpappe und den Maschendraht hätte ich mir auch noch organisiert. Deswegen habe ich im Gefängnis gesessen, deswegen hat meine Frau mit dem

Herrn Vertreter Likör getrunken und ist zum Friseur gegangen und ist am Abend weggefahren zum Froschschenkelessen, in einer Nische mit künstlichem Weinlaub, und dort hat sie einer aus der Siedlung gesehen. Deswegen bin ich vor drei Tagen von der Pflanzmaschine abgesprungen und bin nach Hause gefahren. Ich habe meine Frau geholt und bin mit ihr wieder in den Wald gegangen, ich voraus, und sie auf ihren Stöckelabsätzen hinter mir her. Der Mann in der Zelle machte eine Pause, und weil der Beamte ihn nun nicht mehr zu unterbrechen wagte, blieb es eine Weile lang still. Es ist da, fuhr der Häftling schließlich fort, mitten im Wald eine Schonung und eine Hütte für die Waldarbeiter und in dieser Hütte haben wir die ganze Zeit verbracht. Ich habe meine Frau gefragt, ob sie bei Mondschein sterben will oder in der Morgendämmerung, und sie hat gesagt, sie wolle gar nicht sterben, mit dem Vertreter sei nichts gewesen und sie habe Hunger und wolle nach Hause. Ich habe aber vor der Hütte gesessen und habe sie nicht herausgelassen, und nachts bin ich zu ihr hineingegangen, weil es kalt war und neblig, es ist das ein unheimlicher Wald. Sie hat geschlafen, ruhig und rosig wie eines unserer Kinder, und am Morgen hat sie gefragt, wie lange wir da noch bleiben sollten, und ich habe gesagt, bis zum Lämmerlestag, aber was das heißen sollte, wußte ich nicht. Am zweiten Abend hat sie die Arme um meinen Hals gelegt und hat gebeten und gebettelt, ihre Haare haben gut gerochen und ich war auch ganz sicher, daß der Vertreter inzwischen über alle Berge war. Der Mann in der Zelle seufzte und der Beamte wußte nicht, was er sagen sollte, sagte nur vorsichtig, es ist also nichts geschehen, und der Häftling antwortete, doch Herr Pfarrer, es ist vermutlich etwas geschehen. Es ist wieder ein Kind gezeugt worden, ein Kind des Waldes vielleicht mit kleinen Hörnern oder das Kind eines Mannes, der eine Nummer auf dem Rücken trägt, die Nummer 304. Und nachdem das geschehen und die Dämmerung heraufgekrochen ist, hat die Frau den Mann beschworen, ins Gefängnis zurückzugehen, und sie hat auch schon gewußt, daß man für einen Fluchtversuch nicht bestraft werden kann und daß nur der Wachmann fünfzig D-Mark Buße zahlen muß.

Also kommen Sie jetzt, fragte der Beamte, dem der Schweiß auf der Stirne stand, weil es so heiß in der Revierstube war und weil er sich die ganze Zeit hatte zusammennehmen müssen, um den Gefangenen nicht zu unterbrechen und nicht zu schreien.

Ja, ich komme, sagte der Mann, weil ja doch alles nicht zu verstehen ist, und am liebsten stände ich morgen wieder auf der Pflanzmaschine, aber sie werden mich nicht lassen, der Wachmann wird es nicht wollen und auch der Gärtner nicht.

Der Gärtner, sagte der Beamte rasch und unwillkürlich, hat keine Anzeige erstattet.

Sie können mich abholen, sagte der Mann in der Zelle erleichtert, ich stehe vor dem Telefonhäuschen in der Friedrich-Ebert-Straße bei der Esso-Tankstelle, und da bleibe ich auch stehen, Herr Kommissar.

Wachtmeister, sagte der Beamte zerstreut und schrieb die Adresse auf einen Zettel und einer der Polizisten sprang auf und steckte sich Handschellen ein.

Der Beamte stand auch auf, sein Dienst war zu Ende, er ging zu Fuß nach Hause, der Weg war nicht weit. Zu Hause setzte er sich an den Abendbrottisch, seine Frau war noch nicht alt, aber bleich und mürrisch, Kinder hatten sie nicht. Er sprach während des Essens kein Wort. Als seine Frau den Tisch abräumte, rief er noch einmal das Revier an und ließ sich etwas berichten, wozu er mit dem Kopf nickte und am Ende nur sagte, es ist gut. Der Ausreißer ist wieder da, sagte er zu seiner Frau und hatte die Türklinke zum Schlafzimmer schon in der Hand. Na und, fragte die Frau, und auf ihrem unlustigen Gesicht erschien eine kleine Hoffnung, auf etwas Besonderes, schweren Einbruch, Vergewaltigung, Mord.

Und nichts, sagte ihr Mann und lächelte vor sich hin.

Gewisse Gärten

Es ist für einen Mann immer unangenehm, wenn eine Frau ihn will und er will nicht und läuft weg, aus irgendeinem Grunde, weil er eine andere im Kopf hat oder weil er überhaupt nicht in der Stimmung ist oder weil ihm die Frau nicht gefällt. Vielleicht hat er auch Angst vor dem Heiratenmüssen, aber manchmal dreht es sich ja gar nicht ums Heiraten, nur ein paar Tage soll er bleiben, nur ein paar Stunden und er läuft doch weg und später hat er ein unangenehmes Gefühl. Man spricht nicht gern davon, man denkt auch nicht gern daran, nur daß man eben gelegentlich erinnert wird, solche Dinge spielen sich ja nicht auf dem Monde ab, sondern in gewissen Zimmern, oder Hausfluren, oder Gärten, die dann wieder andern Zimmern, Hausfluren und Gärten gleichen, wenn auch vielleicht nur in einer Winzigkeit, einem Fleck auf der Tapete, einer knarrenden Diele, einem Apfel, der am Baum hängt und den im flutenden Nebel ein Strahl der Septembersonne trifft. Für mich war es heute ein Apfelbaum, der mich an einen andern Apfelbaum erinnerte, an einen Apfelgarten, hübsch am Hang gelegen, in einem Landstädtchen im Odenwald, fünfzehn Minuten vom Marktplatz entfernt. Unwillkürlich griff ich hinauf in die Zweige, nein, die Äpfel saßen fest an ihren Stielen, waren nicht, wie damals, mit einem Schnürchen angebunden, und die Hühner, die hinter einem Drahtzaun gackerten, legten vermutlich auch selbst ihre Eier und niemand schob ihnen welche heimlich ins Stroh. Marlene, rief eine Frauenstimme, aber Marlene hatte das Mädchen nicht geheißen, sondern Sofia, mein Gott, Sofia, in deinem viel zu kindlichen Waschkleidchen, mit deinen Blaubeerenaugen, wo bist du jetzt. Wo sind deine Schwestern, diese Kupplerinnen, wo ist die blaue Glaskugel, in der ich einmal gesehen habe, wie du auf mich zukamst, ganz klein mit schüchtern ausgestreckten Händen, und ich lief an der Kugel vorüber, durch das Gartenpförtchen, lief weg, für immer weg. Ich war, als ich durch einen Zufall das Haus im Odenwald und die drei Schwestern kennenlernte, zweiunddreißig Jahre alt. In der kleinen Stadt war mir eine Großtante gestorben, deren bescheidenen Nachlaß ich zu ordnen hatte. Ich war zunächst in einem Gasthof an der Hauptstraße abgestiegen, hatte aber, weil mein Geschäft sich hinzog, bald nach einem ruhigeren Quartier Ausschau gehalten. Fräulein Mimi wurde mir als Zimmervermieterin empfohlen, das Haus mit seinen Jugendstilornamenten gefiel mir, mehr noch der Apfelgarten mit seinen Blumenrabatten, seinen blauen und silbernen Glaskugeln und seinem wilden, von großen Tautropfen glitzernden Gras. Schon am zweiten Tage meines Aufenthaltes in M. schaffte ich mein Gepäck an den Birkenweg, an dem, in Gebüschen verborgen, noch ein paar altmodische Villen standen. Wenn ich schon meinen Urlaub den mir recht lästigen Verhandlungen opfern mußte, wollte ich mich wenigstens dabei erholen, so gut es eben ging, mit Spaziergängen über die Hügel und Im-Garten-Sitzen, wo ich auf einem Blechtischchen auch meine Arbeit auszubreiten gedachte: ich bereitete mich damals, spät genug, auf das Staatsexamen vor.

Tatsächlich saß ich an dem Tischchen schon am ersten Vormittag, Licht und Schatten tanzten auf meinen Papieren und die Birken am Rand der Straße bogen sich im frischen Wind. Ich weiß nicht, warum ich trotzdem von Anfang an nicht zufrieden war, sondern innerlich an allem herummäkelte, an der, einem lustigen Hähnchen nachgebildeten Eierhaube, an dem Tropfenfänger aus Schwammgummi, an dem hölzernen Serviettenring mit den eingebrannten Worten: Unser lieber Gast. Fräulein Mimi mit allzuglattem schwarz-grauem Scheitel hatte mir das Frühstück gebracht, Fräulein Kathi, kleinwellig onduliert, kam mit dem Apfelsaft; daß die eigenen Hühner die Eier gelegt hatten und der Saft aus den eigenen Äpfeln gekeltert war, bekam ich ein paarmal zu hören und wunderte mich über das seltsam kraftlose Gackern der Hühner und darüber, daß an den Bäumen, die mich doch recht eigentlich hergelockt hatten, kaum ein paar vor der Reife schon verkümmerte Äpfelchen hingen. Es war aber da noch etwas anderes, das ich nicht gleich herausfand, weil es eben nur in der Luft lag, ein Hauch von Trostlosigkeit und kleinbürgerlicher Melancholie . . .

Am Abend desselben Tages schon wurde ich zu einem selbstgebrauten Likör ins Wohnzimmer geladen, da brannte im Kamin ein Feuer, aber ein künstliches, da lagen auf dem Teppich zwei dicke Möpse, waren aber ausgestopft, die verstorbenen Hunde der verstorbenen Eltern, liebevoll konserviert. Ein Schauder lief mir über den Rücken, als auch der dritte Hund, ein schmutzigweißer Terrier, steifbeinig umfiel und die alten Mädchen zu kichern begannen. Ich lernte an dem

Abend auch die Jüngste kennen, das Kind, wie ihre Schwestern sie nannten, lächelte über ihre Schneckenfrisur und das brave Krägelchen, zu dem die sehnsüchtigen blauschwarzen Augen nicht passen wollten. Ich fing auch gleich an, das Mädchen zu necken, was die Schwestern nicht übel aufnahmen, aber Sofia, das Sopherl verstand meine Späße nicht. Waren die Schwestern redselig und lebhaft, aber auf eine mechanische Weise, wie Uhrwerke, die, eben noch aufgezogen, abschnurren, erschien mir Sofia seltsam zurückgeblieben in allen weltlichen Dingen, aber voll ernster Gescheitheit, die ihren Gegenstand noch nicht gefunden hatte, ihn auch wohl nie finden würde in dieser abseitigen Welt. Ich beschloß, das Mädchen am nächsten Tag zu einem gemeinsamen Spaziergang aufzufordern, tat es auch und ging mit Sofia durch den herbstlichen Buchenwald, versuchte sie auszuhorchen, was denkst du, was fühlst du, was erwartest du vom Leben, übrigens aus reiner Langeweile, wie man, in einen fremden, ländlichen Gasthof verschlagen, das einzige dort vorhandene Buch vor dem Einschlafen liest. Sofia erzählte nur das Äußerlichste, daß sie den Ort kaum je verlassen habe und ihn wohl auch nie verlassen würde, daß sie keine Lust gehabt habe zu studieren, daß sie sich um den Haushalt kümmere, wie ihre Schwestern auch. Eine Gelegenheit zu heiraten schien sich keiner der drei Schwestern geboten zu haben, ihr Verkehr waren ein paar Frauen im Städtchen, auch meine verstorbene Tante hatte zu ihnen gehört. Ja, Bücher lasen sie und Filme sahen sie zuweilen, aber als ich Sofia fragte, welches Buch, welcher Film ihr gefallen habe, wußte sie keinen Titel zu nennen und sah mich nur von der Seite schwermütig an.

Auf dem Heimweg trafen wir die Schwestern, die aus der Stadt zurückkamen, ich ging mit Fräulein Mimi voraus und wurde nun meinerseits ausgefragt, ob ich verheiratet, verlobt oder sonstwie gebunden sei, was alles ich lachend verneinte, der Gedanke, daß ich hier eingefangen werden sollte, kam mir nicht. Eine sonderbare Müdigkeit hatte mich befallen, ich gähnte und hätte mich am liebsten schlafen gelegt, ging aber dann doch noch in den Ort hinunter und setzte mich ins Gasthaus, wo ich, ganz gegen meine Gewohnheit, mehrere scharfe Schnäpse trank. Der Wirt, der seinen abtrünnigen Gast erkannte, kam an meinen Tisch, er selbst hatte mir die Villa am Birkenweg als Quartier empfohlen, aber jetzt, als er nach meinem Befinden fragte, lächelte er eigentümlich, als gäbe es dort ein Geheimnis, das er nicht preisgeben dürfe. Am nächsten Abend blieb ich wieder zu Hause, saß wieder in dem muffigen Wohnzimmer unter den schwarzgerahmten, schon vergilbten Elternphotographien und sah, wie die Blicke der Schwestern zwischen mir und Sofia hin- und hergingen, während Sofia, die Küchentücher stopfte, kaum je das Gesicht erhob. Wir sprachen über meine Tante, dann über eine, schon im Abklingen befindliche Scharlachepidemie, der im Städtchen mehrere junge Menschen zum Opfer gefallen waren, dann über Politik. Es war der Herbst vor dem zweiten Weltkrieg, man feierte das Erntedankfest, aus allen Fenstern, auch aus dem Giebelfenster der Villa, hingen die roten, mit Hakenkreuzen verunzierten Fahnen. Man hatte sich in acht zu nehmen und ich nahm mich in acht, stellte nur fest, was ich ohnehin erwartet hatte, daß nämlich zumindest die beiden älteren Schwestern auf eine dümmliche Weise Anhängerinnen des Führers waren. Sie rühmten die Sauberkeit und Ordnung im neuen, tausendjährigen Reiche, die Fröhlichkeit der Jugend und das überall zutage tretende Gedeihen und schoben das alles einem besonderen, auf ihrem Abgott ruhenden Segen zu. Ich hatte keine Lust, mir eine Anzeige auf den Hals zu ziehen, sagte ja und amen zu allem und bot Zigaretten an, aber nur Fräulein Mimi bediente sich, sie rauchte ungeschickt und hastig, wie ein Mensch, dem etwas das Herz bedrückt. Am nächsten Morgen, als ich, es dämmerte noch kaum, am Fenster stand, sah ich eben dieses Fräulein Mimi im Garten, damit beschäftigt, in die kümmerlichen Blumenrabatten schöne blühende Schnittblumen zu stecken und andere, die bereits verwelkt waren, aus der trockenen Erde zu ziehen. Fräulein Kathi stand, in hohen Stiefeln, im nassen Gras, reckte sich zu den Apfelbäumen und befestigte hier und dort etwas an den Zweigen, ein Körbchen mit frischen Eiern stand auf dem Kiesweg zum Hühnerstall, Sofia war nicht zu sehen. Ich ging, als es hell wurde, in den Ort hinunter, frühstückte im Gasthaus und versuchte mit dem Wirt über die Schwestern und ihr seltsames Benehmen zu sprechen. Aber der dicke Mann zeigte sich morgendlich ungesellig, antwortete auf meine Frage, ob die Damen Sorgen hätten, nur, wer hat keine Sorgen und entfernte sich mit den Worten, Sie werden schon sehen.

Ich nahm mein zweites Frühstück im Garten ein,

Fräulein Kathi brachte den Apfelsaft, ich wartete, bis sie im Haus verschwunden war und stand dann auf, um nach einem der frisch und leuchtend herangereiften Äpfel zu greifen: er war, wie ich vermutet hatte, mit einem Schnürchen angebunden, wie die Äpfel, die man in die Zweige des Christbaums hängt. Sie schämen sich, dachte ich, weil bei ihnen alles verkümmert, weil sie selbst verkümmern, und fühlte etwas wie Erbarmen, band auch das rotbäckige Äpfelchen sorgfältig wieder an seinen Zweig. Gegen Mittag brachte Fräulein Mimi mir einen Brief, auf dessen weibliche Schriftzüge sie kummervoll blickte, der Brief war von meiner Schwester, aber ich sagte nichts. Sie werden doch nicht schon abreisen, sagte Fräulein Mimi, es ist nur, daß ich Sie bitten wollte, mir das rechtzeitig zu sagen, ich könnte das Zimmer wieder vermieten und ich hätte Sie auch gerne noch gesprochen vorher. Ich dachte, sie hat mich heute früh am Fenster gesehen oder vorhin, als ich den Apfel untersuchte, ich beugte mich über meine Hefte und murmelte, ich reise noch nicht. Am Nachmittag ging ich, von schlechtem Gewissen geplagt, noch einmal mit Sofia spazieren, es war wie beim erstenmal, nur daß ich diesmal, durch die furchtbare Leblosigkeit des Mädchens gereizt, die herzlosesten Späße machte, haben Sie keinen Bräutigam, Fräulein Sofia, wie wärs mit uns beiden, und über die sanften Hügel hinweg starrte uns die rote Sonne einäugig böse an. Ich lief voraus, warf wie ein Junge mit den Füßen das raschelnde Herbstlaub auf, ob das Fräulein hinter mir lachte oder weinte, kümmerte mich nicht. Am Abend schrieb ich noch an meine Schwester, beschrieb ihr das Haus und den Garten und Fräulein Mimi und Fräulein Kathi, ich machte mich lustig über alles, Sofia erwähnte ich nicht. Als ich mit dem Brief in der Hand noch in die Stadt wollte, stand Fräulein Mimi am Gartenpförtchen. Ich weiß schon, sagte sie, Sie werden nicht bleiben, ich muß mit Ihnen sprechen, vielleicht morgen nachmittag, ist Ihnen das recht? Ja, natürlich, gerne, sagte ich und lief an ihr vorüber, ich war überzeugt davon, daß sie mich, den mutmaßlichen Erben meiner Tante, um Geld bitten wollte. Aber die Summe, die ich zu erwarten hatte, war nur klein und ich hatte sie zu einer Reise nach Sizilien bestimmt.

Der Rechtsanwalt meiner Tante erwartete mich, wir hatten so ziemlich alles erledigt, er übergab mir nur, als ich mich von ihm verabschiedete, noch einige Notizblätter, die sich bei den Papieren meiner Tante gefunden hatten. Ich steckte diese Blätter achtlos ein und holte sie erst, als ich im Gasthaus auf das Essen warten mußte, wieder aus der Tasche. Mein erster Blick fiel auf den Namen Sofia, später fand ich noch andere, mir unbekannte Namen erwähnt. Hinter dem Namen Sofia stand, die klügste, die empfindlichste, aber auch sie bestimmt zu versteinen, armes Kind. Natürlich, dachte ich grausam, aber sie soll es noch nicht merken, darum in der Frühe, ehe sie aufsteht, die in die Erde gesteckten Blumen, die angebundenen Äpfel, aber eines Tages wird sie alles entdecken und am Tisch sitzen wie der steinerne Gast. Kennen Sie das Fräulein Sofia, fragte ich den Wirt, als er mir die Suppe brachte, und er fragte dagegen, reisen Sie übermorgen, nun dann ist es morgen so weit. So weit, dachte ich, wie weit, aber von dem, was mir bevorstand, ahnte ich immer noch nichts. Ich konnte am nächsten Morgen, weil es neblig war, nicht im Garten sitzen, ging aber vor dem Frühstück noch ein wenig draußen umher und auch in den Hühnerstall, griff den mageren Hennen unter den Bauch, zog die gekauften, gestempelten Eier hervor und tat sie wieder an ihren Platz, wo, wie ich annahm, die kurzsichtige Sofia sie einzusammeln hatte. Ich begegnete dem Mädchen, als es mit einem Körbchen ins Gehege trat, und es musterte mich mit verwundertem Blick. Ich verbrachte den Vormittag in meinem Zimmer und wurde dann zum Essen gebeten, ausnahmsweise, für gewöhnlich ging ich ja zu den Mahlzeiten in die Stadt. Das Eßzimmer war, wie die anderen Wohnräume, hoch und dunkel getäfelt, die Speisen standen auf einer niederen, drehbaren Platte, ich hatte einen solchen Gegenstand noch nie gesehen und benahm mich kindisch, indem ich das Ding in so heftige Bewegung versetzte, daß die rote Zwetschgensauce Sofia bespritzte und von ihrem Gesicht herunterrann wie Blut. Der Herr Doktor ist recht lustig heute, sagte Fräulein Mimi und betrachtete mich ängstlich, ich war aber nicht lustig, würgte an meinen Dampfnudeln und stellte mir vor, wie die drei Schwestern sich ausnehmen würden, wenn sie einmal, ausgestopft wie die Hunde ihrer Eltern, im Wohnzimmer saßen, so etwas müßte doch zu machen sein, auch mit Menschen, merkwürdig, daß noch niemand auf den Gedanken gekommen ist. Fräulein Mimi sah zuerst mich, dann die Zimmerdecke an, und ich erhob mich gehorsam, um nach oben zu gehen. Durch das Treppenfenster sah ich den Nebel gelichtet, die Sonne schien und die Bienen warfen sich mit zornigem Summen in einen blühenden Busch. Als Fräulein Mimi mir nachkam, öffnete ich ihr meine Tür, bot ihr einen Stuhl an und machte ein freundliches Gesicht. Ich war entschlossen, ihr kein Geld zu geben, aber ich wollte sie schonen, ihr auch vielleicht für später eine kleine Zuwendung versprechen. Fräulein Mimi saß steif, sie nahm keine Zigarette, Sie werden es bemerkt haben, Ihr Frühstücksei war ein gekauftes, unsere Hühner legen nicht. Ich habe es bemerkt, sagte ich, aber es ist mir gleichgültig, darüber brauchen Sie sich keine Gedanken zu machen. Ich saß auf dem Rand meines Bettes, Fräulein Mimi in einem altmodischen schwarzen Jackenkleid saß auf dem einzigen Stuhl, die Sixtinische Madonna, eine graue Reproduktion, sah mit ihrem strahlenden Lächeln über uns hinweg. Ich mache mir Sorgen, sagte Fräulein Mimi, die Hühner sind nicht das einzige, alle Tiere, die wir anschaffen, werden krank und gehen zugrunde, alle Pflanzen verkümmern oder werden von Schädlingen gefressen, die jedem Ausrottungsmittel widerstehen.

Es ist wie ein Fluch, verstehen Sie, was ich sage, es liegt ein Fluch auf diesem Haus. Ich räusperte mich, der Ausdruck schien mir eine starke Übertreibung, ich wollte auch, Fräulein Mimi zuliebe, widersprechen, aber sie hob abwehrend ihre graue Hand. Ein Kind, sagte sie ernsthaft, ein Kind würde alles retten, wenn ein Kind da wäre, würden die Apfelbäume wieder tragen und die Blumen wieder blühen. Ja, sagte ich ungeschickt, gewiß, Fräulein Sofia sollte heiraten, sie ist doch ein hübsches Mädchen und an Verehrern fehlt es ihr wahrscheinlich nicht. Sofia, sagte Fräulein Mimi hart, hat keine Verehrer, niemand beschäftigt sich mit ihr länger als ein paar Stunden, auch Sie haben es nicht mit ihr ausgehalten, geben Sie es zu. Mich, sagte ich, dürfen Sie als Beispiel nicht nehmen, ich bin ein kalter Mensch, ich will auch nicht heiraten und eine Frau hätte es auch nicht gut bei mir. Ich weiß, sagte Fräulein Mimi, aber es handelt sich gar nicht ums Heiraten und auch nicht um Liebe, nur um das Kind.

Wie meinen Sie das, fragte ich töricht, obwohl ich sie ganz gut verstanden hatte, ich traute aber meinen Ohren nicht. Heute nacht, sagte Fräulein Mimi kalt und geschäftsmäßig, Sofias Zimmer liegt nebenan, niemand anderer wohnt auf diesem Stockwerk, eine Verbindungstüre gibt es nicht. Ich sah sie entsetzt an, ich dachte an die Worte des Gastwirts, wann reisen Sie, übermorgen, dann ist es morgen so weit, und überlegte, wieviele Gäste Fräulein Mimi schon aufgefordert haben mochte, mit ihrer Schwester schlafen zu gehen. Ich möchte betonen, fuhr Fräulein Mimi fort, daß Ihnen aus dieser Nacht keine Verpflichtungen erwachsen, ich habe das aufgeschrieben und schon unterschrieben, Sie können das Papier bereits an sich nehmen. Sie holte aus ihrer Jackentasche einen gefalteten Bogen, den sie mir zuschob, aber ich ließ ihn liegen und öffnete ihn nicht. Sie ist wahnsinnig, dachte ich, alle hier sind wahnsinnig, und dann fielen mir die Worte, die meine Tante kurz vor ihrem Tode noch aufgeschrieben hatte, ein. Weiß Sofia, fragte ich, ich ging zum Fenster und sah im Garten auf meinem weißen rostig abgeblätterten Eisenstuhl Sofia sitzen, ein wenig vorgebeugt aber unbeweglich, wie aus Stein. Natürlich nicht, sagte Fräulein Mimi, aber sie wird keine Schwierigkeiten machen, sie liebt keinen oder jeden, es hat sie noch keiner geküßt. Sie stand auf und strich ihre Jacke glatt, ich hatte noch nicht nein gesagt, aber ich konnte es noch sagen, und sie beeilte sich, aus dem Zimmer zu kommen. Ich werde Sofia vorbereiten, sagte sie, schon bei der Tür, natürlich werden Sie morgen abreisen, Sie werden keine Nachricht mehr geben, eines Tages werden wir erfahren, daß Sie gestorben sind. Mit diesen Worten, die mir vollends die Rede verschlugen, griff sie nach meiner Hand und küßte sie, wobei sie auf eine fürchterliche Art die Augen verdrehte. Dann lief sie flink und lautlos die Treppe hinunter und ich drehte mich um und blickte durch die offenstehende Tür in Sofias Zimmer, aus dem ein Geruch von Bohnerwachs und Kernseife drang. Über das Bett war eine altmodische weiße gehäkelte Decke gebreitet, auf dem altmodischen Waschtisch lagen Kamm und Bürste und ein Fläschchen Kölnisches Wasser stand dabei.

Eine Verführerin in Barchentwäsche, dachte ich höhnisch, ein Liebesnest wie eine Klosterzelle, und malte mir aus, wie sich alles abspielen sollte, der Hochzeitsflug mit der schweren Biene, und von dem Erwählten würde es später heißen, daß er gestorben sei, aber vielleicht starb er auch schon in dieser Nacht. Was für ein Unsinn, dachte ich gleich darauf, die Schwestern sind wahnsinnig, aber Sofia nicht. Sofia weiß nichts von dem allen, man kann mir ihr reden, ihr zureden, das Haus, die Stadt zu verlassen. Meine Schwester würde schon einen Rat wissen, wo das Mädchen unterzubringen wäre, als Kindermädchen, als Pflegerin, alles besser als hier. Ich ging die Treppe hinunter, um Fräulein Mimi das Papier wiederzugeben, diese seltsame Quittung, die man eigentlich hätte aufheben müssen, und tatsächlich, wenn die Bomben nicht gefallen wären, hätte ich sie heute noch. Ich fand die Damen weder in der Küche noch im Wohnzimmer, und erinnerte mich nun auch, daß Fräulein Mimi etwas gesagt hatte von weggehen und über Nacht ausbleiben, ich hatte das nicht hören wollen und darum hatte ich es auch nicht richtig gehört. Das Haus war dunkel und außerordentlich still, ich steckte das Papier in die Tasche und ging in den Garten, um mit Sofia zu reden – wahrscheinlich war sie von ihren Schwestern schon bearbeitet worden, dieser junge Mann liebt dich, sei nicht spröde, wenn du ihn wegschickst, kommt keiner mehr. Ich schaute zu meinem Sitzplatz hinüber, auf dem aber Sofia nicht mehr zu sehen war, und dann blieb ich auf dem Gartenweg stehen, steckte die Hände in die Taschen und überlegte, was ich Sofia sagen sollte, und wie ich es vermeiden konnte, ihr weh zu tun. Sonnenlicht, aber schon rötliches lag noch immer auf den kümmerlichen Herbstastern, und gerade vor mir stand eine der blauen Glaskugeln auf ihrem dünnen silbernen Stock. Die klügste, die empfindlichste, dachte ich, und einen Augenblick lang tat mir das Mädchen so leid, daß ich dachte, eine Abmachung wie eine andere, warum eigentlich nicht. Aber dann schaute ich zufällig in die blaue Kugel und in der blauen Kugel sah ich ganz klein aber sehr scharf und deutlich Sofia, die in meinem Rücken langsam auf mich zukam. Sie war, was mich erstaunte, nicht wie sonst bleich, sondern hochrot im Gesicht, soviel ich mich erinnere, fiel mir schon in diesem Augenblick die altmodische Bezeichnung Fieberrosen ein. Ja, Fieberrosen glühten auf Sofias Wangen, aber sie ging nicht schnell, und es war überhaupt nichts Anomales an ihr, nur daß sie eben den Kopf ein wenig vorstreckte und auch die Hände, und daß dieser Kopf und diese Hände mir in der verzerrenden Rundung der Kugel riesig und unheimlich erschienen.

Ich habe damals nicht abgewartet, bis Sofia bei mir war. Ich habe ein paar schnelle Schritte gemacht und habe die Gartenpforte aufgerissen und hinter mir zufallen lassen, das helle Scheppern der Gitterstäbe war das letzte, was ich hörte, als ich schon den Weg in die Stadt hinunterlief. Ich habe mich nicht mehr umgedreht, wie das Männchen, das gefressen werden soll, bin ich kopflos und besinnungslos entflohen. Ich bin auch am nächsten Tag nicht in die Villa zurückgekehrt, um meine Sachen zu holen, sie wurden mir durch die Vermittlung des Rechtsanwaltes nachgeschickt. Als ich später durch eben diesen Rechtsanwalt hörte, daß Sofia als ein letztes Opfer der schon fast erloschenen Scharlachepidemie einige Zeit nach meiner Abreise gestorben war, dachte ich fast mit Genugtuung, sie hätte das Kind nie bekommen, sie war zum Sterben bestimmt. Jetzt aber, heute aber, in dem fremden Apfelgarten, durch den der Nebel der letzten Septembertage zieht, sehe ich das alles ganz anders an. Ich glaube nicht mehr, daß Sofia, als sie auf dem Kiesweg auf mich zukam, schon krank gewesen ist. Sie war gesund und wollte leben, und ich bin es, der sie getötet hat.

April

Eines Tages, aber es ist in diesem Fall wohl besser, das Datum zu nennen, es war der 1. April, stand der Blumenstrauß auf des unschönen Fräuleins Platz. Das unschöne Fräulein, wir werden es Brutta nennen, war zum Diktieren beim Direktor gewesen, dachte beim Zurückkommen, da ist doch etwas Fremdes und nahm es schon wahr, die häßliche Bürovase und schief hineingelehnt das mit glänzendem und zugleich durchsichtigem Papier umwickelte Bukett, das bei näherer Betrachtung aus Tulpen, Narzissen, jungem Buchenlaub und Sumpfschwertlilien bestand. Ein goldenes Schildchen, rundum ausgezackt, hing an einem goldenen Faden, der Namen des Blumenladens stand darauf. Ein Irrtum, natürlich, dachte Brutta, wer sollte ihr Blumen schicken, wer hätte ihr je Blumen geschickt. Einen Augenblick lang beugte sie sich über den Strauß, roch die herben und reinen Frühlingsgerüche, dann sah sie zu ihren Zimmergenossinnen hinüber, die aber ihre Köpfe auf die großen Büromaschinen gebeugt hielten. Es war drei Minuten vor zwölf Uhr, die Sonne schien ins Zimmer, der Preßluftbohrer auf der nahen Baustelle ratterte wie toll.

Wem gehört das, fragte Brutta, sie mußte ihre Frage dreimal wiederholen, die Freundinnen zuckten die Achseln und sahen sie geistesabwesend an. Dann hörte der Lärm plötzlich auf, Mittagspause, und nun schrien Fräulein Seifert und Frau Erbe überlaut, von Herrn Zinn für Sie, von Herrn Zinn für Sie. Dabei lachten sie wie Kobolde, setzten auch hinzu, dreimal hat er heute schon den Kopf zur Tür hineingestreckt, er hat Sie gesucht. Soviel hörte Brutta noch, dann lief sie weg, Mittagspause, ihre Brote steckten in der Manteltasche, sie lief in den Park.

Um von Bruttas Arbeitsstelle, einer Bank, in den Park zu gelangen, mußte man eine breite, sehr verkehrsreiche Straße überqueren. Brutta ging bis zur Ampel und wartete dort, bis das grüne Licht kam, und währenddessen sah sie in die Kronen der alten Kastanien hinauf, die noch nicht blühten, aber bald blühen würden und später würden sie all ihre Kraft darauf verwenden, dichtes dunkles Laub zu bekommen und mit dem Laub ihre Früchte vor den heißen Sonnenstrahlen und den Gewitterstürmen des Sommers zu beschützen. Neben Brutta warteten auch ein paar Schulkinder, die sich damit unterhielten, immer wieder auf den Knopf zu drücken, obwohl doch das rote Licht seine Zeit hat und das grüne Licht auch und der Knopf eigentlich ganz überflüssig ist. Als es schließlich so weit und die Straße frei war, nahm Brutta das kleinste der Kinder, einen Jungen mit stählerner Schielbrille, an die Hand und führte es über die Straße, was ihr sonst nie eingefallen wäre. Drüben, unter den andern, schon ein wenig weiter aufgeblühten Kastanien, riß sich der Junge los und lief weg, aber nun sah Brutta eine Bekannte vor sich hergehen und beeilte sich, an ihre Seite zu kommen. Sie fragte die Bekannte nach ihrem Mann und ihren Kindern, die ihr ganz gleichgültig waren, auch die Bekannte war ihr gleichgültig, und sie tat das alles nur, um nicht an den Blumenstrauß denken zu müssen und an Herrn Zinn, der ihr ebenfalls ganz gleichgültig war. Sie sah diesen Herrn Zinn aber trotzdem die ganze Zeit vor sich, er trat aus jeder Haustüre und bog um jede Straßenecke, und als Brutta endlich im Park und allein war, ging er sogar neben ihr her. Schließlich kam es so weit, daß er mit ihr auf einer Bank saß und sie ihren Kopf an seine Schulter lehnte. Aber das wird mir niemand glauben, der nicht weiß, wie lang eine Stunde sein kann, sechzig Minuten voll von Gedanken und Träumen, eine unermeßliche Zeit.

Zuerst freilich, als Brutta an dem kleinen von Schilf durchwachsenen Weiher vorbei und an den Gewächshäusern entlang ging, war von solcher Intimität die Rede noch nicht. Brutta erinnerte sich daran, wie sie Herrn Zinn zum erstenmal gesehen und wie er sich ihr vorgestellt hatte, kühl, hochmütig, obwohl sie in dem Bankgeschäft viel mehr als eine Schreibkraft war. Das war im vergangenen Spätherbst gewesen, Schnee war bereits gefallen oder ein Gemisch aus Schnee und Regen, weswegen Brutta über ihren Filzhut eine Plastikhaube gezogen hatte, auf diese unkleidsame Hülle hatte Herr Zinn seinen Blick gerichtet, voll Widerwillen, wie ihr schien. Auch später hatte sie in seinen Zügen oft Widerwillen, mindestens Abneigung gelesen, er war einige Male, ohne sie zu grüßen, an ihr vorübergegangen und einmal hatte er ihr, eines kleinen Versehens wegen, vor mehreren Mitarbeitern und sogar in Gegenwart des zweiten Direktors die heftigsten Vorwürfe gemacht. Als sie ihm eines Abends im Symphoniekonzert begegnet war, war es ihr vorgekommen, als ob er, von seinen eleganten Begleitern nach ihr gefragt, achselzuckend und verächtlich von ihr gesprochen habe, und während eines Betriebsausflugs hatte er, um im Autobus nicht neben ihr sitzen zu müssen, die lächerlichsten Ausflüchte gebraucht.

Alle diese kleinen Vorfälle rief Brutta sich ins Gedächtnis zurück, während sie an den Tulpenbeeten entlangging und dann durch den Rosengarten, der gerade neu angelegt worden war und in dem aus einem nierenförmigen Becken viele kleine und ein großer Wasserstrahl sprangen, und während Brutta sich auf diese Vorfälle besann, gewannen sie allmählich ein anderes Gesicht. Die Plastikhaube war in der Tat sehr häßlich gewesen und Männer, die einen Korridor entlanggehen, mögen oft in Gedanken sein. Als Herr Zinn ihr die Szene gemacht hatte, war sie ihm wohl schon nicht mehr ganz gleichgültig gewesen, er hatte das nur nicht wahrhaben wollen. Aus demselben Grunde hatte er sie im Konzert verleugnet, während er auf dem Betriebsausflug einfach Angst gehabt hatte, neben ihr zu sitzen, nasse Hände zu bekommen und zu zittern unter ihrem erstaunten Blick. Er ist schüchtern, dachte Brutta, das gefällt mir, und hatte er nicht eigentlich eine angenehme Stimme, und war seine etwas lange Nase nicht hübsch geformt? Schüchternheit wirkt oft wie Hochmut, stell dir vor, zuerst hab ich dich für hochmütig gehalten, hast du das, Liebe, ja das wundert mich nicht – Und dann würde er von seiner Kindheit erzählen, einer traurigen Kindheit natürlich, alle sympathischen Männer haben eine traurige Kindheit gehabt. Auch keine Freunde? Nein, keine Freunde, keine richtigen wenigstens, aber jetzt habe ich dich. Aber ich bin doch nicht verliebt, dachte Brutta erstaunt und versuchte sich vorzustellen, wie Herr Zinn seinen Arm um sie legen würde, vielleicht schon heute abend, ja gewiß schon heute abend, wenn sie sich für die Blumen bedankt und er sie gefragt hatte, ob er sie nach Hause fahren dürfe. Er hatte natürlich einen Wagen, einen weißen sogar, in dem er schon oft, ohne Brutta zu beachten, an ihr vorübergefahren war. Nun, heute abend würde er um den Wagen herumgehen und die Türe für sie aufmachen, vielleicht machen wir noch einen kleinen Umweg, vielleicht gehen wir ein paar Schritte, es bleibt jetzt schon viel länger hell. Dann, beim Aussteigen am Waldrand, würde Herr Zinn sie an sich ziehen, aber vielleicht auch erst später, wenn sie durch die schon dämmerige Schneise gingen, sie mit einem Mann, der ihr immer gleichgültig gewesen war, aber jetzt sah sie ihn plötzlich anders, daß er sie liebte, machte ihn anders, machte ihn schön und gut.

Während Brutta unter der Blutbuche bei den Springbrunnen saß, sagte sie den Vornamen des Herrn Zinn, Walter, vor sich hin, was niemand hören konnte, weil die Wasserstrahlen im Niederfallen prasselten, ein starker Mittagswind hatte sich erhoben und zog ihr feuchte Schleier über das Gesicht. Bist du naß geworden, fragte Herr Zinn, ja, jetzt, vor halb ein Uhr, saß er schon neben Brutta, zog sein Taschentuch heraus und trocknete damit die Tropfen auf ihren Wangen und auf ihrer Stirn. Wo werden wir wohnen, fragte Brutta, als sie aufgestanden waren und auf den hinteren Teil des Gartens zugingen, dorthin, wo um diese Zeit in langen Beeten die Tulpen blühen. Aber war es denn noch um diese Zeit? Schon öffneten sich die Kelche der Rosen, schon zeigten Rittersporn und Lupinen ihr hochsommerliches Blau. Herr Zinn schlug dieses und jenes vor, ein wenig außerhalb der Stadt gefiel es Brutta am besten, und schon hatten sie eine Wohnung am Stadtrand und traten ans Fenster, um über eine von Herbstzeitlosen bedeckte Wiese aufs Gebirge zu sehen. Als Brutta den Steingarten erreicht hatte und durch die rosa Erikastauden auf den andern, den großen Teich zuging, hatte sich Herrn Zinns Miene verfinstert, so gefiel er ihr noch besser, was hast du, Liebster (Liebster!), ach er war kein ewig sonniger Ehemann, er war schwermütig, oft umwölkten Sinnes, zerfallen mit der Welt.

Es war jetzt zwanzig Minuten vor ein Uhr, auf dem Teich schwammen die Entchen, die von den Einsamen gefüttert werden, und die Schwäne, die sich flügelschlagend den Hoffnungslosen nähern, um sie zu beißen, aber Brutta bissen sie nicht. Sie war keine Einsame, keine Entchenfütterin mehr, ihre Kinder, zwei Knaben, ruderten um die kleine Insel, dann wichen die Ufer des Teiches zurück. Ja, jetzt würden sie reisen, übers Meer fahren, die Welt ist zerfallen, aber wir haben eine neue erfunden, eine Ich-und-du-Welt, in der niemand verlorengeht. Brutta saß wieder auf einer Bank, jetzt überstürzte sich alles, der Sommer überwältigte den Frühling, der Winter den Herbst, die Bäume knarrten und bogen sich, jetzt war Krieg, jetzt war wieder Frieden, jetzt wanderte sie mit Herrn Zinn und den Kindern schlecht beschuht und in zerrissenen Kleidern durch unwegsames Gelände, jetzt gingen sie schön angezogen über eine Promenade, die Kinder waren nicht mehr dabei. Brutta schloß die Augen, sie hatte eine Uhr in sich, die tickte und schlug wie die Blindenuhren alle fünf Minuten, um fünf Minuten vor eins muß ich den Park verlassen. Herr Zinn saß neben ihr und weinte, weil sie ihn nicht lieben wollte, aber ich liebe dich doch, ich habe dich immer geliebt.

Als es ein Uhr schlug, diesmal vom Kirchturm, fuhr Brutta auf, nun hatte sie sich wirklich verspätet, Herr Zinn war verschwunden und eben noch hatte sie ihn geküßt. Sie stand auf und lief durch die Drehtür, den Herrn Zinn gab es zweimal, einer war auf einer Bank am Meer zurückgeblieben, einer stand an seinem Bürofenster und blickte auf die Straße hinunter, um sie zurückkehren zu sehen, Brutta sah einen Mann dort stehen, als sie die Straße überquerte, sie konnte Herrn Zinn nicht erkennen, aber er mußte es doch sein, er wandte sich jetzt ab, wahrscheinlich um ihr entgegenzugehen. Wo warst du, hätten wir nicht zusammen essen können, aber wir waren doch zusammen, wir waren es immer, wir werden es immer sein.

Brutta, als sie das Bankgebäude erreicht hatte, ging an dem Pförtner vorbei zur Treppe, da war niemand, schade, wie gut hätten wir zusammen sprechen und uns für den Abend verabreden können. Obwohl es schon so spät war, wartete Brutta auf der Treppe noch ein wenig, Herr Zinn war gewiß aufgehalten worden, das Telefon hatte geläutet oder es war ein Kunde gekommen, da kann man nichts machen, die Arbeit geht vor. Die Arbeit, dachte Brutta, und hatte ein schlechtes Gewissen, es waren viele Briefe zu schreiben und sie stand da auf den Stufen und horchte und schaute, aber es kam nur ein Kassenbote vorüber, der sah sie merkwürdig an. Sie lief jetzt schnell die Treppe herauf und den Korridor entlang, der mit einem dicken Teppich belegt war, sie hörte ihre Schritte nicht. Während der Mittagspause mußten sie diesen Teppich ausgebreitet haben, auch ein roter Läufer auf dem Vorplatz war ihr aufgefallen, überhaupt erschien ihr jetzt alles viel vornehmer, auch die Leuchtstäbe an den Wänden des Flurs hatte sie früher nicht bemerkt. Sie öffnete die Türe zu dem Zimmer Nr. 27, ihrem Büro, auch dieser Raum war verändert, statt der drei Schreibtische und dem Regal mit den Ordnern stand da ein einziger großer Mahagonitisch und zwei grüne Sessel, und Brutta dachte gleich, ich habe mich geirrt, und machte die Türe wieder zu. Im nächsten Zimmer hörte sie sprechen, aber es waren keine Frauenstimmen, und im dritten saß ein junger Mann an einer Rechenmaschine und sagte, nur herein, gnädige Frau, was kann ich für Sie tun. Brutta murmelte eine Entschuldigung, sie mußte das Stockwerk verwechselt haben, wahrscheinlich hatte sie zu lange in der Sonne gesessen, es war ihr auch schwindelig, und die Treppe zum dritten Stockwerk erstieg sie langsam, fast wie eine alte Frau. Auf dem ebenfalls mit einem dicken Teppich belegten Korridor sah sie von weitem Fräulein Seiferts Mutter, die im Begriff war, in den Waschraum zu gehen. Brutta blieb bei der Türe des Waschraums stehen und überlegte, warum wohl Fräulein Seiferts Mutter um diese Zeit hier war, sie hatte weder Hut noch Mantel angehabt, es war aber immerhin denkbar, daß Fräulein Seifert krank geworden war und daß sie ihre Mutter gebeten hatte, ihre Arbeit zu tun. Es war unwahrscheinlich, aber nicht unmöglich, bei dem Personalmangel, und wieviele Mütter haben in ihrer Jugend selbst in Büros gesessen und sind mit allen vorkommenden Arbeiten vertraut.

Was fehlt Ihrer Tochter, fragte Brutta, als Frau Seifert aus dem Waschraum kam, wo sie sich ein bißchen frisch gemacht hatte, sie sah aber noch immer müde und abgearbeitet aus. Meiner Tochter, fragte Fräulein Seiferts Mutter erstaunt, ich glaube, Sie verwechseln mich, wie heißt denn die Dame, die Sie suchen und wo ist sie beschäftigt, ich meine, in welchem Zimmer, und dabei ging sie schon weiter und Brutta lief wie ein Hündchen hinter ihr her. Lore, wollte sie sagen, Lore heißt sie und ich sitze mit ihr im Zimmer und mit Frau Erbe, vor einer Stunde erst haben wir uns getrennt, um mittagessen zu gehen, und Sie kenne ich gar nicht persönlich, nur an der Ähnlichkeit mit Ihrer Tochter habe ich Sie erkannt. Sie sagte aber nichts von dem allen, weil sie jetzt an dem Flurfenster angelangt waren, von dem man auf die Baustelle herunter sah und da war keine Baustelle mehr, sondern ein Hof und ein riesig hohes Haus und der Preßluftbohrer war auch nicht mehr zu hören, es war totenstill. Wen suchen Sie also, fragte Fräulein Seiferts Mutter, aber nicht unfreundlich, vielleicht haben Sie sich verlaufen, der Weg zu den Schalterräumen führt durch die Säulenhalle, und damit blieb sie stehen, legte ihre Hand auf eine Türklinke und sah Brutta fragend an. Einen Augenblick nur noch, sagte diese, es handelt sich um eine Auskunft, ihre Stimme flehte und mit den Fingern zog sie Frau Seiferts

Hand von der Türklinke weg. Ja nun, sagte Frau Seifert erstaunt, vielleicht hielt sie Brutta für eine Verrückte und begann schon, sich in acht zu nehmen, sie blickte sich auch verstohlen um. Nur eine Auskunft, wiederholte Brutta, ein junges Mädchen ist hier beschäftigt, sie heißt Osten, vielleicht kennen Sie sie. Es war ihr eigener Name, den Brutta genannt hatte, und ihre Stimme hatte dabei gezittert, und nun schloß Fräulein Seiferts Mutter plötzlich die Augen, so als ob sie sich besinnen müßte, und später schaute sie zu Boden, sie sah Brutta gar nicht mehr an.

Warten Sie, sagte sie, da war etwas, aber das ist sehr lange her. Da war etwas mit einem Blumenstrauß, Tulpen und Narzissen, den hatten wir, Frau Erbe und ich, Brutta Osten auf ihren Tisch gestellt, obwohl er nur aus Versehen in unserem Zimmer gelandet und für jemand ganz anderen bestimmt gewesen war, für ein blondes Mädchen aus der Lochkartenabteilung, das, soviel ich mich erinnere, Eva hieß. Wir haben uns einen Spaß gemacht, verstehen Sie, einen Aprilscherz, es war wie heute der 1. April. Fräulein Osten ist vom Diktieren zurückgekommen und hat den Strauß gesehen, sie hat uns gefragt und wir haben geantwortet, aber sie hat uns nicht verstanden, es war da eine Maschine, die ratterte vor den Fenstern, in der Nachbarschaft wurde ein Haus gebaut. Schließlich haben wir ihr einen Namen genannt, den Namen eines Prokuristen, eines Herrn Zinn, den Brutta nicht leiden konnte, und am Ende haben wir ganz laut gerufen, April, April. Aber das hat Fräulein Osten nicht mehr gehört. Sie ist gleich weggelaufen und nach der Mittagspause ist sie nicht mehr wiedergekommen. Später hat die Polizei nach ihr gesucht, auf dem Weg zum Park hat sie ein Kind über die Straße geführt, sie hat auch mit einer Dame gesprochen, dieses Kind und die Dame haben sich erinnert und im Park hat ein Gärtner sie gesehen. Sie ist aber trotzdem niemals gefunden worden, auch nicht ihre Leiche auf dem Grunde des Teiches, und natürlich haben wir uns die größten Vorwürfe gemacht.

Vielen Dank, sagte Brutta, und Fräulein Seiferts Mutter ging in das Zimmer, ohne sich noch einmal umzusehen. Man konnte ihr anmerken, wie peinlich es ihr war, diese Geschichte zu erzählen, die sie, wie Brutta meinte, gewiß erfunden hatte, weil man ihr sonst hätte kündigen müssen. Aber das ließ sie sich nicht gefallen, eine kleine Verspätung ist kein Kündigungsgrund, und es sollte alles seine Richtigkeit haben, auch wenn Brutta jetzt heiraten würde und keine Stellung mehr brauchte. Herr Zinn, dachte sie, er hat zum Fenster hinausgesehen und auf mich gewartet, ich werde ihn fragen, vielleicht hat auch er das Zimmer gewechselt, aber das weiß der Portier. Sie ging die Stiegen hinunter, der Portier war nicht mehr in seinem Glashäuschen, er stand draußen auf den Stufen und nahm große Kränze entgegen. Der Lieferwagen eines Blumengeschäftes hielt vor dem Portal, es war dasselbe Geschäft, in dem der Blumenstrauß von heute mittag gekauft worden war, das goldene ausgezackte Schildchen war ganz groß auf die Seite des weißen Wagens gemalt. Die Kränze waren aus Tulpen und Narzissen, jungem Birkenlaub und Sumpfiris, sie trugen große seidene Schleifen und auf den Schleifen stand in Goldbuchstaben, unserem lieben Walter Zinn, unserem verehrten Direktor Zinn.

Wirklich, für Herrn Zinn, fragte Brutta erstaunt und der Portier sagte, ja, und dann fügte er hinzu, da sind Sie ja immer noch, und sah Brutta mißtrauisch an. Brutta wandte sich ab, an allen Pfeilern hingen jetzt Spiegel, auch dort, wo sie stand, hing einer, in dem sah sie eine kleine alte und altmodisch angezogene Dame, die eben ganz leise hereingekommen und hinter sie getreten sein mußte. Es war aber, wie sich herausstellte, niemand hereingekommen und neben sie getreten, sie war mit dem Pförtner allein.

Das Inventar

Das Meer war bewegt und gläsern grün, in der Nähe des Strandes überaus schmutzig, voll Pflanzenfasern, Holzstückchen, Küchenabfällen, in der Ferne zeigten sich weiße Wellenkämme, hochaufgebäumt und strahlend rein. Der Strand war, wie immer nach einem Sturm, eine wahre Dreckwüste, der Sand unordentlich hin- und hergerissen, am Strandhafer und an den niederen schwarzgrünen Gebüschen zerrte der Wind, zerknitterte Zeitungsblätter und Leinwandfetzen riß er ihnen aus dem Haar. Joseph oder wie er hier genannt wurde, Pino, stand am Fenster und verzog angewidert das Gesicht. Die Leute hatten recht, daß man hier im Winter nicht wohnen konnte, Wind war immer und der Wind machte verrückt. Pino horchte auf die Schritte seiner Schwägerin, die sich noch im Vorzimmer zu schaffen machte. Als er sie die Haustüre hinter sich zuschlagen hörte, lief er in die Küche, sah aus dem Fenster, ob sie sich auch wirklich entfernte. Ja, das tat sie, auf ihren Stöckelabsätzen lief sie, ohne sich noch einmal umzusehen, an den häßlichen kleinen Wildwesthäuschen hin. Pino seufzte erleichtert, aber als er ins Zimmer zurückkam, sah er auf dem Tisch die weißen Bogen, die sie ihm hingelegt hatte, auch Stifte, sogenannte Kugelschreiber, die er jetzt erst neugierig untersuchte. Einer hatte eine schwarze Mine, einer eine rote, auch ein Lineal war vorhanden und auf dem obersten Blatt stand, in der Klosterschülerinnenhandschrift der Schwägerin und rot unterstrichen, bereits das Wort

Inventar. Das sollte er jetzt machen, der Herr Witwer, wie ein Schuljunge an die Fleißaufgabe gesetzt. Inventar seines Häuschens, das neu vermietet werden sollte, Inventar seiner Ehe, von der er den größten Teil hier verbracht hatte, ein kurzes Stück Sommer, einen Herbst, einen langen Winter, nicht zum aushalten lang. Bitte, wir haben dich gewarnt, Rita aufs Land zu schleppen, jetzt ist unsere Tochter, unsere Schwester tot. Als ob Rita sich etwa ins Wasser gestürzt hätte und nicht von einem Auto angefahren worden wäre, als sie, kopflos wie sie war, aus dem Haus ihm entgegenstürzte. Ihm entgegen, ja, er war gerade vorgefahren, hatte aber, weil er an dem Tag noch einmal wegwollte, auf der anderen Straßenseite geparkt. Nicht wieder daran denken, Schluß damit, das Inventar ist der Schlußstrich, also machen wir das Inventar.

Pino setzte sich an den Tisch. Mit dem Wohnzimmer anzufangen war bequem, da brauchte man nicht hin- und herzulaufen, nur den Kopf nach rechts und links zu drehen. Ein Tisch mit vier Beinen, vier Stühle mit ebenfalls je vier Beinen, eine Lampe mit einem grellroten Seidenschirm, da kam es schon, das Gefühl, wie Lehmklöße essen, den Lampenschirm hatte Rita selbst angefertigt, aus einem Sommerkleid, und das Sommerkleid hatte sie angehabt, als er sie kennenlernte im ländlichen Wirtshausgarten vor der Stadt. Es war ihm nicht recht gewesen, daß sie den Lampenschirm nähte, laß doch, ich kauf dir einen, Pergament, lichtgelb wie Alabaster, und gedacht hatte er, wenn ich schlechter Laune bin, wenn ich das Essen herunterschlinge und in die Zeitung stiere, wird sie mich ansehen und dann den

Schirm und dann wieder mich. Sie wird daran denken, wie er ihre Bekanntschaft gemacht und sie dann in seinem Wagen heimgefahren hatte, alle drei Schwestern, Rita, Livia und Mimi, schwarze Mähnen und weiße Gesichter, große rote Münder, aber Rita war es gewesen, die er hatte wiedersehen wollen und auch wiedergesehen hatte, schon am nächsten Tag. Den Lampenschirm zu nähen hatte sie sich nicht abhalten lassen, hatte getrennt und gestichelt und glühende Bakken bekommen, vor Eifer und Glück. Ja, das war die Zeit, als das Häuschen noch neu war, das Meer neu, und am Strand, ganz dicht an den Wellen hin, waren sie gewandert, einander festhaltend und loslassend, nur um sich wieder zu umschlingen. Schöne Rita, allerliebster Pino, sieh nur, der Mond wirft unsere Schatten über den Strand. Der Mond wirft Schatten, die Sonne wirft Schatten, in der Morgensonne sollte Rita schwimmen lernen und lernte es nicht, sie verschluckte sich, strampelte, hing an seinem Hals wie ein Mahlstein und hätte ihn einmal fast erwürgt vor Angst. Am Strand waren ein paar junge Amerikanerinnen, die wurden ihr als Beispiel vorgehalten, wie sie mit ihren Freunden auf die Fischjagd gingen, Kopf unter Wasser und schwarze Flossen an den Füßen. Auch Rita bekam damals Flossen gekauft, die lagen noch im dritten Zimmer, einer Art von Rumpelkammer, dorthin ging Pino jetzt mit seiner Liste und trug ein, was da herumstand und herumlag, die Nähmaschine, das Holzgestell mit den Harpunen, das riesige bleichgrüne Gummipferd, das, noch aufgeblasen, sich bei seinen Schritten bewegte. Pino nahm die glatten schwarzen Flossen in die

Hand, über die hatte es zum ersten Mal Streit gegeben. Was soll ich mit einer Frau, die vor allem Angst hat, die wie auf Entenfüßen am Strand entlangwatschelt, die niemals allein bleiben will. Du hast mich so gewollt, hatte Rita gesagt, nicht trotzig, nur traurig und hatte damit tausendmal recht gehabt. Das gerade hatte er gewollt, eine Zarte, Hilflose, nur daß er es bald nicht mehr ertragen konnte. Man kann etwas nicht ertragen, und hat es doch gewollt, so wird man hin- und hergerissen, auch die modernen Frauen, die kühnen Schwimmerinnen, sind unerträglich, ein rechthaberisches Gesindel, eine Pest. Rita hatte nie recht haben wollen, im Gegenteil, sie war immer schuldbewußt gewesen, auch wenn er seine ganz persönlichen Sachen verlegt hatte und sie nicht mehr finden konnte. Sie hatte Angst vor ihm gehabt, die ganze Zeit über war er für sie der fremde Mann geblieben. Schutz war nur in der Familie, bei Mama und den Tanten und den Schwestern und der Bedienerin und der Bedienerin der Bedienerin, dort wo er auch zuerst mit ihr gewohnt hatte, aber das war fürchterlich gewesen, nicht zum Aushalten, das Familiengeschnatter, die Frauenwirtschaft, komm Rita, wir suchen eine Wohnung, und wenn wir keine finden, ziehen wir hinaus an den Strand. Und mitgezogen war das Lämmchen, weiß Gott wie ungern und war mit schwarzen Entenfüßen den Strand entlanggewatschelt, ohne sich ins Wasser zu trauen, war immer sanft und geduldig gewesen und hatte nur einmal aufbegehrt – so hast du mich gewollt.

Pino warf die Flossen in die Ecke, das Seepferd schwankte und zitterte, und draußen riß der Sturm das

Sonnensegel an seinen rostigen Ringen hin und her. Was will man alles, eine Sanfte, die zu Hause sitzt und wartet und dich bewundert von morgens bis Mitternacht, und eine Kühne, Verächtliche, die den Wagen nimmt und wegfährt, eine Fischjägerin und Männerjägerin, die niemals auf den Gedanken käme, aus alten Sommerkleidern Lampenschirme zu nähen. Pino ging ins Schlafzimmer hinüber, da glaubte er Rita auf dem Bett liegen zu sehen, weißes Gesicht im weißen Laken, grün überschimmert von den geschlossenen Läden her. Es war aber nur das Kissen, das sich so merkwürdig gefaltet hatte und auf dem dunkle Wollreste wie schwarze Locken lagen. Pino fegte die Wollsträhnen auf den Fußboden, nahm die Liste auf die Knie und wollte aufschreiben: ein Doppelbett, eine Kommode, und dachte dabei, es ist doch alles gar nicht wahr. Es ist nicht möglich, und doch hat er selbst Rita in der Leichenkammer des Krankenhauses gesehen. Er hat sie gesehen, er hat sie nicht sehen wollen, er hat sich gesträubt, aber ihr Bruder Gianni ist dabeigestanden und hat ein drohendes Gesicht gemacht und wahrscheinlich hat er sogar die Hand in der Tasche zur Faust geballt. Also ist er an die Bahre getreten, aber mit halbgeschlossenen Augen, um Ritas Gesicht nicht zu sehen, nur ihren zugedeckten Körper und die Hand mit dem Ring.

Pino, auf dem Bett sitzend und die Stirne gegen die Schnörkel des gußeisernen Kopfendes gelehnt, griff in die Tasche und zog den Ring heraus, den kleinen Rubin in einem Kränzchen von Brillanten, den er seiner Frau zur Hochzeit geschenkt und an jenem Tage vom Finger gezogen hatte, und warum eigentlich, doch nicht, weil er der Nonne, dem Totengräber mißtraute? Was hat er mit dem Ring gewollt und was will er jetzt mit ihm, ihn ins Meer werfen und ein Kind findet ihn eines Tages und steckt ihn ans Fingerchen, das glitzernde Glas.

Pino drehte den Ring, ließ den Stein aufblitzen in den Lichtstrahlen, die noch aus den Ritzen des Fensterladens fielen. Ja, dachte er, ins Meer werfen, heute abend vor dem Weggehen und Nicht-mehr-Wiederkommen und eigentlich war er schon fertig und konnte wegfahren, weiß Gott, wo die Schwägerin so lange blieb. Die Schwägerin Livia, das Lämmchen Nr. 2, und eigentlich war es merkwürdig, daß sie zu ihm herausgekommen war, ein junges Mädchen zu einem Witwer, so etwas gehörte sich hier nicht. Vielleicht wollten sie ihm auf die Finger sehen, dem Geizhals, der auch noch den Ring haben mußte, der ein Inventar machte und Ritas Sachen verhökerte, und wer weiß, ob er Rita nicht in die Verzweiflung getrieben hatte und in den Tod.

Pino steckte den Ring in die Tasche zurück und zog den Rolladen auf, es war jetzt schon dämmerig, der Sand fahl, das Zottelhaar auf den Dünen nachtschwarz, drei schwarze Büsche, drei Schwestern mit schwarzen Haaren, im Gras hatten sie gesessen mit der Mutter und den Tanten und er war hinübergegangen und hatte sich vorgestellt, ein Fremder, ein Heimatloser, und hatte sich angenehm gemacht und sie hatten ihn aufgenommen wie den verlorenen Sohn. Aber jetzt, wenn es zu einer Gerichtsverhandlung kam, würden sie alle gegen ihn aussagen. Alle würden sagen, daß er Rita schlecht behandelt habe und daß er schuld an ihrem Tode sei.

Pino wartete und sah den Papierfetzen zu, die der Wind über die öde Sandfläche trieb. Niemand kann etwas sagen, dachte er, und Rita hat sich gewiß nicht beklagt. So eine war sie nicht gewesen, die nach Hause lief und jammerte, und was hatte sie schon auszustehen gehabt als ein bißchen Langeweile, vielleicht ein bißchen Angst, wenn es dämmerte und er schon längst zu Hause sein sollte, aber immer noch nicht nach Hause kam. Ein bißchen Einsamkeit und Angst, aber auch das nicht lange, weil dann schon Livia herausgekommen war, ihr Gesellschaft zu leisten. Du hast doch nichts dagegen, und er hatte sehr viel dagegen gehabt, aber nichts gesagt. Man hatte für Livia ein Feldbett aufgeschlagen, bei den Harpunen und Flossen und dem wippenden Seepferd, und in Ermanglung eines Schrankes hatte sie ihre Nylonwäsche über das Angelgerät gehängt. Sie war immer wiedergekommen, jede Woche ein paar Tage, und wahrscheinlich hatte sie ihn und Rita unaufhörlich beobachtet, an den dünnen Wänden horchend und durch die Türritze spähend, mit ihren feuchten schwarzen Augen, die den Augen Ritas so ähnlich sahen. Sie hatte wohl mehr als einmal gesehen, wie er sich von Rita verabschiedete, kalt, gleichgültig, nur darauf bedacht, wegzukommen, die Straße hinunter zum Pinienwald, da war er allein, da war er frei. Und natürlich war sie auch gerade ins Zimmer getreten, als Rita ihn zum hundertsten Male fragte, liebst du mich denn nicht mehr, und er hatte ungeduldig geschrien, nein, nein, und Rita waren die Tränen gekommen, immer mehr Tränen, die stürzten ihr über das wachsblasse Gesicht.

Es war jetzt schon ziemlich dunkel, und vor Pinos Augen verwandelte sich das kleine Schlafzimmer in eine Gefängniszelle, in der er sein Urteil abzuwarten hatte und aus der er nicht mehr herauskommen würde, auch zur Gerichtsverhandlung nicht. Die Gerichtsverhandlung wurde durch Lautsprecher übertragen, man hatte sie auf Band genommen und das Band wurde abgespielt, während draußen die Lastwagen ratterten und der Wind heulte und pfiff. Hören wir nun die Zeugen, sagte der Richter, und er hörte den Schwager Gianni und die Nonne, die von dem Ring sprachen, und Livia, die von Ritas Tränen erzählte. Dann hörte er die Stimme des Richters, die seine eigene war und die ihm wegen Lieblosigkeit das Urteil sprach. Und er staunte, und dachte, was ist daran Besonderes, sind wir nicht alle lieblos, und sagte mit der Stimme des Richters, wir sind alle verurteilt und zu lebenslänglicher Haft. Indem aber hörte er die Haustüre aufgehen und die Schwägerin kommen. Er hob ihr die Hände entgegen, als seien sie mit Handschellen gefesselt, und war überzeugt, sie träte jetzt vor ihn hin und spiee ihm ins Gesicht.

Aber das tat Livia, die sich bei der Kaufmannsfrau verschwatzt hatte, natürlich nicht. Sie fragte, warum sitzt du im Dunkeln, und sah auf den fremden Mann hinunter, den sie in ihre Familie aufgenommen hatten und der jetzt wieder seiner Wege gehen würde, und weil er so unglücklich da hockte, fuhr sie ihm mit der Hand übers Haar. Hast du die Liste gemacht, fragte sie dann, wollen wir jetzt einpacken, deine Sachen, alles was nicht verkauft werden soll. Sie drehte das Licht an und ging hin und her, legte die Handkoffer auf die Betten und suchte Pinos Schuhe und seine Schuhsäcke zusammen. Hast du bemerkt, fragte sie, der Wind hat sich gedreht, der Frühling kommt. Pino hockte noch immer in der Gefängniszelle, aber jetzt stand er auf und ging durch die Wand, ganz glatt und ohne einen Widerstand zu spüren ging er auf die Terrassentüre zu. Er machte die Tür auf und der Wind fuhr warm ins Zimmer, ein wenig Mondlicht lag auf den Wellenkämmen weit draußen und die dünnen Blätter des Inventars trieben sich wie gespenstische Möwen im Zimmer herum. Livia versuchte sie einzufangen, aber er sagte, laß doch, es ist nicht mehr nötig, ich ziehe nicht aus, ich verkaufe die Sachen nicht. Nicht, wieso nicht, fragte Livia erstaunt und trat zu ihm auf die schmale Terrasse, und er griff nach ihren Fingern und steckte ihr Ritas Ring an die Hand. Lebenslänglich, sagte er, und sie hielt das Wort für die sprachliche Ungeschicklichkeit eines Fremden und fragte, soll ich deine Frau sein, erstaunt, aber nicht beleidigt und versuchte, in dem schwachen Mondlicht den Ausdruck seines Gesichts zu erkennen.

Später packten sie zusammen die Koffer wieder aus und Livia holte Reste aus dem Kühlschrank und stellte so etwas wie eine Mahlzeit her. Pino sprach die ganze Zeit mit einer sanften gleichmütigen Stimme und Livia fragte verwundert, liebst du mich denn, über die Platte mit den Mortadellascheiben hinweg. Pino antwortete nicht, er fragte nur, ob es Livia auch nicht zu einsam würde hier draußen, und Livia sah ihn an mit Ritas Augen, schwarz und weich wie pelzige Falterflügel, und schüttelte den Kopf. Ich werde kochen, sagte sie, ich werde nähen, Vorhänge aus Seide, und wenn ich mich langweile, wird meine Schwester Mimi herauskommen und mir Gesellschaft leisten. Einen Augenblick lang wollte Pino lachen, laut und höhnisch, Mimi, das Lämmchen Nr. 3, wippendes Seepferd und rosa Wäsche über den Angelschnüren, leise laufendes Tonband, liebst du mich denn nicht mehr, nein, nein. Aber dann lachte er nicht, sondern nickte nur, stützte seine Arme auf, legte den Kopf in die Hände und schwieg.

Silberne Mandeln

Das Programm des feierlichen Tages stand schon seit Wochen in allen Einzelheiten fest. Messe und besonderer Segen für die Silberbrautleute, danach zu Hause die Gratulationen, großes Betrachten der Geschenke, Anbieten von Wermut und Gebäck, wenn alle beisammen sind, Abfahrt in die Campagna auf das Gebirge zu. Mittagessen in Albano, Leute, die jung geheiratet haben, sind auch bei der Silberhochzeit noch nicht alt, haben keine grauen Haare, keine Kreislaufstörungen, die ihnen das gute Essen und Trinken verbieten. Also wird man jetzt Spaghetti alla Bolognese essen, aber vorher noch Antipasto, scharfe rote Wurstscheibchen, Oliven, gesalzenen Lachs. Danach Pollo alla Cacciatore, zerhackte Hühner mit viel scharfem rotem Paprika, Kalbfleisch in Kapernsoße, schließlich Zuppa inglese, diesen Biskuitkuchen, der mit Rum durchtränkt ist wie ein nasser Schwamm, Kaffee und dazu Silbermandeln, nicht zu vergessen den Wein, verschiedene goldgelbe Castelliweine und Süßweine und Astispumante und mit dem Kaffee wird man den Wein unschädlich machen, und mit dem Wein den Kaffee. Nach dem Essen, das gewiß einige Stunden in Anspruch nehmen wird, wird man auf der neuen Touristenstraße um den See fahren, auch irgendwo aussteigen und zu Fuß gehen, wenn das Wetter gut ist, aber warum sollte es nicht gut sein im Monat Mai. Einige Schritte auf einem Waldweg, mit den Kindern Ball spielen, ein Kofferradio wird auch mitgenommen, und der Vetter Mauro hat dazu noch ein ganz kleines japanisches, das trägt er in der Hosentasche, und erschreckt damit die Leute, ein Bauchsänger, eine wandelnde Musik.

Nach dem Spaziergang wird es zu heiß sein oder zu kalt, jedenfalls wird man noch einmal einkehren, in Marino, vielleicht auch in Castelgandolfo, dem Sommersitz des Papstes, wo sich dann das letzte Vorhaben des Tages abspielen wird und das wichtigste für Concetta, aber gerade weil es das wichtigste ist, hat sie es nicht auf ihr Programm geschrieben und redet davon nichts. Sie hat nur mit ihrem Beichtvater gesprochen, und der Beichtvater hat telefoniert und gesagt, jawohl, das wäre zu machen, sie müsse sich nur pünktlich einfinden, aber warum auch nicht pünktlich, ein Tag ist lang.

Das Essenbestellen und in dieser gewissen Angelegenheit mit dem Beichtvater Verhandeln, das sind nicht die einzigen Vorbereitungen, die Concetta für ihre silberne Hochzeit treffen muß. Alle Geschenke, die sie im Lauf ihres Lebens bekommen hat, die versilberte Vase, die goldenen Kettchen und Armbänder, die schon so oft ins Leihhaus gewandert und wieder ausgelöst worden sind, müssen glänzend poliert, der Strauß aus Wachsblumen, Tulpen und Narzissen muß abgestaubt, die Fliesen müssen mit Schwefelwasser gewaschen werden, schon flattert das durchbrochene und gestickte Tischtuch mit den dazu passenden Servietten frisch gewaschen auf der Dachterrasse im Wind. Der Schmuck, den Concetta an diesem Tage zu tragen gedenkt, darf nicht aus eigenem Besitz stammen, es läge sonst zu wenig auf dem Gabentisch, den die Verwandten und Bekannten bestaunen sollen, silberne Hochzeit ist nicht wie grüne Hochzeit, da zeigt sich, wie man geschätzt wird und was man den andern wert ist und damit sich selbst. Also macht Concetta, sobald sie das Tischtuch und die Servietten zum Trocknen aufgehängt hat, einen Rundgang, eine Rundfahrt vielmehr, jetzt mit der Circolare, jetzt mit dem Autobus, jetzt wieder mit der Elektrischen, jetzt ein Stückchen zu Fuß. Die Damen, bei denen Concetta früher einmal aufgeräumt oder Wäsche gewaschen hat, sind alle zu Hause, was für eine Freude, Concetta, und silberne Hochzeit, und schon wird der Tag in roten und grünen Kalenderchen notiert. Concetta lädt ein, in die Kirche, zum Gratulationsempfang, sie überschlägt in Gedanken die Geschenke, die zu erwarten sind, sie fragt nach den Kindern, den Brüdern, den Schwestern, sie geht noch nicht. Sie kennt die Schmuckkästchen der Damen, feine Lederetuis mit Samteinlage, oder auch nur Seifenschachteln mit rosa Watte, und könnte sie nicht etwas geliehen bekommen, ein Stück nur für ihre Silberhochzeit, hier das Madönnchen am Goldkettchen, hier das glatte Schlänglein mit den Rubinaugen, hier das Armband aus Filigran. Die Damen sind freundlich, sie leihen gerne, warum denn auch nicht. Leb wohl, Concetta, viel Glück Concetta, und Concetta, die das sorgfältig in Seidenpapier gewickelte Schmuckstück in ihrer tiefen Handtasche hat verschwinden lassen, läuft die Treppe hinunter und dem nächsten Verkehrsmittel zu. In der Innenstadt geht sie noch zu dem Konditor, der Spezialist für Hochzeitsmandeln ist. Die niedlichen Gefäße, in denen das Zuckerwerk an alle Gratulanten verschenkt wird, werden von ihm gleich mitgeliefert, Concetta soll aussuchen und gerät in Verzweiflung, weil sie eines so schön findet, das mit Rokokodämchen bemalt ist, aber sie entscheidet sich am Ende vernünftig für das preiswerte aus dickem übersponnenem Glas. Schließlich sind sie arme Leute, die Druckerei, in der ihr Mann arbeitet, zahlt nicht viel, erst seit der siebzehnjährige Paolino mitverdient, geht es ihnen besser. Erst seitdem haben sie statt des einen Zimmers die Wohnung, in der sich freilich außer den Betten, dem Schrank und der Fernsehtruhe so gut wie nichts befindet, so daß man für den Festtag auch noch Möbel ausleihen muß. Von dem Süßwarengeschäft fährt Concetta direkt nach Hause, wo auf der Treppe schon die Schneiderin wartet, keine richtige natürlich, sondern eine Bekannte, die nähen kann. Die goldbraune Seide zum Festkleid ist ein Geschenk von Concettas letzter Dienstherrin, die aus diesem Grunde, also aus reiner Vornehmheit, von der Liste der Schmuckverleiherinnen gestrichen worden ist. Bice, sagt Concetta, komm herein, ich bin tot, ich ersticke, und reißt sich die Schuhe ab, aus denen ihre Füße quellen, und zerrt sich den Hüftgürtel vom Leib. Sie trinkt ein Glas Wasser, jetzt schon so eine Hitze, und wie soll das noch werden, bis zum Donnerstag, und Bice, jetzt will ich es dir zeigen, das große Geschenk. Das große Geschenk hat Concetta selbst gekauft, es liegt hinter Francos Socken im Kleiderschrank, Concetta legt es sich einen Augenblick auf die nackten schwitzenden Schultern, sie steht schon im Unterrock, zur Anprobe bereit. In der Abendsonne, die durch das Fenster in den Spiegel fällt, leuchten die Marderfellchen und Concetta streichelt mit nassen Fingern das stark nach zoologischem Garten riechende goldene Haar. So heiß muß es ja nicht werden, es kann auch ein Gewitter geben, es kann regnen, einmal hat es im Mai sogar geschneit. Das fehlte noch, sagt Bice, den Mund voller Stecknadeln, und Concetta seufzt und legt den Pelz mit den aneinandergenähten Köpfchen beiseite. Das Wetter läßt sich nicht voraussagen, das Wetter macht Gott.

Gott macht das Wetter, er braut am Silberhochzeitstag einen zünftigen Scirocco, eine Dunstglocke voll zitternder Hitze, aber am Morgen ist das noch nicht zu bemerken, am Morgen geht alles gut. Die Gäste werden um neun Uhr abgeholt, vorher gibt es noch ein langes Verhandeln, drei Taxis mit je acht Insassen, die Polizei will das nicht haben, aber die Strafe ist billiger als ein weiteres Taxi, und wer weiß, vielleicht begegnet man keinem Polizisten, und wer weiß, vielleicht drückt der Polizist ein Auge zu. In der Kirche spielt die Orgel das Ave Maria, Concetta und Franco knien ganz vorne, Franco in seinem guten blauen Anzug und Concetta in der braunen Seide mit Jäckchen, die Marderköpfchen auf dem Rücken, die Fellchen rechts und links auf die Brust fallend, wie die Zöpfe, die sie als Mädchen trug. Die Orgel spielt auch noch den Hochzeitsmarsch aus dem Lohengrin, und währenddem spricht der Geistliche leise und eindringlich auf die von ihm neu Vermählten ein. Concetta hört zu, freundlich und ein wenig geringschätzig, macht sich Sorgen, ob zu Hause der Eismann gekommen ist und ob ihre vierzehnjährige Tochter Nanda nicht wieder unter ihren Kopfschmerzen zu leiden haben wird. Sie denkt auch, das hier ist schön, aber was ich weiß, wird noch schöner, eine Überraschung für alle, wer hat das, wer kann das, ich bin auf den Gedanken gekommen, ich. Daheim ist der Gabentisch aufgebaut und erregt Bewunderung, die Blumen der Gäste werden ins Wasser gestellt, weißer Flieder, denkt Concetta, zweitausend Lire, elf rote Rosen fünfzehnhundert, ein Sträußchen Calendula, schäbig genug. Der Himmel hat sich umzogen, es ist schwül geworden. Die Gäste trinken Wermut mit Sprudelwasser, auch Franco und Concetta trinken und stoßen mit allen an. Der Sohn Paolino ist ein junger Mann, läßt sich unwillig abküssen, die Tochter Nanda verteilt die Glasschälchen mit den Silbermandeln, Concettas Brüder bekommen schon jetzt rote Gesichter und werden laut. Um 11,30 Uhr stehen die drei Taxis wieder vor dem Hause, alle drei sind mit Rundfunkempfängern ausgestattet, in allen dreien hört man dieselbe Musik, Musik zur Mittagsstunde, ein paar Lieder vom Festival in Nizza, die schon bekannt sind und mitgesungen werden, so laut, daß Concetta die Ohren gellen. Auf dem Weg nach Albano, der dadurch abwechslungsreicher gestaltet wird, daß auf Geheiß der Fahrgäste die Chauffeure mitten in dem hektischen Verkehr der Ausfallstraße ein Wettrennen veranstalten, wird zweimal gerastet und in ländlichen Osterien Wein getrunken. Man fährt auf der Via Appia, der Jasmin hinter den Gartenmauern blüht. In einer der Wirtschaften wird photographiert, das Silberpaar allein und mit den Kindern und mit den Verwandten, und Concetta achtet darauf, daß auf der Photographie auch aller Schmuck zu sehen ist, das Madönnchen, die goldene Schlange, die Korallenohrringe und das Armband aus Filigran.

Beim Essen in Albano sitzt man fast drei Stunden. Paolino hält etwas verlegen eine kleine Rede auf seine Eltern, Nanda kichert, Concettas Brüder haben ihre Frauen ausgetauscht und blasen ihnen weinfeuchte Küsse ins Ohr. Wenn ihr wüßtet, denkt Concetta, zwischen Kalbfleisch und süßer Speise, wenn ihr wüßtet, was uns noch erwartet, und trinkt etwas weniger als die andern, ißt aber von allen Gerichten, schwillt rund herum an und kann doch hier den Hüftgürtel nicht ausziehen, nur die Lackschuhe heimlich unter dem Tisch. Gegen vier Uhr drängt sie zum Aufbruch, jetzt soll der Spaziergang gemacht werden, und er wird auch gemacht, hoch über dem unheimlichen Auge des Sees. Die kleinen Neffen und Nichten sollen Ball spielen, wollen aber nicht, erst eine Schafherde reißt sie aus ihrem Verdauungsstumpfsinn, da rennen sie den Schafen nach und sind nicht mehr zu sehen. Die Männer haben sich auf eine Felsplatte gesetzt und spielen Karten, die Vögel im jungen Kastanienlaub singen wie toll. Concetta auf ihren hohen Lackstöckeln muß den Kindern nachlaufen, Nanda hat nun wirklich ihr Kopfweh und macht sich am Bächlein Kompressen, alle andern machen nur Dummheiten, Concetta läuft und läuft und die kleinen Marderpfoten klopfen ihr auf die Brust. Laß doch, ruft die Schwägerin, wir haben nichts zu versäumen, aber Concetta weiß, daß sie doch etwas zu versäumen hat. Sie rennt und schreit, kommt ihr kleinen Schätzchen, und schmutzig und außer Atem trotten die kleinen Schätze endlich an ihrer Hand zum

Taxi zurück. Was für eine Hitze, sagen die Erwachsenen, die auch einsteigen, was für ein Durst. Auch Concetta hat eine trockene Kehle und große feuchte Flecke unter den Achseln. Jetzt muß man noch den Kuckucksruf zählen, ach er ruft unermüdlich, kein Ende des Lebens, kein Ende des Glücks. In Marino wird wieder haltgemacht und ausgestiegen und Wein getrunken und erst dieser Wein steigt Concetta zu Kopf. Sie steht auf und torkelt, alle machen ihre Späße mit ihr. Sie setzt sich wieder hin und weiß nichts mehr, nicht wie sie alle an diesen langen Tisch in der Laube gekommen sind, nicht warum sie jetzt singt und mit ihrer Hand mit dem Schlangenring den Takt schlägt, nicht warum der See vor ihren Augen aufsteigt und wieder zurücksinkt, auf und nieder, und die Kinder werfen silberne Mandeln über den Tisch. Concetta hat das Gefühl, etwas tun zu müssen, etwas sehr wichtiges, aber sie kann sich an nichts erinnern, sie ist mit einem Mal so müde und spielt mit ihren Zöpfen, Franco, den sie schon als Buben gekannt hat, hat sie ihr einmal fest um den Hals geschlungen, wart nur, jetzt erwürge ich dich. Damals war auch Frühling, rief auch der Kuckuck, meine Zöpfe haben Krallen, kleine scharfe Krallen und übel ist mir, ich muß mich übergeben, steh auf, Concetta, geh ins Haus. Sie steht nicht auf, die Übelkeit geht vorüber, dafür rollen ihr jetzt die Tränen über die Backen, weil sie plötzlich weiß, was sie noch vorgehabt an dem Tag, das letzte, das eigentliche, die Überraschung, aber sie weiß auch, es kann nichts mehr daraus werden, ihre Füße hängen klein und schwach an den mächtig angeschwollenen Beinen und tragen sie nicht.

Auch die andern lehnen jetzt über den Tisch mit verquollenen Mondgesichtern, nur ein paar hundert Meter wären es gewesen bis zur Villa, nur hundert Schritte zum Balkon, von dem aus der Heilige Vater heute den Segen erteilte, für ausländische Pilger, gewiß. Aber Concetta hatte eine Sondererlaubnis, der Papst hätte sie gesegnet und Franco und Paolino und Nanda, mit seinem Segen an diesem Tage wären sie hundert Jahre alt geworden und immer gesund geblieben, Paolino und Nanda hätten geheiratet und ungezählte Söhne bekommen. Aber nun wurde es schon dunkel, kein Einlaß mehr in den Hof, und der Segen längst vorbei.

Was hast du, Mammina, fragt Nanda, und die Schwägerinnen rufen, sie weint, man muß ihr Kaffee bestellen, oder willst du ein Eis?

Wir fahren nach Hause, sagt Franco, und schon brechen alle auf, pferchen sich in die Taxis, die weinende Concetta kommt zwischen ihren Mann und ihre Schwägerin Rosa zu sitzen, sie hört nicht auf zu schluchzen, und als die drei Autos sich in Bewegung setzen, fängt sie sogar an zu schreien. Sie hat jetzt furchtbare Visionen von dem, was geschehen wird, von entsetzlichen Krankheiten, denen sie und Franco unter Qualen erliegen werden, Nanda wird geschändet, Paolino auf seiner Vespa von einem Lastauto zermalmt. Die Stadt, von der Atombombe vernichtet, liegt in Trümmern, die in ihrem Kalender abgebildeten Apokalyptischen Reiter galoppieren in den Wolken über die Schutthalden hin.

He, sei still, schreit Franco, er hat die feinen Bräutigamsmanieren abgelegt und fühlt sich wie ein Mann, der mit Männern getrunken hat, erhaben über alle Frauen der Welt. Die Taxis rollen die albanischen Hügel hinunter, man sitzt eng und heiß, streitet und tut bald auch das nicht mehr, die fuchtelnden Hände kommen zur Ruhe, die Köpfe sinken irgendwohin, auf eine schweißnasse Schulter, auf die eigene Brust. So kommt es, daß außer den Fahrern, die an einer Kreuzung plötzlich angehalten werden, von der ganzen Hochzeitsgesellschaft niemand sieht, was da, von Polizistenarmen abgeschirmt, vorübergleitet: Zwei Motorradfahrer mit weißen Helmen, dann eine schwarze Limousine, die ganz mit weißer Seide ausgeschlagen und von innen erleuchtet ist, und darin der ebenfalls weißgekleidete müde alte Mann, der durch die nachtschwarze Campagna nach Rom zurückfährt und der von Zeit zu Zeit seine Hand zum Segen erhebt.

Der Schriftsteller

I.

Vor etwa 14 Tagen habe ich den Entschluß gefaßt, etwas zu lassen und etwas anderes zu tun. Meiner Frau habe ich von meinem Vorhaben nichts mitgeteilt und sie hat auch nichts davon bemerkt. Sie kommt oft unversehens in mein Arbeitszimmer, gerade eben war sie wieder da. Ich habe gehört, wie sie die Türe ihres Zimmers aufgemacht hat und über den Korridor gegangen ist, und natürlich habe ich meine Vorbereitungen getroffen. Ich habe ein bereits halb beschriebenes Blatt vor mich hingelegt und in dem Augenblick, in dem meine Frau ins Zimmer trat, dem Geschriebenen zwei oder drei Worte hinzugefügt. Da ich einen Kugelschreiber benütze, ist ein Unterschied zwischen der alten und der neuen Schrift nicht festzustellen. Außerdem kontrolliert meine Frau mich nicht. Sie kommt nur herein, um zu fragen, ob ich einen Espresso trinken will oder einen Schnaps, oder ob ich vielleicht Kopfschmerzen habe und eine Tablette brauche. Sie legt mir die Hand auf die Schulter und ich sage, ja, liebes Kind, oder, ist was? Und an dem Ton, in dem ich das sage, merkt meine Frau gleich, ob sie stört oder ob ich mich freue, eine kleine Pause zu machen. Wenn ich, wie eben, ungeduldig antworte, zieht sie sich sofort zurück. Sie ist nicht gekränkt, sondern zufrieden, daß ich, wie sie meint, mit meiner Arbeit so gut weiterkomme. Daß ich überhaupt nicht mehr arbeite, weiß sie nicht.

2.

Vor kurzem war ich, angeblich um an einem Schriftstellerkongreß teilzunehmen, einige Tage verreist. Meine Frau hatte mich an diesen Kongreß erinnert und meinen Handkoffer gepackt. Sie selbst pflegt bei solchen Anlässen zu Hause zu bleiben. Sie hat die Vorstellung, ein Mann brauche das Alleinsein, wenigstens von Zeit zu Zeit, fürchtet wohl auch, mich bei etwaigen Gesprächen mit meinen Kollegen zu stören. Daß es zu solchen Gesprächen bei Tagungen beinahe nie kommt, glaubt sie nicht, und jedesmal, wenn ich von einer derartigen Reise zurückkomme, fragt sie, wie war es mit dem und mit dem, und will eine Menge erzählt bekommen. Auch gestern, als sie mich auf dem Bahnhof abholte, fing sie gleich zu fragen an. Da ich ihr aber nichts anderes als, es war wie immer, zur Antwort gab, wurde sie still, sie nahm wohl an, daß ich von der langen heißen Reise erschöpft oder aus irgendeinem Grunde in schlechter Stimmung sei. Als sie mit ihren raschen kräftigen Schritten vor mir auf die Sperre zuging, kam ich zum ersten Mal auf den Gedanken, ihr die Wahrheit oder doch einen Teil der Wahrheit zu sagen. Hör zu, sagte ich, ich war nicht bei der Tagung, ich hatte keine Lust. Ich bin unterwegs ausgestiegen und bin mit der Kleinbahn weitergefahren, zwei oder drei Stationen weit. Dort, wo ich den Zug verlassen habe, war nichts als ein Bahnhof und eine Bahnhofswirtschaft, der Ort lag drei Kilometer von der Station entfernt, und ich habe ihn nie gesehen. Ich bin in der Bahnhofswirtschaft geblieben, man hat mir dort auch ein Zimmer gegeben. Ich habe die Tage in der Wirtsstube zugebracht und habe mich damit beschäftigt, Biergläser auszuspülen. Während ich das sagte, sah ich meine Frau von der Seite an, ich erwartete, daß sie sich wunderte oder mir Vorwürfe machte, sie nimmt es mit meinen sozialen Verpflichtungen sehr genau. Sie machte mir aber keine Vorwürfe, sondern fragte interessiert, wie der Wirt gewesen sei, und was die Leute erzählt hätten, die dort ihr Bier getrunken hatten. Der Wirt, sagte ich, war eine Schlafmütze, und mit den Gästen habe ich nicht gesprochen, ich habe nur Gläser gespült. Meine Frau lachte wie jemand, der es besser weiß, sie war offensichtlich überzeugt davon, daß ich auf dieser Reise Studien gemacht oder, wie sie es nennt, Material gesammelt habe. Es wird schwer sein, ihr zu erklären, was ihr erklärt werden muß.

3.

Obwohl ich schon seit vier Wochen nicht mehr geschrieben habe, gibt es doch noch immer zu tun. Es werden Anthologien geplant, in denen die eine oder andere meiner Kurzgeschichten erscheinen soll, bereits zugesicherte Vorträge stehen im Kalender, die verschiedenen Wer-ist-wer's schicken ihre alten Eintragungen, die ich redigieren soll. Außerdem hat ein Schriftsteller, wenn er nicht mehr jung und unbekannt ist, eine Unzahl von Briefen zu beantworten. Wenn ich all diese kleinen Arbeiten erledigt habe, beginne ich in meinem Zimmer auf und ab zu gehen, oft verlasse ich auch das

Haus, um Zeitungen zu kaufen oder um durch die Straßen zu gehen. Ich empfinde es als eine Wohltat, nicht mehr auf alles aufpassen und alles zur Kenntnis nehmen zu müssen, wie das ein Schriftsteller für gewöhnlich tut, ganz unwillkürlich tut. Die Welt ist da, wie immer, aber ich muß sie nicht in meine Fänge bekommen, wie ein alter satter Raubvogel schwebe ich über ihr hin und rühre meine Flügel nicht. Zuweilen, wenn ich nach Hause komme, gehe ich in die Küche und biete meiner Frau an, ihr bei der Bereitung des Mittagessens behilflich zu sein. Ich weiß, daß es für Frauen schwer zu ertragen ist, wenn ihre Männer sich plötzlich um Dinge kümmern, von denen sie im allgemeinen nicht das geringste wissen wollen. Ich rechne es meiner Frau hoch an, daß sie in solchen Fällen die Geduld nicht verliert. Auch heute war sie sehr freundlich und ließ mich Kartoffeln schälen, machte auch am Nachmittag mit mir einen Spaziergang am Fluß, ohne zu fragen, wieso ich Zeit dazu habe, und ob ich vielleicht mit meiner Arbeit nicht weiterkäme.

4.

Daß ich mich immer noch so viel mit meinem früheren Leben, dem eines Schriftstellers, beschäftigen muß, verdrießt mich sehr. Ich habe darum angefangen, einen guten Teil der Post, die ich morgens aus dem Briefkasten hole, besonders Briefe von Verlagen, Rundfunkanstalten und literarischen Gesellschaften, zu unterschlagen. Meiner Frau, der ich meine Antworten in die Maschine zu diktieren pflege, sage ich, es sei nichts oder fast nichts gekommen, was sich mit der sommerlichen Jahreszeit einigermaßen rechtfertigen läßt. Die Briefe zu zerreißen, wage ich nicht. Ich stapele sie in meinem Schreibtisch, den ich jetzt, zum ersten Mal im Leben, verschlossen halte. Die Zeit, die ich durch das Nichtbeantworten der Post gewinne, benütze ich dazu, mich mit meiner Zukunft zu beschäftigen. Ich lese die Zeitung, und besonders aufmerksam jene Seiten der Zeitung, auf denen die Stellenangebote stehen. Es gibt da immer einige Arbeiten, die mich reizen, ja manchmal überkommt es mich geradezu wie ein Rausch, ich könnte dies tun oder jenes, ich habe die Wahl, etwas wie eine neue Jugend bricht für mich an. Natürlich sage ich meiner Frau von meiner Absicht, den Beruf zu wechseln, nichts. Sie muß langsam darauf vorbereitet werden. Vorläufig glaubt sie, daß ich mich in einer Krise, die sie wahrscheinlich als »Schaffenskrise« bezeichnen würde, befinde. Sie geht mit mir um wie mit einem Kranken, wobei es sie nur zu verwirren scheint, daß ich so guter Laune bin.

5.

Gerda, das ist der Name meiner Frau, hat mir heute vormittag einen großen Umschlag voller Zeitungsausschnitte gebracht. Sie hat diese Zeitungsausschnitte über meinem Schreibtisch ausgeschüttet und dazu gelacht wie ein Kind. Ich habe das, hat sie gesagt, für dich gesammelt, es sind Kriminalfälle, aber nicht nur solche, auch menschliche Tragödien, vielleicht wirst du das eine oder andere davon brauchen können. Viele Schriftsteller, und nicht die schlechtesten, haben ihre Stoffe der Tageszeitung entnommen. Ich bedankte mich und Gerda ging wieder, sie nahm wohl an, daß ich mich mit großer Gier auf die Mordfälle und die menschlichen Tragödien stürzen würde, ich habe aber alles gleich weggelegt, und bin auch, obwohl es mir leid tat, meine Frau zu enttäuschen, am Abend nicht mehr auf ihre Sammlung zurückgekommen. Gerda hat ihre freundlichen Bemühungen, mir einen Stoff zu verschaffen, daraufhin keineswegs aufgegeben. Noch am Nachmittag stürzte sie, ohne alle Rücksicht, in mein Zimmer. Ich war dabei, mich in der Kurzschrift zu üben, die ich als Student erlernt, aber längst wieder vergessen habe. Meine Frau achtete auf meine Beschäftigung nicht. Unten, sagte sie erregt, du weißt, auf dem Plätzchen, sitzt ein alter Mann, der von Zeit zu Zeit mit der Hand über sich in die Luft greift, so, als habe er die Absicht, einen dort vorüberfliegenden Vogel oder Schmetterling zu fangen. Es sitzen noch zwei Männer auf der Bank. Arbeiter, die ihre Brote verzehren. Der alte Mann versucht, ihnen etwas zu erzählen, aber sie hören nicht zu. Ich deckte ein paar leere Blätter über meine Kurzschriftversuche und erhob mich, offenbar sollte ich hinuntergehen und mit dem alten Mann sprechen, der über sich in die Luft griff, um dort nicht vorhandene Vögel zu fangen. Natürlich tat ich Gerda den Gefallen, aber ich trödelte auf der Treppe, und als ich hinkam, war, zu meiner Erleichterung, der Mann nicht mehr da. Als Gerda erfuhr, daß ich den Alten nicht mehr getroffen hatte, fing sie fast zu weinen an.

Es scheint, daß sie beginnt, sich um mich große Sorgen zu machen.

6.

Ich habe heute meinen Schwager aufgesucht, um mit ihm über meine Berufspläne zu sprechen. Mein Schwager ist im Vorstand eines bedeutenden Industrieunternehmens, ein Mann der Tat, der von Literatur nichts versteht, und der, abgesehen davon, daß es ihm an Zeit zum Lesen mangelt, wohl auch nicht viel für sie übrig hat. Mein Schwager schien über meinen Besuch erfreut, er sagte, was verschafft mir die Ehre, oder etwas dergleichen, was er wahrscheinlich sogar ernst meinte; seit ich bekannt bin, ist mein Schwager beinahe stolz darauf, mit mir verwandt zu sein. Er bot mir eine Zigarre und den Besucherstuhl an, setzte sich hinter seinen Schreibtisch und sah mir erwartungsvoll ins Gesicht. Ich möchte, sagte ich möglichst obenhin, meinen Beruf wechseln. Ich bin gekommen, um dich zu fragen, ob es in deinem Betrieb eine Verwendung für mich gibt. Mein Schwager, der einige Jahre älter als ich und ziemlich dick ist, wurde so rot, als hätte ich eine unanständige Bemerkung gemacht. Das ist doch nicht dein Ernst, sagte er, wahrscheinlich um Zeit zu gewinnen. Er war aber bereits böse und fing auch gleich an zu schelten oder, wie mein Vater zu sagen pflegte, mir die Leviten zu lesen. Du mit deinen Auflagen, sagte er, mit deinen guten Kritiken, das ist doch Wahnsinn, eine Künstlerlaune, wenn wir uns so etwas erlauben würden, nur weil wir uns über irgend etwas geärgert haben, wo kämen wir da hin, an den Bettelstab. Überhaupt habe ich immer sagen hören, das Schreiben sei gar kein Beruf, sondern eine Berufung, so weit her scheint es damit nicht zu sein. Ich war froh über das Wort, das da gefallen war. Berufen, sagte ich rasch, ja vielleicht, aber doch nicht für immer, möglicherweise nur für eine Zeitlang, und dann wieder entlassen, nur, eine Lebensversicherung gibt es bei dieser Art von Arbeit nicht. Obwohl ich meine etwas feierliche Mitteilung mit einem Scherz beschlossen hatte, lächelte mein Schwager nicht, sondern sah mich mißtrauisch an, er erinnerte sich wohl erst jetzt daran, daß der Satz, mit dem ich mich bei ihm eingeführt hatte, aus zwei Teilen bestanden hatte und daß der zweite Teil eine Frage gewesen war. Schlag dir das aus dem Kopf, sagte er, du kannst weniger als mein jüngster Lehrling, obwohl das noch nicht einmal die Hauptsache ist. Und was ist die Hauptsache, fragte ich, es kam aber in diesem Augenblick die Sekretärin herein, vielleicht hatte mein Schwager, um mich loszuwerden, auf einen der auf seinem Schreibtisch angebrachten Klingelknöpfe gedrückt. Mein Schwager antwortete nicht, er begann Briefe zu unterschreiben, ich konnte ihn nur noch bitten, meiner Frau von unserer Unterredung nichts zu sagen, obwohl mir das in der Gegenwart der Sekretärin sehr peinlich war. Ja, die arme Gerda, sagte mein Schwager und drückte mir die Hand. Er machte ein Gesicht, als kondoliere er meiner Frau zu meinem Ableben, worüber ich auf dem Vorplatz lachen mußte. In gewissem Sinne aber hatte er damit sogar recht, und überhaupt ist er kein dummer Mensch.

7.

Heute rief mich mein Verleger an, um den Titel meines neuen Romans zu erfahren. Ich hätte ihm sagen können, daß von diesem Buch noch keine einzige Zeile geschrieben ist und daß auch keine einzige Zeile je geschrieben werden wird. Meine Frau war aber in der Nähe, sie stand sogar neben mir, weil sie mir gerade einen Brief unseres Sohnes vorgelesen hatte. Ich hatte mir schon lange überlegt, auf welche Weise ich ihr meinen Entschluß, nicht mehr zu schreiben, mitteilen sollte. Auf keinen Fall sollte sie ihn durch einen reinen Zufall erfahren. Ich sagte darum meinem Verleger, einen Titel wisse ich noch nicht, und wieso überhaupt schon, das sei doch ganz gleichgültig und eigentlich könne einem ein Titel doch erst einfallen, wenn man das ganze Buch fertig vor sich liegen habe. Mein Verleger widersprach, er habe die Absicht, sich um einen Vorabdruck in einer großen Tageszeitung zu bemühen, dazu brauche man einen Titel, und wenn es auch nur ein vorläufiger, ein sogenannter Arbeitstitel sei. Schließlich sagte ich ihm ein Wort, das mir gerade einfiel, nämlich Nebbich, was ein jiddisches Wort für eine schlechte Sache ist, ein verächtliches Wort. Das gibt es schon, sagte mein Verleger ärgerlich. Wir redeten noch eine Weile hin und her, und schließlich versprach ich, ihm meinen Titel schriftlich oder gar telegraphisch mitzuteilen. Als ich den Hörer aufgelegt hatte, erinnerte ich meine Frau daran, wie unser Sohn, dessen Brief aus dem Ferienheim sie gerade in der Hand hielt, sich in den ersten Schulklassen geschämt hatte, den Beruf seines Vaters richtig, nämlich mit dem Wort Schriftsteller anzugeben. Weißt du noch, was er statt dessen hingeschrieben hat, sagte ich und fing an zu lachen, Bierkutscher, und da das starke Männer mit starken Pferden sind, ist das wohl zu verstehen. Meine Frau lachte auch, aber ich bemerkte, daß es ihr nicht sehr angenehm war, an die alte Geschichte erinnert zu werden. Inzwischen, sagte sie, ist unser Sohn sehr stolz auf dich, und dann las sie mir den Schluß des Briefes vor, in dem sich der Junge tatsächlich nach »Papis neuem Buch« erkundigte und fragte, wie weit ich damit sei.

8.

Eben, als ich allein in der Wohnung war, habe ich meinen Schwager angerufen. Es interessierte mich doch, was er mit jener Hauptsache gemeint hatte, die dann, absichtlich oder unabsichtlich, nicht mehr zur Sprache gekommen war. Vielleicht war auch er von dem Ausgang unserer damaligen Unterhaltung unbefriedigt – jedenfalls schien er sich über meinen Anruf zu freuen. Was ich mit der Hauptsache gemeint habe, sagte er wohlgelaunt, das ist doch klar, die Unmöglichkeit, dich irgendwo einzuordnen, du bist zu bekannt. Die Leute, mit denen du zu tun hättest, wären nicht unbefangen, sie haben deine Stimme zu oft im Rundfunk gehört, dein Bild zu oft in den Zeitungen gesehen. Sie würden sich genieren, mit dir über etwas so Banales wie ihre Geschäfte zu sprechen. Sie würden an dem Phänomen, daß du bei uns beschäftigt bist, herumrätseln und im besten Falle würden sie glauben, daß du die Mitteilungen, die sie dir machen, schriftstellerisch verwenden willst. Sie könnten aber auch glauben, daß dir im Augenblick nichts einfällt, und dann würden sie es mir sehr übelnehmen, daß ich, anstatt dir über diese Zeit finanziell hinwegzuhelfen, dich eine dir so unwürdige Arbeit verrichten lasse. Das kann sein, sagte ich. Nicht wahr, sagte mein Schwager, der sich über meine Zustimmung freute. Dann forderte er mich auf, mich, wie er sich ausdrückte, zusammenzureißen; man müsse das tun, was man gelernt habe und worauf man sich verstünde, er selbst käme ja auch nicht auf den Gedanken, eines Tages plötzlich vom Büro wegzubleiben, um einen Roman zu schreiben. Übrigens sei ich doch wohl in der Lage, eine Reise zu machen, mit Gerda oder auch allein, es gäbe noch immer Länder, in die sich der Touristenstrom noch nicht ergösse, er wolle mir von diesen Weltgegenden Prospekte schicken lassen. Neue Eindrücke, sagte er, was meinst du dazu, und weil es mir unangenehm war, ihn merken zu lassen, daß er mich nicht verstanden hatte und nie verstehen würde, bedankte ich mich. Gerda weiß nichts, setzte ich zur Sicherheit noch hinzu; und soll auch nichts erfahren, sagte mein Schwager, und lachte, so als hätten wir jetzt ein Geheimnis zusammen, ein männliches Geheimnis von zweideutiger Art. Ich konnte mir gut vorstellen, wie er eines Tages, vielleicht in einer Tischrede bei der Hochzeit meines Sohnes, auf dieses Geheimnis anspielen würde, wir beide, und, wenn ich damals nicht gewesen wäre, und alle würden denken, daß er mich von einem gefährlichen Seitensprung zurückgehalten habe.

9.

Auf Wunsch meiner Frau, die es offenbar für nötig hält, mich zu zerstreuen, haben wir einige Leute eingeladen. Keine Schriftsteller, sagte ich gleich, als meine Frau sich mir gegenübersetzte, um eine Liste der einzelnen Gäste zu machen. Meine Frau wunderte sich darüber nicht. Sie weiß, daß ich mit Kollegen nur gern allein zusammenkomme, und am liebsten in einer Kneipe, wo wir uns Fragen, wie machst du dies, wie machst du das, ungestört vorlegen können. Gerda schüttelte also gleich den Kopf und las mir eine Reihe mir größtenteils unbekannter Namen vor. Du mußt neue Leute kennenlernen, sagte sie energisch, laß mich nur machen, es ist für jeden eine Ehre, bei dir eingeladen zu sein. Bei wem, dachte ich, bei dem, der ich einmal war und nicht mehr sein will, und versuchte – aber vergeblich – meine Frau von ihrem Vorhaben abzubringen. Heute abend, als die Gäste kamen, erwies sich, daß Gerda mit »neuen Leuten« vor allem Frauen, genauer gesagt schöne und junge Mädchen, gemeint hatte. Sie stellte mich einem dieser hübschen Geschöpfe nach dem andern vor und gab genau acht, welche ich bewundernd ansah, welche mich dazu reizte, Spaß zu machen, und welche mich gleichgültig ließ. Eine Brautschau, dachte ich belustigt, und wahrscheinlich hätte mir dieses ganz rührende Unternehmen meiner Frau unter anderen Umständen sogar Freude gemacht. Es ist mir aber heute abend, während ich mich, scheinbar gut gelaunt, bald hier, bald dort, zwischen die Mädchen setzte und ihnen recht derbe Geschichten erzählte, immer wieder das altmodische Wort »junges Blut« in den Sinn gekommen. Mit jungem Blut kann man altes, verdorbenes auffrischen, und in die Betten lebendig verwesender alter Könige wurden rosige Mädchenleiber gelegt. Es kränkt mich, daß Gerda meine, wie sie wohl annimmt, nachlassende Arbeitskraft auf diese Weise beleben will. Ich weiß auch, daß es sie schwer ankommen würde, mich mit einem dieser Mädchen zu verkuppeln. Sie muß sich um mich große Sorgen machen.

10.

Ich bin in den letzten Tagen nicht müßig gewesen. Ich habe mich bei drei Arbeitgebern vorgestellt und mich bei drei weiteren schriftlich beworben. Von den Herren, die ich persönlich aufsuchte, sagten zwei, wie, doch nicht der Schriftsteller, woraufhin sie versprachen, mir jeden Einblick in ihren Betrieb zu gewähren, indem sie mich, etwa ein Vierteljahr lang, von einer Abteilung in die andere schickten. Wir müssen nur, sagten diese Herren, indem sie mir zuzwinkerten, den Schein wahren, Sie müssen auch einmal mit anpacken, meine Leute werden sonst mißtrauisch, Sie verstehen. Ich verstand und empfahl mich. Der dritte Arbeitgeber kannte mich nicht, nahm aber gleich Anstoß, vielleicht an meinem gutgeschnittenen Anzug, vielleicht an meiner Bescheidenheit, die auf manche Leute wie Hochmut wirkt. Er verlangte Referenzen, die ich ihm natürlich nicht geben konnte. Als ich sagte, daß ich bisher geschrieben habe, verlangte er zu wissen, in welchen Zeitungen, ich nannte keine Namen, und er wurde sofort mißtrauisch, witterte politisch Anrüchiges und entließ mich schroff. Von meinen Bewerbungsschreiben wurden, was bei dem heutigen Mangel an Arbeitskräften erstaunlich ist, zwei überhaupt nicht beantwortet. Ich hatte allerdings, der Wahrheit gemäß, geschrieben, daß ich bisher eine künstlerische Tätigkeit ausgeübt habe. Der einzige Antwortbrief, den ich bekam, bezog sich denn auch darauf. Sie werden sich, so hieß es in diesem übrigens höflich gehaltenen Schreiben, bei Ihrem Vorleben in dem harten Existenzkampf unserer Tage kaum zurechtfinden und müssen wir deshalb auf Ihre geschätzte Mitarbeit verzichten. Das Wort »Vorleben« wie auch der kaufmännische Stil erheiterten mich, ich sah aber auch, daß ich auf diesem Wege nicht weiterkommen würde. Ich habe darum angefangen, im Hinblick auf eine viel einfachere, nur auf meinen Muskelkräften beruhende Tätigkeit das zu betreiben, was man neuerdings Body-building nennt. Wenn ich allein in meinem Zimmer bin, bücke ich mich und hebe einen schweren Stapel von Büchern auf den Tisch, welche Übung ich zehn oder zwanzig Mal wiederhole. Als ich eben, nach Beendigung dieses lächerlichen Sports, in den Spiegel sah, erschrak ich: mein vor Schweiß triefendes Gesicht war grau, das Weiße in meinen Augen wie zersprungen, von blutigen Äderchen durchsetzt.

11.

Obwohl in den Büchern, die ich bis vor kurzem geschrieben habe, das Irreale einen so breiten Raum einnimmt, bin ich doch kein unpraktischer Mensch. Augenblicklich bin ich damit beschäftigt, für die nächsten Jahre so etwas wie einen Finanzplan aufzustellen, wobei es sich natürlich nicht um mich, sondern um meine Frau und um unseren Sohn handelt. Daß meine Frau sich einschränkt, zumindest in eine kleinere Wohnung und in eine billigere Gegend zieht, finde ich keine ungerechte Forderung. Auf Grund meiner Steuererklärungen, die ich natürlich nicht allein, sondern mit Hilfe eines Sachverständigen abfasse, kann ich feststellen, welche Einnahmen in den nächsten fünf Jahren noch zu erwarten sind. Man muß dabei freilich berücksichtigen, daß die Zahl der Jahre, in denen ein Buch, wie es heißt, »geht«, sehr viel geringer ist als früher und daß zwar der Tod eines Autors den Verkauf vorübergehend beleben mag, daß aber ein Verstummen oder Verschwinden gewiß das Gegenteil bewirkt. Das Wenige, das wir auf der Bank haben, darf natürlich nicht angetastet werden, ebenso wie die kleine Sammlung unteritalienischer Goldmünzen, die ich aus reiner Freude an den herrlichen Prägungen angelegt habe. Ich höre immer, daß es teuer ist, alt zu werden, und für diese Zeit soll meine Frau einen Notpfennig haben. Auch die Ausbildung unseres Sohnes soll aus diesem Zurückgelegten bestritten werden. Ich werde meiner Frau im gegebenen Augenblick alles erklären.

12.

Ich muß heute von einem, allerdings bereits überwundenen Rückfall berichten. Ich las, mehr durch Zufall als mit Absicht, ein kleines Gedicht einer mir bekannten Lyrikerin, das den Titel ›Schluß‹ trägt. Wahrscheinlich hat mich überhaupt nur dieser Titel dazu gebracht, die Verse zu lesen. In dem Gedicht fordert jemand jemanden, wahrscheinlich die Autorin sich selbst, auf, sich ihr »Gedicht in den Hals zu schlagen«, also zu schweigen, und zwar um besser zu hören, was wirklich vor sich geht, nämlich das Zerriebenwerden der Menschen im Getriebe der Zeit. Diese Verse haben meinen Widerspruchsgeist erweckt. Auf ein paar Seiten habe ich aufgeschrieben, was *ich* hören würde, wenn ich schweige, oder was ich bereits höre, einen ganzen Chor von Stimmen, die alle mit Literatur nicht das geringste zu tun haben, die aber alles andere als das Knirschen eines ohnmächtigen Sandkornes sind. Ich habe diese Seiten sofort zerrissen. Ich berichte von dem Zwischenfall nur, um zu zeigen, wie leicht ein lebenslang geübtes Handwerk wieder Macht über einen Menschen gewinnt.

13.

Ich habe heute auf der Straße einen Mitbewohner unseres Hauses getroffen und habe das letzte Stück meines Heimwegs mit ihm zurückgelegt. Dieser Mann, den ich übrigens kaum kenne, ist in der Verwaltung der Städtischen Krankenanstalten angestellt. Er erzählte mir, daß eine ganze Abteilung dieser Krankenanstalten kürzlich aus Mangel an Pflegepersonal habe geschlossen werden müssen. Über diesen Personalmangel verbreitete er sich noch des längeren und erwähnte dabei, daß auch der Bedarf an männlichen Pflegern, besonders an solchen für die psychiatrische Klinik, nicht mehr gedeckt werden könne. Ich horchte auf und erkundigte mich, ohne mein Interesse allzu deutlich zu zeigen, nach den Voraussetzungen, unter welchen eine männliche Person in dieser Klinik angestellt werden könne. Ich erfuhr, daß bei den modernen Methoden der psychiatrischen Behandlung durchaus nicht nur Pfleger von herkulischer Körperkraft, sondern auch solche mit Intelligenz und Einfühlung gesucht würden. Indem waren wir im Flur unseres Hauses angelangt, ich verabschiedete mich und bedankte mich herzlich, und er sah mich verwundert an. Bei Tisch war ich schweigsam und zerstreut, ich dachte daran, daß ich, falls ich das Amt eines Pflegers übernähme, gewiß einen anderen Namen bekommen würde, da wäre ich für die Welt gestorben, gerade wie einer, der ins Kloster geht. Der Pfleger Franz, der Bruder Franz, und sieht er nicht jemandem ähnlich, aber die das behaupten könnten, wären Irre, unglaubwürdig von vornherein. Der Pfleger Franz, der Bruder Franz, und wie im Kloster bekommt man seine Arbeit zugeteilt, seine Kleidung angemessen, sein Essen gestellt. Da Gerda nach Tisch keine Anstalten machte, das Haus zu verlassen, ging ich selbst aus, telefonierte von einer Telefonzelle aus mit der Klinik und bekam alles bestätigt, was ich von unserem Hausgenossen erfahren hatte. Am nächsten oder übernächsten Tag sollte ich mich dort vorstellen, unter Umständen gleich im Krankenhaus bleiben. Als ich die Telefonzelle verließ, hatte ich so starkes Herzklopfen, daß ich erst einen langen Spaziergang machen mußte, um Gerda so erregt nicht vor Augen zu kommen.

14.

Heute vormittag erinnerte mich meine Frau, die am Kulturleben der Stadt regen Anteil nimmt, an ein heute stattfindendes Gastspiel auswärtiger Schauspieler, die in einem viel besprochenen, uns noch unbekannten Stück auftreten sollten. Am Abend, während sie sich, mit der kindlichen Freude, die sie vor jedem Theaterbesuch erfüllt, umzog, äußerte sie die Absicht, für ein paar Tage in das kleine Seebad zu reisen, in dem unser Sohn seine Ferien verbringt. Sie forderte mich auf, mitzukommen, falls ich nicht gerade sehr beschäftigt sei. Während sie das sagte, standen wir nebeneinander vor dem Schlafzimmerspiegel, ich band meine Krawatte, sie legte ihre Kette um, sah mir aber dabei aufmerksam ins Gesicht. Ich bin sehr beschäftigt, sagte ich rasch, merkte aber, daß sie mir nicht glaubte, und wunderte mich nur, daß sie trotzdem zufrieden schien. Ihr Lächeln war, wie sich bald herausstellte, das Lächeln eines Menschen, der sich über das schlechte Befinden eines ihm nahestehenden Kranken nur deshalb nicht aufregt, weil er ein neues, unfehlbar wirkendes Mittel bereits in der Tasche hat. Meine Krankheit war, nach der Ansicht meiner Frau, ein Mangel an Einfällen, vielleicht auch eine Unlust, immer weiter im selben Stil zu schreiben, und eine Unfähigkeit, neue Ausdrucksformen zu finden. Ihr Heilmittel war das Theater, diese bestimmte Aufführung, dieses bestimmte Stück. Vielleicht ist es nötig zu sagen, daß Gerda immer gewünscht hat, ich solle für die Bühne schreiben. Es ist einer ihrer naiven Träume, eines Tages zu erleben, wie ich, von einer Schauspielerkette durch den Vorhangspalt gezerrt und von knatterndem Beifall umtobt, mich linkisch verneige – diesem Traum hing sie auch heute abend wieder nach. Ich bemerkte nicht ohne Rührung, wie sie mich während der Vorstellung von der Seite beobachtete, wobei es ihr wahrscheinlich ganz gleichgültig war, ob das Stück etwas taugte oder nichts taugte: ich sollte angeregt werden, und es ist ja bekannt, daß man von Gutem wie von Schlechtem gleichermaßen angeregt werden kann. Ich wurde aber nicht angeregt, das Stück langweilte mich, und ich fand die ganze Einrichtung des Theaters absurd, so, wie sie einem erscheinen muß, der lange im Urwald gelebt hat, oder der unmittelbar von der Front in ein Hauptstadttheater kommt. Wir mußten danach noch mit Freunden ausgehen und dieses Hinterher war mir vollends widerwärtig, ich war nur froh, daß es über alldem so spät wurde, daß wir ohne alle Gespräche schlafen gingen.

15.

Ich frage mich, warum ich Gerda nicht schon lange reinen Wein eingeschenkt habe. Auch die Leser dieser Aufzeichnungen, wenn es sie gäbe, würden sich darüber wundern oder sogar ärgerlich werden. Schließlich, so würden sie vermutlich sagen, ist diese Gerda doch eine recht vernünftige Person, und er wagt nicht, offen mit ihr zu sprechen, ein rechter Ehekrüppel, und das will ein Künstler sein oder doch einmal gewesen sein. Vielleicht würden diese Leser auch annehmen, daß ich meiner Sache nicht sicher sei und deshalb nicht davon sprechen wolle, so wie man seinen Entschluß, das Rauchen aufzugeben, auch nicht gerne laut werden läßt. Aber diese Annahmen entsprechen den Tatsachen nicht. Ein Schriftsteller ist meistens ziemlich einsam und seine Frau ist für ihn die Verbindung mit der Welt. Sie ist die Welt mit ihren Anforderungen, ihrer Unerbittlichkeit und ihrem schrecklichen Vertrauen. Ob man noch oder längst nicht mehr in sie verliebt ist, ändert daran nichts. Ich bin meiner Sache sicher, und ich habe nicht die Absicht, einer Auseinandersetzung mit Gerda aus dem Wege zu gehen. Trotzdem wäre es mir lieber, sie würde mich ohne alle Worte verstehen.

16.

Heute abend, es ist der Abend vor Gerdas Abreise an die See, habe ich zuerst in meinem Zimmer gesessen, dann auf der Veranda, weil es sehr heiß war und nicht abkühlen wollte. Während ich in die schwarzen Baumkronen der Nachbargärten starrte, malte ich mir aus, was für eine Art Leben ich in der psychiatrischen Klinik führen würde. Ich war ruhig und heiter gestimmt. Ich hörte, wie meine Frau im Schlafzimmer ihre Sachen packte, und dachte daran, daß ich sie zunächst lange nicht und später nur an den Sonntagen sehen würde, – das war der Preis, den ich für meine Freiheit zu zahlen hatte, es war mir recht so und ich litt darunter nicht. Ich hatte die Absicht, ihr ins Seebad zu schreiben, ihr aber vorläufig keine Adresse anzugeben, sie sollte annehmen, daß auch ich verreist sei, ich war ganz sicher, daß sie die Polizei nicht in Bewegung setzen würde. Mein Versteck schien mir gut gewählt, niemand würde mich dort suchen, und Gerda war gewiß die letzte, die ein Irrenhaus betrat. Dann fiel mir plötzlich ein, daß das gar nicht stimmte, Gerda hatte eine Freundin, die an leichten Depressionen litt und die sich in eben diesem Krankenhaus von Zeit zu Zeit einer Schlafkur unterzog.

Schon stellte ich mir vor, wie ich Gerda dort im Garten begegnete, ich führte einen Kranken, einen Spastiker, der seltsame Sprünge machte. Um den Kranken nicht vom Arm zu verlieren, machte ich seine Sprünge mit. Da der Kranke wie ich einen Kittel trug, konnte Gerda, die unter den Kastanien stand und zu uns herüberblickte, nicht unterscheiden, wer der Wärter und wer der Gewartete war. Entsetzt schlug sie ihre Hände vor das Gesicht. Während ich mit meinem Kranken um die Ecke verschwand, stand sie immer noch da, unter den halb entlaubten Bäumen, in dem hübschen Mantel, den ich ihr von meinem letzten Literaturpreis geschenkt habe, aber frierend und sehr allein. Dieses Bild habe ich noch immer vor Augen. In jedem Wetterleuchten taucht es wieder auf und es ist mir elend zumut.

17.

Eben, kurz vor Mitternacht, ist Gerda, angeblich weil sie sich vor dem aufziehenden Gewitter fürchtete, auf die Veranda gekommen. Sie hat sich neben mich gesetzt und hat ihre Hand auf meine Hand gelegt. Sie hat mir zuerst mitgeteilt, was alles sie im Kühlschrank für mich gerichtet hat, und mich dann scherzend gefragt, ob ich mich in ihrer Abwesenheit mit einem der auf unserer Gesellschaft versammelten hübschen Mädchen verabreden würde, und ob ich die Absicht habe, mit dem Intendanten über ein von mir zu verfassendes Stück zu sprechen. Dann plötzlich hat sie sich unterbrochen und hat gesagt, ich weiß, du willst nicht mehr schreiben, gib es zu. Ich habe gedacht, woher kann sie das wissen, von meinem Schwager, oder steht es schon in der Zeitung, ich war aber sehr glücklich, daß sie so ruhig war, es waren jetzt keine Heimlichkeiten mehr nötig, und ich brauchte nicht in ihrer Abwesenheit aus der Wohnung zu fliehen. Ich bin froh, sagte ich, daß du es so aufnimmst, ich bin dir dankbar, und tatsächlich stiegen mir die Tränen in die Augen. Nicht wahr, sagte Gerda, ich verstehe dich, aber das ist nicht das Ende, du wirst schon sehen. Was ist denn noch, fragte ich beunruhigt, aber da war sie schon aufgestanden und blinzelte mir nur noch zu wie ein Kind, das ein Geheimnis nicht verraten soll und es am Ende doch verrät.

18.

Nach unserem kurzen Gespräch auf der Veranda ist Gerda zu Bett gegangen. Sie hat nach ihrer Gewohnheit die Türe offengelassen, es ist dadurch eine starke Zugluft entstanden, und alle von mir auf dem Schreibtisch gerichteten Papiere sind auf den Fußboden und sogar bis zu mir auf die Veranda geweht. Es regnete schon, und ich hätte mich erheben und die Papiere aufsammeln sollen. Ich habe das aber zunächst nicht getan. Statt dessen bin ich auf der Veranda sitzen geblieben und habe mir überlegt, wie es wäre, wenn ich die Geschichte eines Mannes schriebe, der nicht mehr schreiben will. Dieser Mann sollte ein bestimmter Herr Soundso sein, zugleich aber auch der Mensch schlechthin. Der Mensch in einer Zeit, in der die Kunst nicht mehr das Wesentliche ist und das Wesentliche nicht mehr auszudrücken vermag. Der Mann sollte nicht träge sein, und er sollte auch keine Enttäuschungen erfahren haben. Er sollte sich nur einbilden, keinen Auftrag mehr zu haben und sollte versuchen, eine andere, ganz einfache Arbeit zu finden. Der Gedanke, ein solches Buch zu schreiben, erregte mich sehr. Vielleicht glaubte ich jetzt zu wissen, was meine Frau damit gemeint hatte, als sie gesagt hatte, daß noch nicht alles zu Ende sei. Jedenfalls habe ich, während auf die ausgetrockneten Gärten schon der Regen herabströmte, meinen Finanzplan und alle andern für Gerda bestimmten Papiere in den Schrank gepackt und einen Stapel weißer Blätter auf meinen Schreibtisch gelegt. Ich habe aus dem Telefonbuch die Nummer der psychiatrischen Klinik herausgeschrieben in der Absicht, am Morgen dort anzurufen und zu sagen, daß ich nicht kommen würde, noch nicht. Ich habe mich aber nicht sofort zum Schreiben hingesetzt. Statt dessen habe ich plötzlich angefangen zu lachen wie ein Verrückter und habe wie ein Verrückter mit den Fäusten auf den Schreibtisch geschlagen.

Natürlich ist meine Frau von dem Lärm sofort aufgewacht. Sie ist ganz schlaftrunken plötzlich dagestanden und hat gefragt, ob sie schon aufstehen müsse für ihren Zug. Nein, nein, habe ich gesagt, schlaf nur wieder, ich wecke dich schon. Sie ist gegangen und ich habe gedacht, sie wird sich freuen, obwohl ich davon überzeugt war, daß sie sich am Ende mit allem abgefunden hätte. Sie ist stark und kann auch leben, wenn es mich als Schriftsteller und sogar, wenn es überhaupt keine Schriftsteller, keine Maler und keine Komponisten mehr gibt. Aber so weit ist es noch nicht und vielleicht kommt es niemals so weit.

Die Füße im Feuer

3. 9. Es wäre gewiß falsch, meinen augenblicklichen körperlichen Zustand als Krankheit zu bezeichnen. Ich bin nicht krank, ohne zu übertreiben kann ich behaupten, daß ich mich nie besser gefühlt habe als in diesen Tagen. Ich sehe gut aus, und während mein Gesicht früher am späten Abend stark verfiel, bleibt es jetzt ohne jede kosmetische Nachhilfe bis Mitternacht rosig und frisch. Auch meine Arbeitskraft hat keineswegs nachgelassen. Wie, schon Feierabend, sage ich, wenn es sechs Uhr schlägt, – meine Kollegen im Büro haben indessen schon viele Male gegähnt und auf die Uhr gesehen. Mein Appetit ist gut, ich kann die schwersten Speisen essen, ohne Magendrücken zu bekommen, und von den Halsschmerzen, unter denen ich früher oft gelitten habe, ist schon seit Monaten keine Rede mehr. Ich bin auch, obwohl ich nicht mehr jung bin, ausgezeichnet zu Fuß. Erst vor kurzem habe ich einen Spaziergang von vier Stunden gemacht, ohne am nächsten Tag unter Muskelschmerzen zu leiden. Die blauen Flecken, die ich seit einiger Zeit an meinen Armen und Beinen bemerke, können nichts zu bedeuten haben.

5. 9. Heute hat mich mein Friseur auf einen dieser Flecken aufmerksam gemacht. Ich war im Begriff, ihm eine neue Frisur zu erklären, wobei ich meine Hände über den Kopf hob, meine ohnehin nicht langen Blusenärmel fielen über die Ellbogen zurück. Das muß aber sehr weh getan haben, sagte der Friseur, und ich sah im Spiegel, wie er auf meinen rechten nackten Arm

deutete, auf dem ein großer schwarzblauer Fleck ähnlich einer Eierfrucht sichtbar war. Der Anblick erschreckte mich nicht, ich bin an diese Verfärbungen meiner Haut bereits gewöhnt. Ich begreife darum nicht, weshalb ich auf die Frage des Friseurs, ob ich gefallen sei, nicht antwortete, ich kann mich an nichts erinnern, was der Wahrheit entsprochen hätte. Statt dessen habe ich hastig gesagt, jawohl, gefallen, und habe einen erfundenen Sturz in allen Einzelheiten beschrieben, wozu doch gar keine Veranlassung war. Immerhin kommt es gelegentlich vor, daß man eine Verletzung, einen Schlag oder Stoß augenblicklich wieder vergißt. Meine Erzählung muß denn auch recht unnatürlich geklungen haben. Jedenfalls sah mich Herr Alphons, so heißt der Friseur, im Spiegel besorgt, fast mißtrauisch an.

8. 9. Von dem Bluterguß am Ellbogen ist, nachdem mein Arm sich zuerst grün, dann kräftig gelb gefärbt hat, fast nichts mehr zu sehen. Dafür hat sich heute, als ich während des Kartoffelschälens zum Fenster hinaussah, zwischen den Schalen auf dem hübschen grünen Resopal meines Küchentisches ein Blutfleck gebildet. Es dauerte eine Weile, bis ich herausfand, daß die Ursache dieser sich rasch vergrößernden Lache ein Schnitt in meinem linken Handballen war. Es wunderte mich, daß ich von diesem recht tiefen Schnitt nichts gespürt hatte. Als ich die Wunde mit Jod behandelt und verbunden und die Kartoffeln abgewaschen hatte, schlug ich mir absichtlich mit der Faust aufs Schienbein. Es tat nicht im geringsten weh.

9. 9. Versuche wie der oben beschriebene sind kin-

disch und ohne jeden wissenschaftlichen Wert. Bekanntlich ist man ganz unbewußt immer darauf aus, sich zu schonen, so daß die Kraft der zuschlagenden Faust von einer andern nicht weniger wirksamen Kraft aufgehalten oder abgeschwächt wird. Nur der äußerste Selbstvernichtungswille kann einen Menschen dazu treiben, sich ein Messer ins Herz zu stoßen. Von einem solchen Vernichtungswillen kann bei mir keine Rede sein. Die kleinen Versuche, die ich neuerdings anstelle, dienen nur der Erklärung der oben genannten merkwürdigen Erscheinungen, bei denen es übrigens nicht geblieben ist. So habe ich mir gestern, durch einen starken Niesreiz aufmerksam gemacht, mit Hilfe eines Spiegels in den Hals gesehen. Alle Schleimhäute waren, wie schon so oft bei Erkältungen, feuerrot. Trotz der heftigen Entzündung machte mir jedoch das Schlucken nicht die geringsten Beschwerden. Auch bei dem Versuch, statt weicher Speisen harte Brotkrusten und Nüsse zu essen, spürte ich, abgesehen von einer sozusagen mechanischen Schluckhemmung, nichts.

11. 9. In Begleitung meiner Freundin Clara habe ich heute eine Kunstausstellung besucht. Es war nicht das erste Mal, daß wir zusammen Bilder betrachteten, und wie immer hatte ich große Mühe, Clara die sogenannte abstrakte Malerei nahezubringen. Während ich sonst bei dieser Art von Überredung rasch erlahme, wurde ich heute immer redseliger, und soviel ich mich erinnere, sah Clara mich mehrmals recht erstaunt von der Seite an. Es mag sein, daß die Formulierungen, mit denen ich die alte ›gegenständliche‹ Kunst verdammte, etwas überspitzt geklungen haben. Ich erwähnte näm-

lich eine Reihe von Bildern, des vergangenen und sogar des jetzigen Jahrhunderts (den Mondscheingeiger von Hans Thoma, Böcklins Toteninsel, Kokoschkas Windsbraut, van Goghs Kornfeld mit Raben), und behauptete, daß diese Bilder auf eine allzudeutliche, ja fast unappetitliche Weise menschliche Empfindungen zum Ausdruck brächten. Von solchem Übermaß an Todestrauer, Einsamkeit und Wahnsinn sind die abstrakten Kompositionen frei. Sofern sie den Beschauer nicht gleichgültig lassen, erzeugen sie in ihm nur eine gewissermaßen unmenschliche Lust an Farben und Formen, die mit der menschlichen Existenz nichts zu tun haben und die sogar von den Dingen noch abgezogen sind. Niemals habe ich diese Lust so stark empfunden wie heute. Niemals hat sie so nachhaltig in mir weitergewirkt.

12. 9. Ich frage mich, warum ich gestern, als ich mit Clara die Ausstellung verlassen hatte und wir durch den Park nach Hause gingen, meine körperliche Verfassung mit keinem Wort erwähnte. Wenn überhaupt jemand sich dafür interessierte, wäre es Clara gewesen, die ich seit vielen Jahren kenne und der ich kein äußeres oder inneres Unbehagen je verschwiegen habe. Als ich heute auf demselben Weg an derselben grauen Brunnenschale vorbeiging, fiel mir ein, daß ich eben dort mit ›Stell dir vor‹ und ›Findest du das nicht merkwürdig‹ tatsächlich anfangen wollte, Clara meinen Zustand zu schildern. Ich habe es aber dann doch nicht getan. Es mag sein, daß jede und selbst eine so positive Anomalität Widerwillen erregt, zumindest eine Befremdung hervorruft, die dann zwischen sich

nahestehenden Menschen so etwas wie Fremdheit erzeugt.

15. 9. Auch den Gedanken, meinen Arzt aufzusuchen, habe ich verworfen. Zum Arzt geht man, wenn einem etwas weh tut. In jedem andern Falle würde man sich nur lächerlich machen. Ich kann trotzdem nicht leugnen, daß es mich neuerdings beunruhigt, keinen Schmerz mehr zu empfinden. Außerdem kommt es mir so vor, als sei diese körperliche Leidensunfähigkeit nur eine Etappe auf einem Wege, den ich schon lange, vielleicht schon vor Jahren eingeschlagen habe. Ich bin fast sicher, daß eine Durchsicht meiner alten Tagebücher meinen Verdacht bestätigen würde. Ich will mich aber mit diesen Dingen nicht beschäftigen. Schließlich kann ich ja nichts dafür, daß mir nichts weh tut und daß es mir nicht mehr möglich ist, Tränen zu vergießen.

16. 9. Ich habe heute wegen eines leichten Ziehens im rechten Oberkiefer den Zahnarzt aufgesucht. Es stellte sich eine starke Wurzelhautvereiterung heraus. Der Zahnarzt, zu dessen wehleidigsten Patienten ich gehöre, war äußerst erstaunt, daß ich ihn die Behandlung ohne jede Betäubung durchführen hieß. Er konnte nicht ahnen, daß das Zahnziehen für mich ein Experiment war und eines, dem ich in höchster Spannung entgegensah. Da der Zahnarzt, Dr. Wimmer, sehr geschickt arbeitet und da ich wußte, daß er sich alle Mühe geben würde, mir auch im wachen Zustand jeden Schock zu ersparen, machte ich, als er die Zange bereits angesetzt hatte, eine Bewegung mit dem Kopf, so daß die Zange im falschen Winkel zugreifen mußte. Im nächsten Augenblick durchfuhr mich ein heftiger

Schmerz. Doktor Wimmer, die Zange mit der blutigen Wurzel in der erhobenen Hand, entschuldigte sich, er war ehrlich bestürzt, besonders, da er nun auch Tränen über meine Backen laufen sah. Wie hätte ich ihm erklären können, daß es Tränen der Freude waren.

1. 10. Mein Erlebnis beim Zahnarzt hat mich aufgerichtet und gestärkt. Ich bin nicht gern etwas Besonderes und nicht gern allein. Obwohl ich nie verheiratet war, habe ich doch stets gesellig gelebt und an dem Schicksal meiner Freunde den herzlichsten Anteil genommen. Wieder eingereiht in die große Schar der Menschen, die leiden, fühlte ich erst die Vereinsamung, von der die alten Götter der Sage bedroht waren und die sie dazu veranlaßte, in menschlicher Gestalt menschliche Erfahrungen zu machen. Vor kurzem bin ich sogar auf den vielleicht absurden Gedanken gekommen, daß ein schmerzloses Dasein überhaupt kein Dasein ist. Die freudige Stimmung, in der ich mich seit dem Zahnziehen befinde, läßt sich kaum anders erklären. Sie hat dazu geführt, daß ich gestern eine kleine Gesellschaft gegeben habe. Wir haben Ratespiele gespielt, vielmehr eine Art von Scharaden, bei denen menschliche Eigenschaften und Verhaltensweisen (Hörigkeit, Habsucht, Eifersucht, Todesangst usw.) dargestellt und erraten werden mußten. Ich war überrascht, wie gut man sich bei derlei doch kindlichen Spielen unterhält und wieviel Geist und gute Laune dabei zutage treten. Außerdem führen sowohl die gewählten Themen wie auch die Art und Weise ihrer Verdeutlichung zu den interessantesten Gesprächen über die menschliche Natur, Gesprächen, an denen ich mich

gestern abend aufs lebhafteste beteiligt habe. Als wir, es war bereits 3 Uhr morgens, auseinandergingen, beschlossen wir, diese Zusammenkünfte an wechselndem Ort, aber regelmäßig zu wiederholen. Der Kreis, schon aufeinander eingespielt, sollte derselbe bleiben. Nur mein Freund Werner F., der sich zur Zeit auf einer Reise durch die Vereinigten Staaten befindet, sollte noch zugelassen werden.

3. 10. Bei den Tagebüchern, die ich kürzlich erwähnt habe, handelt es sich nicht um die von mir täglich festgehaltenen Gedanken und Eindrücke allgemeiner Art, sondern um die kleinen Heftchen, in denen ich selten, aber dann mit der schonungslosesten Offenheit von mir selber berichte. Ich habe heute die letzten dieser Heftchen in die Hand genommen und einige Stellen mit einem roten Stift angestrichen. Es waren da meine Reaktionen auf gewisse Geschehnisse im Kreis meiner Verwandten und Bekannten geschildert. Die Worte, die ich rot unterstrichen habe, sind Gleichgültigkeit, Kälte, kein Eindruck, kein Mitgefühl. Leider habe ich neuerdings wieder Veranlassung, mich über diese Worte zu beunruhigen und sie mit meiner körperlichen Verfassung in Zusammenhang zu bringen.

6. 10. Ich spürte heute während meiner Arbeit im Büro auf der Zunge einen starken Blutgeschmack und mußte den Waschraum aufsuchen, wo ich dann mehrere Mund voll kräftig roten Blutes ins Waschbecken spie. Offensichtlich hatte ich mich, ohne es zu merken, auf die Zunge gebissen. Die Blutung hörte bald auf, ich konnte nur eine Weile lang nicht deutlich sprechen, was bei meinem Kollegen große Heiterkeit hervorrief. Es

fiel mir ein, daß ich mich als Kind oft auf die Zunge gebissen und dabei jedesmal laut geheult hatte, obwohl damals gar kein Blut geflossen war. Ich esse jetzt sehr vorsichtig und nehme mich sogar beim Sprechen in acht. Es scheint, daß ich eine außergewöhnlich lange Zunge habe, die sich ohne Gefahr in der Mundhöhle nicht frei bewegen kann.

15. 10. Ich hatte in der letzten Zeit viel Arbeit, wodurch ich von meiner Selbstbeobachtung abgelenkt wurde. Gestern wurde ich zu unserem Chef (ich arbeite in einem Werbebüro) gerufen, und es wurde mir eine Gehaltserhöhung in Aussicht gestellt. Herr Kramer lobte die Gleichmäßigkeit und Ruhe, mit der ich meine Arbeit verrichte. Er meinte, daß ich, während alle andern sich von ihren seelischen und körperlichen Mißstimmungen beherrschen ließen, eine geradezu staunenswerte Ausgeglichenheit zur Schau trüge. Auch daß ich mich im Gespräche mit meinen Kollegen weniger und weniger einlasse, lobte er sehr. Zum Schluß machte er einen Scherz, indem er mich mit einer vollkommen zuverlässig funktionierenden Maschine verglich. Diese Beurteilung hätte mir noch vor wenigen Wochen einen unangenehmen Eindruck gemacht. Aber die sentimentalen Anwandlungen, die in meinen Aufzeichnungen vom 16. 9. und 1. 10. dieses Jahres zum Ausdruck kommen, sind längst vorbei. Daß ich mir kürzlich, ohne den geringsten Schmerz zu empfinden, den Arm gebrochen habe, hat mich nicht beunruhigt, sondern entzückt. Ich habe mich, den schlaff herunterhängenden rechten Arm mit der linken Hand stützend, in ein Ambulatorium begeben, wo man die Knochen auf meinen

Wunsch zusammengenagelt hat. Danach bin ich mit einer Verspätung von 35 Minuten an meinem Arbeitsplatz erschienen. Sowohl der Arzt wie auch der Bürovorsteher haben mich mit Erstaunen, ja sogar mit einem gewissen Entsetzen angesehen. Ich war ihnen unheimlich, so wie ich durch meine stets gleichbleibende Freundlichkeit auch meinen Mitarbeitern neuerdings unheimlich bin.

20. 10. Mein Freund Werner F. ist gestern voll von Erfahrungen und neuen Plänen aus den Vereinigten Staaten zurückgekommen. Er erzählte mir vieles, vor allem über das amerikanische Erziehungswesen, das zu studieren der Zweck seiner Reise gewesen war. Es fiel mir auf, wie frisch und jung er aussah und wie sehr er sich plötzlich für manche ihm früher fernliegende Dinge, z. B. die Politik, interessiert. Es scheint, daß er nicht übel Lust hat, sich einer Partei anzuschließen, und daß er, um gewissen pädagogischen Vorhaben den Boden zu bereiten, nicht nur zur Großindustrie, sondern auch zu den christlichen Kirchen Verbindung sucht. Obwohl ich mich bemühte, seinen Gedankengängen zu folgen, ermüdete ich doch rasch. In der mir früher so sympathischen Aktivität meines Freundes entdeckte ich plötzlich Züge von Betriebsamkeit und Geltungsbedürfnis, auch konnte ich den von ihm aufgeworfenen Fragen wenig Interesse abgewinnen. Er verabschiedete sich endlich enttäuscht, beinahe kühl. Es täte mir leid, wenn mein Verhalten unsere Beziehung, die teilnehmende Freundschaft zweier alternder Junggesellen, in Frage gestellt hätte. Ich fürchte aber, daß ich einen neuen Besuch mit neuen langatmigen Erörterungen nur

schwer ertragen könnte. Daß wir mehrmals und auch noch kurz vor Werners Abreise im Sinn hatten, uns zu heiraten, erscheint mir völlig absurd.

27. 10. Die recht beträchtliche Gehaltserhöhung hat mich in die Lage versetzt, eine andere, geräumigere Wohnung zu mieten. Endlich konnte ich mir auch einen lang gehegten Wunsch erfüllen: Ich habe jetzt im Wohnzimmer einen offenen Kamin, auch gut getrocknete Buchenkloben und Anfeuerholz liegen bereit. Ich kann kaum erwarten, daß die Tage noch kürzer werden und die langen nebligen Winterabende beginnen. Sobald ich nach Hause komme, werde ich dann in meinem Kamin ein Feuer anzünden und mit Hilfe der hübschen Messinggeräte (einem Geschenk der Firma) die Flammen regieren. Ihr Flackern, Zucken, Aufschnellen und Zusammensinken wird mich besser unterhalten als die Gespräche meiner Besucher, denen ich schon seit einiger Zeit nichts mehr abgewinnen kann. Was man da, selbst von einer so guten Freundin wie Clara, zu hören bekommt, ist doch im Grunde immer dasselbe, Sehnsucht nach Unerreichbarem, Klage um Verlorenes, Angst um das eigene Leben oder um ein fremdes, das einem ans Herz gewachsen ist. Mir ist nichts mehr ans Herz gewachsen und um mein eigenes Leben zittere ich nicht. Manchmal denke ich, daß jemand, dem nichts weh tut, in gewissem Sinne unsterblich ist.

29. 10. Ich hörte heute auf der Straße ein Kind angstvoll schreien. Nicht daß ich etwa hinausgestürzt wäre. Ich bin in meinem Zimmer geblieben und habe nicht einmal das Fenster aufgemacht. Ich habe mich aber daran erinnert, daß mich früher nichts so sehr

erregte wie das Leiden von Kindern, und einen Augenblick lang war ich über meine Gleichgültigkeit entsetzt. Als wäre der vollkommene Gleichmut nicht ein höchst erstrebenswertes, ja vielleicht das einzig erstrebenswerte Ziel.

10. 11. Mein Arm ist längst geheilt. Dafür habe ich mich in der letzten Zeit wieder mehrmals auf die Zunge gebissen. Obwohl es dank meiner Achtsamkeit zu Blutungen nicht gekommen ist, müssen dabei doch Verwachsungen bzw. Verdickungen entstanden sein. Ich merke es daran, daß man mich, auch wenn ich langsam und deutlich spreche, nicht mehr versteht. Ein Referat mit zehn neuen wichtigen Vorschlägen für eine zugkräftige Reisewerbung mußte ich, nachdem ich vergeblich versucht hatte, mich meinem Chef verständlich zu machen, schriftlich abgeben. Herr Kramer, der sich über die fast spaßige Geringfügigkeit meines Leidens offenbar nicht im klaren war, vielleicht sogar etwas wie einen Schlaganfall vermutete, forderte mich freundlich auf, zu Hause zu bleiben. Er versprach, mich mit schriftlicher Arbeit zu versorgen. Als ich meine Schublade ausräumte, mußte ich darüber lachen, wie mitleidig meine Kollegen, diese mit Magengeschwüren, Rheumatismen und langsam wachsenden Krebsgeschwülsten ausgestatteten armen Menschen mich, die einzig Gesunde, betrachteten.

20. 11. Seit ich nicht mehr ins Geschäft gehe, komme ich erst richtig dazu, die neue Wohnung einzurichten und auch die letzten mitgebrachten Koffer auszupacken. Bei dieser Gelegenheit habe ich heute alle meine alten Tagebücher vernichtet. Was sich augen-

blicklich mit mir begibt, ist interessanter als alles, was ich früher aufgezeichnet habe. Ich könnte mir aber vorstellen, daß gewisse, aus vergangenen Zeiten stammende Mitteilungen auch dem Leser dieser Seiten wichtig wären. So mag es ihn interessieren, daß ich als Kind bei jedem, auch dem nichtigsten Anlaß geweint habe und daß ich bei körperlichem Unbehagen (Knieaufschlagen, Ellbogenanstoßen, beim Schlittschuhlaufen frieren) überaus empfindlich war. Ferner daß ich über den Tod meines in Stalingrad gefallenen Verlobten untröstlich gewesen bin.

28. 11. Es ist Winter und ich bin noch immer zu Hause. Der Arzt, den ich eines gebrochenen Fingers wegen aufsuchen mußte, bestand darauf, mich buchstäblich in Watte zu wickeln, d. h. alle etwaigen Bruchstellen meiner Glieder mit dicken Verbänden zu versehen. Natürlich habe ich dagegen protestiert. Ich bin gesund, mein Appetit und meine Verdauung sind ausgezeichnet, und meine Stimmung ist gut. Da die mir versprochenen Arbeitsaufträge ausgeblieben sind, habe ich, um mich nicht zu langweilen, angefangen, mehrere mir bisher unvertraute Sprachen zu erlernen. Ich komme bei dieser Beschäftigung gut voran. Das einzige, worunter ich leide, ist ein beständiges leises Frösteln. Wie gut, daß ich den Kamin habe und einen reichlichen Holzvorrat dazu.

30. 11. Heute Anruf von Herrn Weidmann, dem es endlich gelungen ist, alle am 30. September von mir eingeladenen Leute zu einem neuen Spielabend zusammenzubekommen. Er bestand darauf, daß ich, die Anregerin und, wie er liebenswürdig versicherte, be-

gabteste Spielerin, an dem Abend teilnehmen sollte. Natürlich habe ich abgesagt. Solche Spiele und gar die notwendigerweise darauf folgenden Gespräche über die menschliche Natur interessieren mich nicht mehr. Außerdem erscheint mir die Zahl der Möglichkeiten allzu begrenzt: Eine Handvoll Eigenschaften und Wahnvorstellungen, denen der Mensch in seiner begrenzten Lebenszeit, also sehr vorübergehend, unterworfen ist. Damit einen Abend und eine halbe Nacht lang zu verbringen, lohnt sich nicht.

2. 12. Ich weiß nicht, was gestern über mich gekommen ist. Daß ich es plötzlich im Zimmer nicht mehr ausgehalten habe, mag noch verständlich erscheinen, da ich ja früher täglich stundenlang Spaziergänge machte. Ich bin aber diesmal gar nicht in den Park oder aufs Land hinaus, sondern in die Stadt gegangen und seltsamerweise habe ich auf meinem Wege jeden, der mir begegnete, angehalten und ihn auszufragen versucht. Natürlich gehorchte mir meine vernarbte Zunge nicht. Es mag auch sein, daß ich in meiner Erregung die eben erlernten fremdsprachlichen Brocken habe einfließen lassen. Jedenfalls muß ich, mit meinen dick verbundenen Händen gestikulierend und Unverständliches stammelnd, den Eindruck einer Verrückten gemacht haben. Polizisten haben mich schließlich nach Hause gebracht, wo ich sofort ruhig wurde. Obwohl ich, wie man mir heute erzählte, auch versucht haben soll, diese mir ganz fremden Leute zu umarmen, fühle ich mich doch durch mein Verhalten nicht gedemütigt. Ich frage mich nur, was ich von diesen Hausfrauen, Beamten, Briefträgern und Schülern eigentlich habe er-

fahren wollen. Vielleicht wollte ich herausbekommen, was jede einzelne dieser Personen im Augenblick bewegte, um dann die mir fremd gewordenen Empfindungen in mir selbst zu erzeugen.

4. 12. Ich bin noch immer ganz ruhig, ja noch gelassener, als ich es vor meinem mir jetzt noch völlig unverständlichen Ausbrechen war. Ich bin überzeugt davon, daß solche Anfälle sich nicht wiederholen werden. Unter der Tatsache, daß es mir offensichtlich nicht mehr gelingt, mich andern Menschen verständlich zu machen, leide ich nicht. Ungewöhnliche Menschen oder Menschen mit einem ungewöhnlichen Schicksal sind nur selten verstanden worden. Übrigens liegt mir auch nichts mehr daran, mich mitzuteilen, ebensowenig wie mir daran liegt, Mitteilungen zu empfangen. Obwohl mein Verstand rasch und präzise arbeitet, interessiert mich doch nichts genug, um ihn daran zu erproben. Ich habe darum meine Sprachstudien aufgegeben. Allenfalls beschäftige ich mich noch mit den Grundzügen der Geometrie, mit der während meiner letzten Schuljahre ein besonderer Lehrer eine ganze Klasse von albernen Mädchen faszinierte. Ich besitze nicht nur meine alten Lehrbücher noch, sondern auch einen raffiniert ausgestatteten Zirkelkasten: in schwarzer und farbiger Tusche stelle ich, den Zirkel und das Winkelmaß mit äußerster Genauigkeit handhabend, die verlangten Figuren her. Meinen kleinen Haushalt halte ich noch immer in peinlichster Ordnung, bereite mir auch aus schriftlich bestellten Lebensmitteln meine Mahlzeiten selbst.

Auch was meine äußere Erscheinung anbetrifft, lasse ich mich keineswegs gehen. Herr Alphons kommt, um mich zu frisieren, und mit allerlei Salben pflege ich meinen Teint, der von bemerkenswerter Frische ist. Die Götter altern nicht, habe ich gestern, freilich nicht ohne Ironie, angesichts meines Spiegelbildes gedacht.

6. 12. Heute an meinem Geburtstag hat es mehrere Male an der Wohnungstüre geläutet. Ich habe mich nicht gerührt, bin aber später hinausgegangen, um die Blumen und Briefe aufzuheben, die auf der Schwelle lagen. Mein Freund Werner hat eine große Azalee geschickt und hat mich in seinem Glückwunschbrief beschworen, ihn anzurufen und mit ihm zusammen eine ihm bekannte medizinische Kapazität aufzusuchen. Offenbar hält er mich für gefährlich krank. Ein Frühlingsstrauß war von der Spielgesellschaft, eine Amaryllis von den Kollegen aus dem Büro. Gegen Abend läutete es dreimal, und weil dieses kurz-lang-kurz ein von Clara und mir ausgemachtes Zeichen ist, habe ich ganz unwillkürlich die Türe aufgemacht. Ich habe mich dann auch wirklich gefreut, Clara zu sehen. Ich habe sie in der Wohnung herumgeführt, habe für uns den Tisch gedeckt und ein Käsesoufflé zubereitet, das ganz ausgezeichnet war. Später habe ich ihr meine geometrischen Zeichnungen gezeigt. Sie war merkwürdig bedrückt und umarmte mich beim Weggehen mit Tränen in den Augen. Wer weiß, was für Sorgen und Schwierigkeiten sie in ihrer Familie wieder hat. Ich habe sie nicht gefragt.

9. 12. Die Kälte in diesem Jahr ist außergewöhnlich. Schon von morgens an muß ich neben der Ölhei-

zung noch den Kamin anstecken. Ich sitze dann in einem niederen Lehnstuhl, den ich im Laufe des Tages immer dichter ans Feuer rücke. Der Kamin zieht vortrefflich, die Flammen sprühen und tanzen, und diese ständige Bewegung ist es, die wie auch schon in vergangenen Zeiten der Anblick der Meeresbrandung mein Entzücken erregt. Oft wenn es im Zimmer schon dunkel ist, glaube ich mich am Rande eines Vulkans zu befinden, dessen Flammen aus einer unvorstellbaren Tiefe hervorbrechen und singen. Unwillkürlich versuche ich diese von dumpfen Detonationen begleiteten feinen Töne nachzuahmen. Schon lange ersetzen sie mir die Musik aus dem Rundfunk, die doch immer etwas allzu Menschliches hat. Wenn ich das Feuer verlasse, um mich schlafen zu legen, friere ich sehr.

12. 12. Keine Veränderung, bis auf ein Anwachsen des Kältegefühls, das mich jetzt auch im Bett oft an allen Gliedern zittern läßt. So bin ich eben, kurz vor Mitternacht, wieder aufgestanden und habe auf das noch schwach schwelende Kaminfeuer die wenigen noch vorhandenen Buchenscheite gelegt. Ich habe meinen Stuhl ans Feuer gerückt und mit Genugtuung beobachte ich, wie sich die Flammen beleben. Da ich erst morgen eine neue Lieferung Brennholz erwarte, werde ich die Bücher zu Hilfe nehmen müssen, die längst ungelesen, aber bequem zu erreichen, auf einem Regal hinter mir stehen. Auch die alten Briefe, die sich in den Schubladen meines Schreibtischs befinden, können als Heizmaterial dienen. Vielleicht wäre es besser, wenn ich schon jetzt damit anfinge, diese Briefe ins Feuer zu werfen. Das Holz scheint, wie mir sein Zi-

schen anzeigt, feucht zu sein. Altes Papier aber brennt immer gut.

13. 12. gegen Morgen. Ich muß eingeschlafen sein und etwas Schlechtes geträumt haben. Mein Gesicht ist von salziger Feuchtigkeit bedeckt. Es kann doch kaum sein, daß der Inhalt der Briefe, in denen ich vor dem Einschlafen gelesen habe, mich dazu bewegt hat, Tränen zu vergießen. Was in diesen Briefen stand, weiß ich bereits nicht mehr. Es ist aber möglich, daß es Liebesbriefe waren. Jedenfalls ertappte ich mich darauf, daß ich, kaum aufgewacht, in den Flammen herumstocherte, um ein paar dieser mit Schriftzügen bedeckten Papierfetzen herauszuziehen. Ich möchte gewisse Worte noch einmal lesen.

Ich kann nicht mehr schreiben. Ich war bei meiner kindischen Suche nach einigen halbverbrannten Briefbogen unvorsichtig, vielleicht haben auch die Mullbinden an meinen Füßen Feuer gefangen. Jedenfalls schwelen meine Beine bis zu den Knien und ich habe nicht mehr die Kraft, sie aus den Flammen zu ziehen. Obwohl ich nicht den geringsten Schmerz empfinde, muß ich doch eben einen furchtbaren Schrei ausgestoßen haben. Auf diesen Schrei hin ist es im Haus lebendig geworden, es wird geklingelt und geklopft, jetzt schlagen sie sogar die Wohnungstür ein. Schönes Feuer, liebes Feuer, alter Vulkan aus der Tiefe der Erde, zieht mich heraus aus den Flammen, ich bin doch hin. Ich bin nicht unsterblich, ich weine und meine Finger krampfen sich um einen Fetzen Papier, auf dem das Wort Liebe steht.

Die chinesische Cinelle

Nachdem ich eine Weile, das heißt eine halbe Stunde lang, mit dem fremden Mann gesprochen hatte, merkte ich, daß er sich nicht nur selbst für einen Gescheiterten hielt, sondern das in gewissem Sinne auch war. Wo wir ins Gespräch gekommen sind, spielt keine Rolle, in einem ländlichen Wirtshaus jedenfalls, und draußen war Herbst, der erste, goldene, der manche Menschen melancholisch macht, aber in andern ein besonders starkes Lebensgefühl erweckt. Der Mann hatte auf einer kleinen Ziehharmonika recht schwungvoll ein paar Lieder und Tänze gespielt, mit welcher Tätigkeit er sich wohl, von Ort zu Ort ziehend, Nachtquartier und Essen erwarb. Er war nicht mehr jung, aber auch nicht alt, er hatte ein graues müdes Kindergesicht und schöne Hände, die er übrigens kaum einen Augenblick ruhig liegen ließ. Er war sicher nicht das, was man einen Intellektuellen nennt, aber er hatte angenehme Umgangsformen und wahrscheinlich hatte er eine gute Schule besucht. Doch, die Gegend hier kannte er und nicht nur diese, sondern viele Gegenden und Städte des Inlands und des Auslands, überall hatte er etwas angefangen und nicht nur mit der Musik. Er war, wie er erzählte, im Instrumentenbau tätig gewesen, er hatte bei einer Elektrofirma, in einer Gärtnerei und in verschiedenen Schreibstuben gearbeitet. Wie lange? Ach, niemals lange, ein Vierteljahr, ein halbes Jahr, ein Jahr. Immer gerade, wenn er das Gröbste hinter sich gehabt hatte, wenn man ihm vertraute und ihm auch etwas anvertraute, war es so gekommen, daß er weiterziehen mußte. Wandertrieb, dachte ich, und fragte vorsichtig, ob ihm die Seßhaftigkeit zuwider sei. Ich konnte mir das vorstellen und auch das Gefühl, daß, wenn man sich für eine Sache entscheidet, alle andern Türen zufallen, und hinter einer dieser andern Türen vielleicht wohnt die Zufriedenheit und das Glück.

Ach nein, sagte der Mann und ließ den Bierfilz geschickt zwischen seinen Fingern rollen, er habe immer bleiben wollen. Er sei auch zu allem anstellig gewesen und eher fleißig als faul. Es sei nur immer der Tag gekommen, an dem er versagt habe, er sei da in einen sonderbaren Zustand geraten, genau wie damals, und er wisse schon, daß sich das auch immer wiederholen werde.

Genau wie wann, fragte ich und bestellte noch einen halben Liter Kaiserstühler, und der Mann trank diesen, wie den ersten, so ziemlich allein, aber betrunken war er danach nicht. Damals, sagte er ganz ruhig, als ich die Cinelle schlagen sollte, den einen Ton auf der Cinelle, aber ich habe es nicht getan.

Was ist das, eine Cinelle, wollte ich wissen.

Eine Cinelle, sagte der Mann, ist ein Musikinstrument, ein chinesischer Gong. Es ist ein sehr seltenes Instrument und in der Ausführung, die ich meine, existiert es vielleicht nur ein einziges Mal. Darum konnte ich auch vorher nicht auf der Cinelle üben. Sie wurde von dem Museum, das sie besaß, nur für ein bestimmtes Konzert ausgeliehen, für eben das Konzert, in dem ich spielen sollte und es nicht getan habe, weiß Gott, warum nicht.

Ich sah den Mann an, der nachdenklich vor sich hinlächelte, und dann sah ich auf die Uhr. Es war schon ziemlich spät und ich wäre gern schlafen gegangen. Aber dann bildete ich mir törichterweise ein, ich könne etwas helfen, wenn ich dabliebe und mir die Geschichte anhörte, die vielleicht interessant und für das ganze Leben des Mannes bestimmend, vielleicht aber auch völlig nebensächlich war.

Wie alt waren Sie damals, fragte ich unwillkürlich. Wie alt, sagte der Mann, sehr jung noch, keine zwanzig Jahre alt. Ich war auf der staatlichen Musikschule und meine Ausbildung war noch nicht einmal abgeschlossen. Ich kann mir heute noch nicht erklären, warum sie mich ausgesucht haben, vielleicht weil ich ein hübscher Junge war, und weil die Cinelle ja nicht irgendwo im Hintergrund aufgehängt wurde, sondern ganz vorn in der Mitte, und das Orchester saß auf einem hohen Podium und im ganzen Saal konnte jeder mich sehen.

Es war also, sagte ich, ein großer Saal und ein wichtiges Konzert?

Ja, sagte der Mann. Es war ein ganzes Festival, wenn Sie wissen, was ein Festival ist. In dem Festival war mein Konzert das mit den bedeutendsten Musikstücken und den berühmtesten Solisten. Es war das, bei dem alle Logen voll von ausländischen Gästen und gefürchteten Kritikern waren und zu dem auch die Königin kam.

Die Königin, sagte ich überrascht. Der Mann nickte und spannte seine Hände aus und zog sie wieder zusammen, so als wolle er die Länge der Tischplatte abmessen. Das weiß doch jeder, sagte er ungeduldig, es hat in der Zeitung gestanden und ich habe auch in der Zeitung gestanden. Ich habe das Konzert geschmissen, wie man das so nennt.

Hatten Sie denn vorher kein Schlagzeug bedient, fragte ich.

O doch, sagte der Mann, alle Arten von Schlagzeug, Trommeln und Gongs, und Glocken und Stäbe, Rasseln und Tamburine, die ganze Batterie.

Vielleicht hatten Sie Schwierigkeiten mit dem Takt, sagte ich.

Ich hatte keine Schwierigkeiten, sagte der Mann. Wir hatten ein Orchester in der Schule, ich habe bald dieses, bald jenes Instrument gespielt und meine Einsätze waren immer da. Ich habe das Stück, das von einem jungen hoffnungsvollen Komponisten war, auch genau gekannt. Obwohl die Partitur sehr schwer zu lesen war, habe ich mich doch mit ihr völlig vertraut gemacht. Die ganze Woche vor dem Konzert habe ich nichts anderes getan als die Noten zu lesen und an der bestimmten Stelle meinen Schlag einzusetzen, wozu ich meinen eigenen kleinen Gong benützte, manchmal aber auch nur in die Hände klatschte. Es kann niemanden geben, der sich je auf etwas besser vorbereitet hat als ich mich vorbereitet habe auf diesen einzigen Ton.

Dieser eine Ton, sagte ich, kann doch so wichtig nicht gewesen sein. Vielleicht haben nur Sie sich eingebildet, daß er so wichtig war, und vielleicht hat sein Fehlen gar niemand bemerkt.

Ich sagte Ihnen schon, sagte der Mann ärgerlich, daß alle Zeitungen darüber geschrieben haben. Ich konnte nach jenem Abend nicht weiterstudieren, und von einer Anstellung bei einem Orchester war keine Rede mehr.

Ich finde das ungerecht, sagte ich empört. Schließlich konnte jeder sich sagen, daß Sie nur Lampenfieber hatten und daß so etwas nicht noch einmal vorkommen mußte. Vielleicht haben Sie die Nacht vorher vor Aufregung nicht geschlafen. Sie waren vermutlich zum ersten Mal in der großen fremden Stadt und vielleicht trugen Sie auch zum ersten Mal einen Frack. Sie wußten, daß die Königin anwesend war, und natürlich hatten Sie die Königin noch nie gesehen.

Die Königin, sagte der Mann zerstreut und ließ seine Finger wirbeln, als hielte er Trommelschlegel in den Händen. Ich bin kein Brite und die Anwesenheit der königlichen Familie bedeutete mir nichts. Ich habe die Nacht vor dem Konzert gut geschlafen und bin am Morgen und auch am Nachmittag in einem Park spazierengegangen. Den Frack, einen dunkelblauen, habe ich mir ein paar Wochen vor dem Konzert machen lassen, ich hatte ihn schon ein paarmal angezogen und fühlte mich nicht im geringsten beengt. Als ich auf meinem Platz saß – Vor der Cinelle, warf ich ein.

Nein, sagte der Mann. Ich saß auf einem Stuhl bei den Bläsern und dort hatte ich abzuwarten, bis mein Einsatz kam. Die Bläser saßen rechts auf dem Podium, während die Streicher links saßen und Teile des Schlagzeugs rechts und links verteilt waren. In der Mitte war, wie ich schon sagte, ein großer freier Raum. Dort war die Cinelle aufgehängt. Sie war riesengroß und am Rande mit allerlei merkwürdigen Ornamenten verziert. Ich hatte die paar Schritte in die Mitte zu gehen, den Schlegel in die Hand zu nehmen und meinen Schlag zu tun. Danach sollte ich wieder auf meinen Stuhl zurückkehren. Während der paar Minuten, die das alles dauerte, war das Orchester still. Später spielte es weiter, und zwar auf die Minute genausolang wie vor meinem Schlag.

Dieser Schlag, sagte ich, war also eine Art von Mittelpunkt in der Komposition, so wie die Cinelle ein Mittelpunkt für das Auge war.

Ja, sagte der Mann, er war die Mitte von allem. Er mußte sehr stark, mit aller Kraft und doch auch wieder federnd ausgeführt werden. Er sollte die ganze große Konzerthalle mit einem erschreckenden und ungeheuren Getöse erfüllen. Das Getöse sollte eine Weile, aber nicht zu lange, anhalten und dann plötzlich zu Ende sein.

Vielleicht, sagte ich, sollte es so etwas darstellen wie eine furchtbare Katastrophe, ein Unwetter oder eine Explosion. Danach aber sollte das Leben weitergehen und wahrscheinlich nicht viel anders als vorher.

Der Mann stützte den Kopf auf die Hand und verzog den Mund. Es war ihm nicht recht, daß ich mir über die Komposition meine laienhaften Gedanken machte, und er hörte sie sich geringschätzig an.

Ich habe den Ton nicht gespielt, sagte er.

Sie wollten nicht oder Sie konnten nicht, fragte ich gespannt.

Ich konnte nicht, sagte der Mann rasch. Meine Glieder waren gelähmt. Mein Wille war gelähmt. Ich war nicht da.

Obwohl ich das Gefühl hatte, daß der Mann in diesem Augenblick nicht die Wahrheit sprach, ging ich doch auf seine Worte ein.

War Ihnen so etwas schon früher zugestoßen, fragte ich. Haben Sie schon früher an dem gelitten, was man Absenzen oder Geistesabwesenheiten nennt?

Nein, sagte der Mann, nie.

Dann konnten Sie sich auch nicht davor fürchten, sagte ich.

Ich habe, sagte der Mann, mich vor nichts gefürchtet. Ich war, wie ich schon sagte, an dem Tag sehr guter Dinge. Meine Eltern waren mit zu dem Konzert gekommen und auch eine junge Freundin, die ich sehr liebte und die ich, sobald ich eine Anstellung hatte, heiraten wollte. Als ich an dem Nachmittag mit ihr im Park spazierenging, erzählte ich ihr, daß ich nun die allerbesten Aussichten hätte, berühmt zu werden und viel Geld zu verdienen. Ich wußte, daß sie gern jemanden zum Mann bekommen würde, der berühmt war und viel Geld hatte, und als ich das sagte, sah ich, wie ihre Augen vor Vergnügen glänzten. Ich malte ihr aus, wie ich leben und was für einen Erfolg ich bei den Mädchen haben würde, und als wir uns auf eine Bank setzten, legte sie zum ersten Male ihre Arme um meinen Hals. Dann ging ich ins Hotel und zog mich um und sah mir noch einmal die Noten an.

Gab es denn keine Probe? fragte ich.

Für die andern, ja, sagte der Mann, aber für mich nicht. Die Cinelle wurde erst gegen Abend aus dem Museum herübergebracht, es waren da schon Leute im Saale und bei den Garderoben, und darum war es ganz unmöglich, daß ich den Schlag noch übte, der ja klingen sollte wie der Auftakt zum Jüngsten Gericht. Ich ging also am Abend, nachdem ich mich überzeugt hatte, daß die Cinelle richtig aufgehängt worden war, noch einmal ins Künstlerzimmer und machte mich mit den andern Spielern bekannt. Obwohl alle diese Spieler ziemlich junge Leute waren, war doch keiner so jung wie ich.

Vielleicht hat diese Tatsache Sie befangen gemacht, sagte ich.

Im Gegenteil, sagte der Mann. Als ich merkte, daß meine Kollegen mich erstaunt ansahen und sich sogar über mich lustig machten, bekam ich erst den richtigen Mut. Ich setzte mich aber ganz bescheiden auf meinen Stuhl und beobachtete, wie alle Reihen der großen Konzerthalle sich langsam füllten und wie dann die Ehrengäste hereingeführt wurden und die königliche Familie erschien. Ich erkannte auch meine Eltern und meine Freundin, die in einer der mittleren Reihen saßen, und lächelte ihnen zu. Von dem Augenblick aber, in dem der Dirigent seinen Stab hob, sah ich nur noch meine Cinelle an. Sie hing frei in dem leeren Raum wie ein großer kupferroter See oder wie eine im Untergehen begriffene Sonne, und in dem Luftzug, der durch die Musik entstand, schwankte sie ein wenig hin und her.

Sahen Sie denn nicht in Ihre Noten, fragte ich.

Ich hatte keine, sagte der Mann. Ich saß neben der Klarinette, weil die Klarinette die letzten Takte vor meinem Gongschlag und die ersten danach zu spielen hatte. In den Noten der Klarinette war mein Einsatz angegeben. Aber ich brauchte die Noten und das Zeichen des Dirigenten nicht.

Ich nehme an, sagte ich, daß man das Ding, mit dem Sie den Ton hervorbringen müßten, einen Schlegel nennt. Hatten Sie diesen Schlegel, während Sie auf dem Stuhl bei der Klarinette saßen, bereits in der Hand?

Nein, sagte der Mann. Er lag auf dem Gestell, an dem die Cinelle hing. Es war aber mein eigener Schlegel und ich war mit ihm vollkommen vertraut. Ich wußte, daß ich ihn nur in die Hand zu nehmen und mit ihm auszuholen brauchte, um diesen Ton hervorzubringen, der im Programmheft bereits erwähnt war und auf den das ganze Publikum zu warten schien.

Sie haben ihn aber nicht hervorgebracht, sagte ich.

Ich weiß es nicht, sagte der Mann. Sein Gesicht hatte einen trotzigen Ausdruck und nun hielt er seine Hände ganz still, sie lagen vor ihm auf dem Tisch, zu Fäusten geballt. Ich weiß nur, daß ich im richtigen Augenblick aufgestanden und die paar Schritte bis zu der Cinelle gegangen bin. Ich habe den Schlegel in die Hand genommen und habe meinen Arm in der vorgeschriebenen und so oft geübten Weise bewegt. Ich erinnere mich, daß ich mich in diesem Augenblick gefühlt habe wie jemand, der etwas Außerordentliches vollbringt. Ich habe auch geglaubt, den Anprall zu spüren und einen so heftigen, daß ich mich nur mit Mühe aufrecht erhalten konnte. Erst an der Unruhe, die zunächst im Orchester und dann auch im Publikum entstand, merkte ich, daß etwas nicht in Ordnung war.

Sie wurden aufgefordert, zu schlagen, fragte ich gespannt.

Ja, sagte der Mann. Der Dirigent fuchtelte mit seinem Stab, die Klarinette flüsterte so etwas wie, mach schon,

Mensch, und alle Leute im Parkett und in den Logen bewegten sich ein bißchen, was so klang, wie wenn ein Windstoß die Rohre eines Bambuswäldchens bewegt. Ich ging aber zurück und setzte mich an meinen Platz.

Weil Sie schon geschlagen hatten, sagte ich.

Ich weiß es nicht, sagte der Mann gequält. Ich habe es nachher behauptet, und vielleicht war das der Hauptgrund dafür, daß alle so böse auf mich waren. Ich hätte sagen sollen, daß ich einen Krampf in der Hand hatte oder daß mir schlecht geworden sei.

Es war Ihnen aber nicht schlecht, sagte ich.

Mir war wohl, sagte der Mann, und ein rätselhaftes Lächeln glitt über sein Gesicht. Die ganze Zeit, während ich auf das Klirren und Zupfen und Pochen der Musik hörte und dabei den Gong anstarrte, war mir so wohl wie in meinem ganzen Leben nicht. Ich verfolgte mit meinen Blicken die verschlungenen Linien, die in das Metall geritzt waren und die, wie man mir später sagte, Lotosblumen darstellten. Die Linien erschienen mir wie verschlungene Wege, eine Art von Labyrinth, in das ich mich in einer immer tieferen Stille immer tiefer verlor.

Stille, fragte ich erstaunt. Das Orchester spielte doch.

Natürlich, sagte der Mann ungeduldig, und ich hörte auch jeden Ton. Ich war ganz wach und von Zeit zu Zeit versuchte ich auch, mich umzudrehen und meine Freundin ins Auge zu fassen, die vor Freude und Erwartung strahlte. In diesen Augenblicken war ich auch, was ich vorher gewesen war, ein Mensch, der einen Auftrag zu erfüllen hat, ein ehrgeiziger, von Tatenlust bebender junger Mann. Aber sobald ich meine vorige Stellung wieder einnahm und zu der Cinelle hinüberblickte, existierte dieser junge Mann nicht mehr. An seine Stelle war etwas getreten wie ein altes, weises und unendlich ruhebedürftiges Tier ... Ein Tier, warf ich überrascht ein. Sie haben sich gefühlt wie ein Tier?

Oder wie ein Stein, sagte der Mann. Ein grauer, rissiger Stein, der von etwas Moos überwachsen in einer Schlucht liegt und unaufhörlich und eintönig rauscht das Wasser des Bergbaches an ihm vorbei. Er ist unfähig zu handeln oder sich auch nur zu bewegen. Er wartet auf das Ende der Zeiten, an dem auch das Geräusch des Wassers zum Schweigen kommen wird.

Ich weiß, sagte ich unwillkürlich – ich weiß.

Sie wissen nichts, sagte der Mann streng. Sie haben solche Empfindungen, wenn Sie sie haben dürfen, in den Ferien oder nachts, im Bett. Sie werden nicht von ihnen überwältigt, wie ich an dem Abend im Konzertsaal von ihnen überwältigt wurde. Sie träumen, wenn man Ihnen erlaubt zu träumen, und schon die Andeutung einer Rüge ruft Sie zu Ihren Pflichten zurück. Sie werden nicht verhext.

Wollen Sie damit sagen, fragte ich rasch, daß dieser chinesische Gong Sie verzaubert hat?

Ich weiß nicht, sagte der Mann zum drittenmal. Er stand auf und zog seine Windjacke an, die er an einem Haken an der Holzwand aufgehängt hatte. Aber dann setzte er sich noch einmal hin und machte mit seinen Händen diese merkwürdige Bewegung, als müsse er die Länge des Tisches ausmessen, oder die Länge von irgend etwas anderem, einem endlosen Weg.

Ich habe mir, sagte er, damals eingebildet, daß ich den Schlag auf die Cinelle ausgeführt hätte, und auch später habe ich das noch oft geglaubt. Ich weiß aber jetzt, daß ich nicht geschlagen habe. Es war, wie es in der Partitur stand und wie es dem Willen des Komponisten entsprach, vorher eine kleine Pause eingetreten, ein Augenblick der Stille, der mich mit Entzücken erfüllte. Es war mir unmöglich, diese Stille zu stören. Wie der Stein in der Schlucht konnte ich mich nicht bewegen und wie das uralte Tier blinzelte ich schläfrig in die Lichter des Kronleuchters, der über der Cinelle hing. Ich vollführte, und genau im richtigen Augenblick die mechanische Bewegung des Aufstehens, ich machte die paar Schritte in die Mitte des Podiums und nahm den Schlegel in die Hand. Aber weiter habe ich nichts getan.

Er schwieg und spreizte dabei noch immer seine Hände und zog sie wieder zusammen, immer an der Tischkante entlang. Und ich schwieg auch, obwohl ich eigentlich etwas hätte sagen müssen. Es fiel mir aber erst nach einer ganzen Weile etwas ein.

Hätte denn, fragte ich, überhaupt jemand diesen Gong zum Klingen bringen können? War er nicht vielleicht schon zu alt und das Metall vom Alter zerstört?

Aber hierzu schüttelte der Mann nur den Kopf. Man hat mir, sagte er, als das Publikum den Saal verlassen hatte, die heftigsten Vorwürfe gemacht. Der Komponist selbst hat den Schlegel genommen und einen Schlag auf die Cinelle getan. Es war keine Rede davon, daß sie zu alt und als Instrument nicht mehr zu gebrauchen war.

Und dann, fragte ich zaghaft.

Das war erst der Anfang, unterbrach mich der Mann. Es war ein unangenehmes und demütigendes Erlebnis, aber ich war jung und habe es gar so schwer nicht genommen. Man hat mir, meiner angeblich überreizten Nerven wegen, geraten, für eine Weile mit der Musik aufzuhören, es ist ja die allgemeine Ansicht, daß gerade die Schlagzeuger für allerlei nervöse Störungen besonders anfällig sind. Ich habe also diese und jene Arbeit angefangen. Aber jedesmal, wenn ich mich bei einer Sache bewährt hatte und etwas Entscheidendes selbständig tun sollte, ist es wieder über mich gekommen, dieses Gefühl von Steinsein und Uraltsein und Müdesein, und ich bin dagesessen und habe nichts getan. Und jedesmal habe ich dabei auch die Cinelle wieder vor mir gesehen, wie eine kupferrote Sonne, die im Wasser versinkt.

Ihre Freundin, sagte ich, als der Mann wieder schwieg, unbeholfen, hat wohl nichts mehr von Ihnen wissen wollen.

O doch, sagte der Mann. Nachdem sie ihre Enttäuschung überwunden hatte, ist sie gekommen und hat versucht mir das alles auszureden. Das nächste Mal, hat sie gesagt, wenn es wieder über dich kommt, mußt du nur an mich denken, und wie sie da vor mir stand mit ihrem festen Fleisch und ihren roten Lippen, heftig und blühend wie das Leben selbst, war ich auch überzeugt davon, daß mir auf diese Weise zu helfen wäre. Es hat aber nichts genützt, und weil es nichts genützt hat, habe ich nur das eine im Sinn gehabt, nämlich sie zu lieben wie Eheleute sich lieben, obwohl von einer Heirat natürlich vorläufig keine Rede sein konnte. Ich habe angefangen, ihr zuzusetzen, wie das jeder Mann tut, nur noch ein bißchen flehender und verzweifelter, und wahrscheinlich ließ ich dabei durchblicken, daß dies das einzige Mittel sei, mich zur Vernunft zu bringen. Sie hat einmal nein gesagt, und noch einmal nein, aber nicht aus Ziererei, sondern weil sie mir nicht traute und weil sie bestimmte Vorstellungen von einem sauberen, vernünftigen und erfolgreichen Leben hatte. Sie hat aber schließlich doch nachgegeben.

Weil sie Sie liebte, sagte ich.

Der Mann sah mich spöttisch an.

Vielleicht, sagte er, hat sie mit einem Arzt gesprochen und dann noch mit ihren Eltern und sie haben eine Art von Kriegsrat gehalten. Und dann ist das Lämmchen auf die Schlachtbank gegangen, für meine Gesundheit und meine Karriere und unser zukünftiges Glück.

Der Mann sprach nicht weiter, sondern lächelte nur und schlug mit den Fingern einen Trommelwirbel auf dem Tisch. Ich konnte mir wohl denken, daß dieser Versuch schlecht ausgegangen war und daß der Mann beim Zusammensein mit anderen Frauen ebenfalls plötzlich die Cinelle vor Augen gehabt hatte und zu Stein geworden war. Trotzdem machte er, wie er jetzt aufsprang und sich verabschiedete, nicht den Eindruck eines unglücklichen Menschen. Er hatte etwas verloren und etwas gewonnen, und es war die Frage, ob er nicht auf seine Weise ganz zufrieden war.

Der Tag X

Sie wissen schon, was für einen Tag ich damit meine. Das X steht da für ein U, U gleich Untergang, Weltuntergang nicht gerade, aber doch etwas Ähnliches, unsere Stadt weg, alle Häuser, Schulen, Bibliotheken, alle Männer und Frauen und Kinder, alles, wofür wir gelebt haben, und es mag sein, daß dann noch menschliche Wesen irgendwo herumkriechen, aber nicht lange, und was noch geboren wird, ist schon im Keime zerstört.

Dieser Tag X beschäftigt mich, ich mache mir meine Gedanken über ihn, aber in meiner Familie und auch unter meinen Freunden bin ich die einzige, die sich solche Gedanken macht. Ich darf auch nicht davon reden, ach, hör doch auf, heißt es gleich, dazu kommt es nicht und wenn es doch dazu kommt, erfahren wir es noch früh genug. Weil ich also nicht reden darf, muß ich es aufschreiben; ich muß diesen Tag X beschreiben, der natürlich anfängt wie alle Tage und auch weitergeht wie alle Tage, Sie werden schon sehen. Was für Wetter an dem Tag ist, kann ich natürlich nicht wissen, aber nehmen wir an, es ist schönes Wetter; nehmen wir an, der Sommer hat sich gewendet, die Sonnenblumen blühen. Ganz unvorbereitet sind wir nicht, es herrscht Krisenstimmung, eine politische Krise, wie gehabt, ja natürlich wie, besonders in dieser Jahreszeit, schon oft gehabt.

Ich wache an dem Tag früh auf, sehe durch einen Spalt zwischen den Vorhängen den reinen Septemberhimmel und dann schaue ich auf die Uhr. Es ist erst sieben Uhr, ich könnte meinen Mann noch eine halbe Stunde schlafen lassen, aber weil ich das bestimmte Vorgefühl habe, tue ich es nicht. Vielmehr wecke ich ihn vorsichtig und sage, »du hast noch Zeit, aber es handelt sich um die Kinder, das heißt darum, ob die Kinder in die Schule gehen sollen oder nicht.«

Mein Mann setzt sich im Bett auf und reibt sich die Augen. »Warum denn«, fragt er, »warum nicht in die Schule, sind sie krank oder ist eine ansteckende Krankheit ausgebrochen, das hättest du gestern schon sagen können, du hast aber nichts gesagt.«

»Weil«, antworte ich, »keine ansteckende Krankheit ausgebrochen ist und die Kinder auch nicht krank sind und weil ich gestern abend noch nicht wußte, was ich jetzt weiß, nämlich, daß dies unser letzter Tag ist, und ich finde, wir sollen beisammen bleiben.«

»Unser letzter Tag«, wiederholt mein Mann ganz erstaunt, »wieso denn das«, und dann fängt er an zu lachen und sagt, »laß dich doch nicht verrückt machen, das kommt schon alles wieder in Ordnung, schließlich weiß ja jeder, daß dabei nichts herauskommt und daß es am Ende keine Sieger und keine Besiegten gibt.«

»Das hast du schon oft gesagt«, sage ich, während ich auf dem Bettrand sitze und meine Strümpfe anziehe, »es kann wahr sein, es muß aber nicht wahr sein, ich meine, daß das jeder weiß und sich auch danach richtet und heute ist es eben so weit, es ist unser letzter Tag.«

Mein Mann sieht mich ganz freundlich von der Seite an und dann schlägt er vor, die Zeitung aus dem Briefkasten zu holen, und ich weiß schon, daß ich an der Zeitung keine Stütze habe, weil ja, solange »es« nicht geschehen ist, nichts geschehen ist und weil keine Zeitung der Welt je schreiben würde, ihr müßt sterben, macht euch bereit.

»Na siehst du«, sagt mein Mann, nachdem er die Zeitung geholt und mir einiges daraus vorgelesen hat, Telegramme und sogar Telefongespräche zwischen den Großmächten, »man sieht einen Ausweg, man wird ihn finden, übrigens habe ich die Kinder bereits geweckt.«

»Aber in die Schule gehen sie doch nicht«, sage ich, »und du, mir zuliebe, gehst auch nicht ins Büro.« – »Ich gehe ganz bestimmt«, sagt mein Mann, der bei der Bundesbahn beschäftigt ist, »und die Kinder gehen auch, was willst du ihnen sagen, warum nicht«, und damit steckt er den Stecker seines elektrischen Rasierapparates in die Dose, der Apparat summt ziemlich laut und ich weiß schon, daß mein Mann mich nicht mehr versteht.

Ich bin jetzt fertig angezogen und gehe ins Kinderzimmer, wo sonst um diese Zeit meistens eine trübe Stimmung herrscht; entweder liegen die Kinder noch in den Betten und man muß ihnen die Decke wegziehen oder sie sind ungewaschen bereits angezogen, haben ihr Vokabelheft oder ihr Mathematikheft aufgeschlagen und sagen, laß uns in Ruhe, zum Frühstücken haben wir heute keine Zeit.

Die Kinder, zehn und zwölf Jahre alt, zwei Knaben, sind ihrem Alter entsprechend wenig zärtlich, mit einem Kuß am Morgen kann ich schon gar nicht mehr rechnen. Daß sie mir an dem Tag, von dem ich spreche, entgegenlaufen und mich umarmen, zerreißt mir das Herz. »Warum«, sage ich atemlos, »seid ihr denn aufgestanden, wo ihr heute gar keine Schule habt?« – »Keine Schule«, sagt der ältere Junge, »bei dir piepts wohl«, ja, so drückt er sich aus und tippt sich sogar mit dem Finger gegen die Stirn. Und dann stellt sich heraus, daß heute in seiner Klasse zwei Stunden lang Filme gezeigt werden, während in der Klasse des Kleinen offenbar etwas im Gange ist, eine Verabredung zum Rauchen in der großen Pause oder weiß Gott was, ein interessanter Tag jedenfalls, ein nicht zu versäumender Tag.

»Ihr habt aber doch keine Schule«, sage ich tapfer und fange an, die Betten auszulegen, um den Kindern nicht in die Augen sehen zu müssen. »Woher weißt du das«, fragt Arno, der ältere, und ich sage, »ich habe es gehört« und bereue schon alles, weil jetzt in den Kindern ein Verdacht aufsteigen könnte, aber »da will ich doch lieber mal anrufen«, sagt Arno ganz sachlich und reißt schon die Türe auf, und nun habe ich alle Mühe, ihn mit »nein laß nur«, »du wirst schon recht haben« zurückzuhalten. Arno schüttelt den Kopf und denkt sich was über die Frauen, und mein Mann denkt sich auch was, und später, als nach einem stürmischen Frühstück die Kinder weggelaufen sind, spricht er es auch aus. »Wie du heute bist«, sagt er, »so kenne ich dich ja gar nicht«, weil mir die Tränen auf das Honigbrot tropfen, und die Haare habe ich mir auch noch nicht in Ordnung gebracht.

»Du hast recht«, sage ich, »ich kenne mich so auch nicht, aber gerade deswegen muß etwas daran sein und der Kassandra hat auch niemand geglaubt.« Und weil ich nun schon beim Altertum bin, erzähle ich meinem Mann von den nach ihren Hohlformen in der Lava ausgegossenen Toten von Pompeji, die man in allen möglichen jämmerlichen Fluchtstellungen im Museum bewundern kann, oder beklagen, als vom Tod Überraschte, und am Ende sage ich, »so wird es uns ergehen.«

Von dieser Erzählung ist mein Mann sehr unangenehm berührt. Er sieht mich ärgerlich an und trinkt ganz schnell seinen Kaffee aus, und es ist gut, daß jetzt das Telefon läutet, an das sonst ich immer gehe, aber diesmal nimmt mein Mann selber den Hörer ab. »Ja, ich bin es«, sagt er erfreut, »nein, ich bin noch nicht weg, ich kann Sie abholen, gern. Sie kommen schon auf die Straße, aber das wäre doch nicht nötig, so eilt es nicht.« Ich überlege, wer das sein könnte, ein Kollege oder seine Sekretärin, jedenfalls eine Stimme des Lebens, eine Stimme, die sagt, es geht weiter, alles geht weiter, heute und morgen, es gibt keinen Tod.

»Ja, du mußt mich entschuldigen«, sagt mein Mann und gibt mir einen Kuß, »und denk nicht an so gräßliche Sachen, das bringt dich nur herunter, du bist schon ganz blaß.« Er verspricht noch, mich, sobald er etwas Neues hört, anzurufen, und dann verabschiedet er sich und nimmt draußen die Wagenschlüssel vom Haken; ich höre das leise Klirren wie alle Tage und seine raschen Schritte auf der Treppe wie alle Tage, und bin einen Augenblick lang beruhigt, er hat recht, ich mache mich verrückt, ich mache alle verrückt.

Der Vormittag vergeht, wie er immer vergeht. Wir

sind in ziemlich guten Verhältnissen, aber wir haben keine Bedienung. Also mache ich die Betten wie immer und wische Staub wie immer und gehe dann einkaufen und beim Einkaufen sperre ich die Ohren auf, um zu hören, was die Leute in den Geschäften sagen. Sie sagen aber nur das Gewöhnliche, schönes Herbstwetter, und wie war es im Urlaub, und die Äpfel könnten auch billiger werden, und wenn ich versuche, das Gespräch auf die politische Lage zu bringen, haben sie es plötzlich außerordentlich eilig, ja entschuldigen Sie, ich muß noch ins Fischgeschäft, ich muß noch auf die Bahn, meine Tante abholen, ich muß noch zum Friseur. Die Leute, die so reden und wegstürzen, kenne ich natürlich nur vom Sehen, aber den an der Haltestelle kenne ich wirklich, es ist der Pfarrer, bei dem meine Kinder Religionsunterricht haben. Er trägt sich nicht gerne geistlich, er hat ein Baskenmützchen auf dem Kopf, aber das soll mich nicht hindern, ihm eine geistliche Frage zu stellen. Guten Tag, Herr Pfarrer, sage ich also, und er sagt »Guten Tag, Frau Reiter, was machen die Buben, einen Schulausflug, hoffe ich, wer weiß, ob das schöne Wetter anhält, vielleicht ist heute der letzte Tag«. »Ja«, sage ich ganz erschüttert, »der letzte Tag, das mag sein, und was sollen wir tun, Herr Pfarrer, ich frage Sie, was sollen wir tun?«

Der Pfarrer sieht mich ganz erstaunt an, aber dumm ist er nicht, er merkt etwas, also sagt er, »Sie dürfen sich keine Sorgen machen, Frau Reiter, wir stehen alle in Gottes Hand«. »Aber das ist ja gerade, was ich will, mir Sorgen machen«, sage ich. Nur daß dann schon die Elektrische heranrauscht, ein gewisser Herr zieht sein

Baskenmützchen und springt auf das bereits überfüllte Trittbrett, ein Pfarrer, der im Leben steht, ja, das ist er und rennt von einem zum andern, immer unterwegs. Alle stehen fest im Leben, meine Familie und die Hausfrauen und der Pfarrer, nur ich nicht, obwohl ich soeben Kalbsschulter und ein halbes Pfund Champignons gekauft habe, man ahnt schon, was mir da vorschwebt, eine Art Henkersmahlzeit, mit süßer Speise, aber vielleicht will ich mich auch nur beschäftigen und überhaupt ist es schon spät. Es ist, wenn ich nach Hause komme, gleich zwölf Uhr; vielleicht, denke ich, hat mein Mann unterdessen angerufen, er hat jetzt eine Sitzung, aber es wäre doch besser, wenn ich ihn herausrufen lassen würde, obwohl er das nicht leiden kann, ja geradezu haßt.

»Ja, was ist denn«, fragt er, als ich ihn endlich am Apparat habe, denn auch ganz ärgerlich, und ich sage, »nichts. Nur, ich habe mich verspätet und möglicherweise habe ich deinen Anruf verpaßt«. »Meinen Anruf«, sagt mein Mann erstaunt, »wozu sollte ich denn anrufen«, und ich frage, was mir gerade in den Sinn kommt und mir außerordentlich wichtig erscheint. »Fahren die Züge«, frage ich mit zitternder Stimme. »Ja, liebes Kind«, sagt mein Mann, »woher soll ich das wissen, wir tagen doch nicht im Bahnhofsgebäude, natürlich fahren die Züge, warum fragst du, willst du verreisen, oder warum.«

»Nur so«, sage ich und hänge ein. Es vergeht eine halbe Stunde, während der ich, in der Küche beschäftigt, mir die Worte meines Mannes wiederhole, wobei sie bald tröstlich, bald aber auch höchst beunruhigend klingen. Schließlich halte ich es nicht mehr aus und laufe in die Schule, es ist die Gutenbergschule, die beide Kinder besuchen. Es trifft sich gut, daß vor dem Haupteingang der Direktor steht, er redet mit dem Hausmeister, augenscheinlich ist das Treppengeländer lose geworden und soll befestigt werden; der Direktor rüttelt an allen Eisenstäben und macht ein besorgtes Gesicht.

»Guten Tag, Herr Direktor«, sage ich, »Sie haben es also nicht für nötig gehalten, die Kinder nach Hause zu schicken, Sie haben wahrscheinlich Nachrichten, erfreuliche, das ist schön.« »Warum«, fragt der Direktor ganz erstaunt, »sollte ich die Kinder nach Hause schicken.« Er sieht mich an, als hätte ich den Verstand verloren, und ich sage ihm schnell, »ja, warum eigentlich, Sie haben ganz recht.« Ich gehe an ihm vorüber und er sieht mir mißtrauisch nach, auch der Hausmeister sieht mir mißtrauisch nach, aber sie können mir nicht verbieten, in die Schule zu gehen und meine Kinder abzuholen, es muß bald klingeln, die letzte Stunde ist gleich vorbei. Da kommt schon ein Trupp aus der Turnhalle, ich erkenne meinen älteren Jungen und werde rot vor Freude, wenn *es* jetzt kommt, denke ich, jetzt, dann haben wir uns doch noch gesehen.

Der Junge läuft mit den andern an mir vorüber, aber kaum, daß alle um die Ecke sind, kommt er noch einmal zurück und sagt zornig, »was willst du denn hier, du willst mich wohl blamieren, geh nur hinauf zum Klaus in die Sexta, aber der wird das auch nicht gern haben, eine Kleinkinderschule sind wir hier nicht.«

»Nein, nein«, sage ich und gehe wieder, der Direktor, Gott sei Dank, steht nicht mehr vor der Tür. Da ich das Mittagessen so gut wie fertig habe, gehe ich ganz langsam nach Hause, an der Ecke kaufe ich noch eine Zeitung, in der aber dasselbe steht wie im Morgenblatt, viele Menschen sind unterwegs, Frauen in roten und blauen Kleidern, um den Blumenstand drängen sie sich und kaufen Sonnenblumen und tragen sie vorsichtig, den Abend erlebt keiner mehr. Ungeheuerlich ist das, denke ich, und sage das Wort ein paarmal, ein Wort wie Blitz und Donner, das in meinem Kopf zu dröhnen beginnt.

Indem bin ich bei unserer Haustüre angelangt und gehe die Treppe hinauf, die Kinder kommen mir nachgestürzt, sie sind hungrig und glänzender Laune, der Große hat schon vergessen, daß ich in der Schule war. »Laß doch das dumme Radio«, sagt er, nachdem wir gegessen haben, »hilf mir lieber, wir haben deutschen Aufsatz, Wilhelm Tell, war die Ermordung Geßlers eine Rachetat oder nicht?« »Ja«, sage ich und betrachte seine glatte schöne Stirn, seine festen Arme, »vielleicht war sie das. Ich möchte nur eben noch die Nachrichten hören, setz dich schon hin.« Ich sehe auf meine Armbanduhr, es ist Zeit für die Nachrichten, aber es kommen keine, statt dessen wird Schlagermusik gespielt. »Wie war das also mit dem Tell«, fragt Arno, »was hast du für eine Ansicht«, und, Tell, denke ich, hohle Gasse, wir gehen durch die hohle Gasse, fort mußt du, deine Uhr ist abgelaufen, auch unsere Uhr ist beinahe abgelaufen, nur daß es keiner weiß. Doch, einer weiß es, einer hat angeordnet, Schlagermusik statt Nachrichten, einer weiß es, der schickt uns in den Tod.

»Du könntest«, wirft der jüngere unserer Söhne ein, »mir helfen, das Aquarium sauberzumachen, der Vater sagt, die Fische ersticken, und wenn sie ersticken, kauft er mir keine mehr.« Das Wasser im Aquarium ist eine trübe Brühe, in der man die hübschen Schleierschwänze wie graue Schatten treiben sehen kann. Ersticken, denke ich, vielleicht werden wir ersticken, was tut ein zum Tode Verurteilter in den letzten Augenblicken seines Lebens, jedenfalls schreibt er keinen deutschen Aufsatz und wischt nicht an den schleimigen Scheiben eines Fischbehälters herum. »Ich will euch etwas vorlesen«, sage ich, und laufe an den Bücherschrank, Goethe, Trilogie der Leidenschaft, das ist nichts für Kinder, Jean Paul, Hesperus, egal, nur irgend etwas, schnell, ehe sie widersprechen können. Schon lese ich, hastig und zugleich auch stockend, wie sollen die Buben das verstehen, aber sie sollen es gar nicht verstehen, nur etwas mitnehmen, ein paar Worte, die ein Dichter geschrieben hat, auf ihren Weg in die Finsternis, den wir in Rudeln antreten, in ganzen Völkern, Schatten neben Schatten, alle ohne Gesicht. Ich lese und der Kleine fängt indessen die Fische mit einem kleinen Netz und setzt sie in ein Marmeladenglas, was seine Aufmerksamkeit völlig in Anspruch nimmt. Der Große zeichnet Fußballmännchen auf ein Löschblatt, nach einer Weile unterbricht er mich und sagt höflich, »ganz schön, Musch, aber ich muß den Tell machen, dazu habe ich jetzt keine Zeit.« »Ja«, sage ich und denke, mach deine Rechnung mit dem Himmel, was für eine Zumutung, und wie macht man das überhaupt, seine Rechnung mit dem Himmel, man kann ihm am Ende doch nichts präsentieren als eine lange Soll-Liste, dazu braucht man der Landvogt Geßler nicht zu sein.

»Wie spät ist es«, frage ich und bin schon im Begriff den Kindern alles zu sagen, aber auch das Sagen ist ja eine Ungeheuerlichkeit, und darum warte ich lieber, bis mein Mann nach Hause kommt, der vielleicht etwas Neues weiß. Er kommt kurz nach 5 Uhr, er weiß nichts Neues, meinen Anruf erwähnt er nicht. Ich stehe jetzt am Fenster, die Wagen fahren alle in eine Richtung, stadtauswärts, kein einziger in die Stadt hinein. Natürlich, denke ich, aber es hat keinen Sinn wegzulaufen, mein Mann dürfte das auch gar nicht als Beamter, niemand darf weglaufen, niemand darf die Panikstimmung erhöhen.

Von Panikstimmung ist keine Rede, auch was die Automobile anbetrifft, muß ich mich geirrt haben, wie leicht bildet man sich so etwas ein. Gegen sechs Uhr ruft ein befreundetes Ehepaar an, um uns für den nächsten Abend einzuladen, wir haben auch Karten für ein Konzert, ich frage bei der Kasse an, ob das Konzert stattfindet, und eine Stimme fragt zurück, wieso nicht. Mein Mann hat sich Arbeit mitgebracht und sitzt am Schreibtisch, die Kinder spielen jetzt Fußball auf dem Hof. Ich krame ein paar alte Photographiealben heraus und schleppe sie zu meinem Mann ins Zimmer. »Das waren wir«, sage ich, »ein paar Tage nach der Hochzeit, das war der Große, als er ein Jahr alt war, das sind wir im Urlaub in Positano, sieh nur, da klettern wir über die Felsen, da fahren wir mit dem Boot.« Jedes der eingeklebten Bildchen ruft eine Menge von Erinnerungen hervor, Landschaften, Gespräche, Streit und Zärtlichkeiten, Tage und Nächte, das ganze Leben kann da noch einmal aufsteigen, und das will ich auch, ich kann meinem Mann keine Liebeserklärung machen, aber ich kann ihm das zeigen, ein Leben voll Liebe an unserem letzten Tag. Ich schiebe also ganz vorsichtig das erste Album über die Akten, die mein Mann vor sich liegen hat, und, »ach ja«, sagt er höflich und schaut sich ein paar der alten Bildchen an. Aber dann sieht er auf die Uhr und fragt, »können wir das nicht am Abend machen oder am Sonntag, ich habe noch zu tun«.

Ich habe auch auf die Uhr gesehen, es ist jetzt gleich sieben Uhr, couvre-feu oder Angelusläuten, die Sonne ist untergegangen, der Tag ist vorbei. Aber natürlich weiß ich, daß er noch nicht vorbei ist und daß alles noch kommen kann. Noch eine halbe Stunde, dann ruft mein Mann die Kinder zum Abendessen, und weil sie natürlich nicht gleich erscheinen, gibt es noch vor dem Essen böse Worte und Streit, auch zwischen den Buben, Väter und Söhne, Kain und Abel, so gehen wir zugrunde, mit solchen Worten auf den Lippen, mit dem alten Haß der Welt.

Wir essen am Abend immer kalt und natürlich beten wir nicht vor dem Essen, also sind, wenn ich dann vor meinem Stuhl stehen bleibe und die Hände falte, die Kinder höchst erstaunt und mein Mann sieht mich mißbilligend an.

Ich versuche es aber doch, ich sage ein kleines Gebet, das wir als Kinder gelernt haben, und dann sage ich noch alles mögliche andere, in wirren Worten und mit rotem Kopf danke ich für unser Leben und bitte um einen gnädigen Tod. Ich merke schon, daß mein Mann mich unterbrechen will, und natürlich unterbricht er mich auch, sagt mit fester Stimme, »jetzt wollen wir essen«, und setzt sich hin. Die Kinder setzen sich auch hin, sie sind ganz erleichtert und fragen, ob wir nach Tisch noch mit ihnen spielen werden, z. B. das Quartett mit den Automarken, das ich so stumpfsinnig finde, aber mein Mann sagt, »ja.« »Wir wollen nur vorher noch die Nachrichten hören«, sagt er, mit einem Blick auf mich, wahrscheinlich denkt er, das wird sie beruhigen, wer weiß, was sie sonst wieder anstellt, sie hat einen schlechten Tag.

»Ja«, sage ich, »das können wir versuchen, aber es wird nicht gelingen, es hat auch mittags keine Nachrichten gegeben, statt dessen Schlager, auch ein Lied auf italienisch, Firenze in un manto di stelle, aber Nachrichten nicht.« »Das wollen wir doch einmal sehen«, sagt mein Mann, »es ist gerade acht Uhr«, und nun gehen wir alle ins Wohnzimmer hinüber, wo der Rundfunkapparat steht. Wir setzen uns auf die Stühle und warten darauf, daß das Auge grün wird und die bekannte Stimme zu reden beginnt. Das Auge wird auch grün, aber die Stimme kommt nicht, statt dessen ein Ton, ein ganz unbeschreiblicher, ein klagendes Brausen, das auf- und abschwillt, wie eine Sirene und doch wieder anders, und vielleicht kommt es gar nicht aus dem Kasten, sondern von draußen und es macht einen verrückt. Ich sehe meinen Mann an. Er bückt sich über den Kasten und dreht an den Knöpfen, seine Hände sind ganz weiß und die Adern treten ihm aus der Stirn. Auch die Kinder sind erschrocken und fragen,

»Vater, was ist das, Mutter, was ist das«, und der Kleine krampft seine Finger in meinen Arm.

»Was denn«, sage ich plötzlich ganz lustig, »das dumme Gepiepe, ein Defekt ist das, da kümmern wir uns gar nicht darum. Wir spielen Quartett. Lauft, holt die Karten und Gewinne gibt es heute, erster Preis, zweiter Preis, dritter Preis, ich habe da noch etwas in der gewissen Schublade, das hole ich jetzt, und bitte, Kläuschen, stellt inzwischen die Stühle zurecht.« Mein Mann wirft mir einen Blick zu, einen Blick voll von Schrecken, aber ich will nicht darauf eingehen, ich wollte es einmal, aber ich will es nicht mehr, ich bin anderer Ansicht geworden, der Ansicht nämlich, daß nur das Leben das Leben noch retten kann. Ich laufe an den Schrank im Schlafzimmer, ein schöner blauer Ball mit Sternen ist noch da, eine Stablampe und ein Feuerwehrauto, so groß ist das, ich muß es verstecken, in ein Frottiertuch aus dem Badezimmer wickle ich die Preise ein. »Kommst du«, ruft mein Mann mit erstickter Stimme, ja, mit erstickter Stimme, und ich gehe ins Wohnzimmer, lachend, mit meinem komischen Paket unterm Arm. Das Sausen ist immer noch zu hören, aber man kann es übertönen, wir haben Grammophonplatten, wir haben sogar das Lied, Firenze in un manto di stelle, ja die Platte lege ich jetzt auf und setze die Nadel ein. Die Platte ist ziemlich laut, mit Orchester, und inzwischen hat der Große die Karten verteilt und schreit, »wer darf anfangen, ich, und hast du, Papi, unter Lastwagen den Goliath«, und mein Mann schreit zurück, »bedaure, nein«.

Ja, so wird es sein und bei der Kassandra war es

gewiß nur deswegen anders, weil sie keinen Mann und keine Kinder hatte, die sie betrügen mußte, wie ich meinen Mann und meine Kinder jetzt betrüge, obwohl es doch folgerichtig wäre, zu sagen, da habt ihr es, ihr müßt sterben, warum habt ihr mir nicht geglaubt. Ich sage das aber nicht und am Ende dieses langen Tages ist es dann schließlich so weit, ich betrüge mich selbst. Es wird nichts mehr geschehen, denke ich, der Tag ist fast vorüber, und fange schon an, Pläne zu machen, ganz laut, »ist nicht morgen Sonntag, nein vielleicht nicht, aber es kommt ein Sonntag, da werden wir hinausfahren an den See. Wir werden hinausfahren, hört ihr«, und die Kinder schreien, »dürfen wir das Faltboot mitnehmen und die Badeanzüge«, und ich weiß, es ist viel zu kalt zum Baden, aber ich sage »ja«. In diesem Augenblick wahrscheinlich wird es geschehen, das, was ich nicht beschreiben kann, ich weiß nur, wir erschrecken alle furchtbar und springen auf und stürzen hierhin und dorthin, und so wird man uns eines Tages finden, ich meine unsere Skelette, mit eingezogenen Hälsen und gespreizten Fingern. Weiß Gott, was sie einmal darin gehalten haben, vielleicht Spielkarten, nur daß dann niemand mehr da ist, der unsere Skelette finden und der sich über unsere Familie oder über irgendeine Familie Gedanken machen kann.

Der Angehörige

Was Sie da hören, sind seine Schritte.

Er geht den Korridor hinunter und wieder zurück. Manchmal bleibt er an einem der Flurfenster der Station 21 stehen und sieht in den Garten hinaus. Obwohl der Kalender im Schwesternzimmer den 30. Juli anzeigt, hängt an einem der Lindenbäume bereits ein gelbes schlaffes Blatt. Der Angehörige hätte Lust hinauszugehen und das Blatt abzureißen und damit den Sommerzustand wiederherzustellen. Aber dann beobachtet er doch lieber wieder die Kranken, die dort draußen mit ihren Besuchern umherspazieren. Er bemerkt ein junges Mädchen, das zwischen Vater und Mutter geht. Es geht dir schon besser, sagen Vater und Mutter, bald holen wir dich nach Hause. Aber sie machen zu große Schritte und sprechen zu laut. Das Mädchen ist erschöpft. Es läßt den Kopf in den Nacken sinken und wirft dem Angehörigen einen flehenden Blick zu. Der Angehörige seufzt und wendet sich ab.

Das Zimmer, in dem die Frau des Angehörigen liegt, hat die Nummer 4. Es ist ein freundliches Zimmer, in dem außer dem Bett auch noch ein Sofa steht. Niemand würde etwas dagegen haben, wenn der Angehörige sich auf diesem Sofa ausstreckte. Er könnte auch das Essen seiner Frau bekommen, die schon seit drei Tagen nichts mehr zu sich nimmt. Niemand würde ihm verbieten, sich auf den Stuhl neben ihrem Bett niederzulassen und dort den ganzen Tag zu verbringen. Gehen Sie doch hinein, hat die Schwester schon heute früh, als sie ihn kommen sah, freundlich gesagt. Er ist aber nur bis zu der Tür des Zimmers Nr. 4 gegangen und ist dann wieder umgekehrt. Das war um 8 Uhr. Jetzt ist es 8.45 Uhr, und noch immer geht er auf dem Korridor auf und ab. O die langsame Zeit.

Kurz nach 9 Uhr setzt sich der Angehörige auf eines der Korbstühlchen, die in einer Ausbuchtung des breiten Korridors stehen. Auf dem mit Resopal belegten nierenförmigen Tischchen befindet sich ein Aschenbecher; das Rauchen ist hier erlaubt. Auf der breiten Fensterbank stehen allerhand Topfpflanzen, südliche Gewächse, die die Schwestern von ihren Urlaubsreisen nach Süditalien und Spanien mitgebracht haben. Jeden Augenblick kommen sie mit kleinen Gießkännchen und gießen die stacheligen und fetten Dinger, während es aus allen Zimmern klingelt und man über den Türen rote Lämpchen aufleuchten sieht. Aber das läßt die Schwestern völlig kalt. Sie gießen ihre Wüstenpflanzen und dann verschwinden sie in ihrer Teeküche, und der Angehörige hört sie mit den Tassen klappern. Sofort setzt er sich so, daß er die Zimmertür seiner Frau im Auge behalten kann. Wenn er das rote Lämpchen dort glühen sieht, rennt er zum Schwesternzimmer hin und reißt die Türe auf. Sehen Sie denn nicht, hören Sie denn nicht, Nr. 4 hat geläutet, schreit er und fügt noch einige unfreundliche Bemerkungen, wie z. B. daß die Schwestern wohl auf ihren Ohren sitzen, hinzu.

Wie man sich denken kann, ist der Angehörige auf der Station nicht beliebt. Die Schwestern, die natürlich nur in seinen Augen so pflichtvergessen sind, begreifen nicht, warum er nicht selbst einmal hingeht und sich bei seiner Frau erkundigt, was sie braucht. Sie halten es für möglich, daß der Angehörige sich nur deshalb nicht im Zimmer seiner Frau aufhält, weil er dort nicht rauchen darf und still sitzen muß. Es kann aber auch sein, daß der Angehörige nicht ganz richtig im Kopf ist. Er ist nämlich keineswegs wortkarg, sondern spricht jeden an, der vorbeigeht oder sich auf einem der Korbstühlchen niederläßt. Er redet mit diesen fremden Leuten auf eine Weise, die man schon nicht mehr als normal bezeichnen kann. Mitten im Satz bricht er ab und fängt wieder an, auf dem Korridor hin- und herzugehen. Manchmal bleibt er stehen und singt.

Natürlich kommt, wenn der Angehörige singt, sofort eine Schwester gelaufen. Sie können doch hier nicht singen, das stört die Patienten, und sieht den Angehörigen strafend an. Der Angehörige hat gesungen, nein, nein, nein, hier ist sie nicht, und ist im Begriff hinzuzufügen, wo er die Heimat der Seele vermutet. Er schweigt aber, weil die Schwester ihm androht, ihn aus dem Hause zu weisen. Er könnte sich darauf herausreden, daß das, was er gesungen hat, ein Kirchenlied war, eines, an das er seit 40 Jahren nicht gedacht hat und das er aus dem Kindergottesdienst kennt. Aber das fällt ihm erst später wieder ein. Also sieht er die Schwester nur mürrisch an und geht, setzt sich wieder zu den Pflanzen, die aus den südlichen Ländern stammen.

Um 10 Uhr fängt das Dienstmädchen an, mit dem Staubsauger auf dem meerblau glänzenden Kunststoffbelag des Korridors herumzufahren. Der Staubsauger ist ein neues Modell, das die Aufmerksamkeit des Angehörigen völlig in Anspruch nimmt. Es hat Stromlinienform und bewegt sich höchst wendig und fast geräuschlos, und der Angehörige gäbe etwas darum, wenn er diesen Staubsauger aufschrauben und sein Inneres in Augenschein nehmen könnte. Den Trieb, alles auseinanderzunehmen und zu untersuchen, hatte er schon als Kind gehabt. Sein Vater hatte gesagt, daß er hinter den Grips kommen wolle, er hat aber das Wort später nie mehr gehört.

Er verfolgt den Staubsauger mit seinen Blicken, und endlich kann er es nicht mehr aushalten, er springt auf und bittet das Mädchen, das blitzende Ding herumfahren zu dürfen. Das Mädchen schüttelt den Kopf und sieht den Angehörigen mit großer Befremdung an. Er stellt sich ans Fenster und trommelt mit den Fingern: ta, ta, tam – ta, ta, tam – ta, ta – tam, tam, tam, und Tränen laufen ihm übers Gesicht.

Zwischen 10 und 11 Uhr geht die Chef-Visite von einem Zimmer zum anderen. Der Angehörige zählt fünf Gesichter, ein wichtiges und vier beflissene über weißen gestärkten Kitteln, er sieht, wie die Besucher, aus den Zimmern vertrieben, auf dem Korridor unsichere Schritte machen, sich nicht weit fort wagen, die Tür im Auge behalten. Der Angehörige unterscheidet die leichten Fälle, vielmehr die Besucher der leichten Fälle, an der Art, wie sie begrüßt werden, eilig, aber zuvorkommend, während die Besucher der schweren oder gar hoffnungslosen Fälle übersehen werden, vergeblich nähern sie sich mit flehentlich aufgehobenen Händen, die Ärzte, die sich schämen, daß es den Tod gibt, gehen durch sie hindurch wie durch Luft. Die nächste Tür ist die des Zimmers Nr. 4. Jetzt ist auch der

Angehörige aufgesprungen, Herr Doktor, schreit er, Herr Professor, er stampft mit den Füßen und brüllt. Es gibt einen kleinen Aufruhr, mit weißen Mullbinden wird ihm der Mund zugebunden, die Schwestern machen das sehr geschickt. Sobald die Ärzte die Station verlassen, wird er wieder ausgewickelt, die Oberschwester tätschelt ihm sogar die Wangen, die Besucher sind in die Zimmer zurückgegangen, der Staubsauger ist verschwunden.

Sie können jetzt zu Ihrer Frau kommen, sagt die Schwester wieder, – er könnte, aber er will nicht, er geht nicht, er trottet zurück in die Sitzecke, wo er jetzt ganz allein ist, er setzt sich hin und macht die Augen zu.

Am Tage schlafen verwirrt. Der Angehörige ist da, wieder weg, wieder da, aber wo, aber wann, auch in einem Krankenhaus, aber in einem anderen, auch im Hochsommer, 25 Jahre zurück. Die Schwestern, die an ihm vorbeieilen, sehen anders, fröhlicher aus, sie tragen kleine Kinder, die sie den Müttern zum Stillen bringen. In dem Zimmer Nr. 4, nein Nr. 7, liegt seine Frau mit ihrem Sohn an der Brust. Der Angehörige hat einen Rosenstrauß in der Hand, er geht mit dem Rosenstrauß auf Zimmer Nr. 7 zu und öffnet die Tür, sieht drinnen drei fremde Männer liegen, ausgemergelte Greise, die ihn kichernd empfangen. Schon sitzt er wieder auf seinem Stuhl, er weiß, er hat geträumt oder einfach an etwas gedacht, an die Geburt des Sohnes, das war das einzige Mal, daß seine Frau auch in einem Krankenhaus war. Der Sohn ist bereits groß, studiert sogar schon; wenn die Mutter stirbt, wird er dem Vater nie verzeihen, daß dieser ihn nicht gerufen hat. Aber der Angehörige will ihn nicht dabei haben, den Jungen, der so liebe Worte sagen, so zärtliche Augen machen kann, der, wenn er hier wäre, womöglich vor seiner Mutter auf den Knien läge und ihre Hände küßte, während er, der Angehörige, nur stöhnen kann und herumsitzen wie ein Klotz.

Guten Tag, sagt eine Besucherin, die hier warten muß, und die sich dem Angehörigen gegenüber niedergelassen hat. Es ist jetzt 1 Uhr, die Essenwägelchen werden schon aus den Zimmern gefahren, ein Fleck Sonnenlicht tanzt auf dem Tischchen mit dem Aschenbecher, der Angehörige fährt auf, sagt guten Tag und fängt gleich zu reden an. Die Besucherin ist unscheinbar und sympathisch. Er kann ihr einiges mitteilen, zum Beispiel, daß seine Frau sich überhaupt nicht mehr um ihn kümmert, daß sie noch nicht einmal gefragt hat, ob er allein zurechtkommt, ob er überhaupt etwas ißt usw., und daß sie auch nicht bemerkt hat, daß er schon drei Tage dasselbe Hemd trägt, das am Kragen und an den Manschetten bereits ganz schmutzig ist. Sie war, fährt der Angehörige zu seinem eigenen Erstaunen fort, überhaupt nicht die fürsorglichste, manchmal schwebte sie in den Wolken, so wie der Herr Sohn auch manchmal in den Wolken schwebt. Übrigens müsse die Dame (die Besucherin) nicht glauben, daß seine Frau ihn nicht betrogen habe, vielleicht nicht so richtig, aber doch mit Worten und Blicken, einmal hat sie einen richtigen Liebesbrief bekommen, den sie ihm vorgelesen hat.

Ihnen vorgelesen, sagt die Besucherin, nun dann, und lächelt, aber ihre Augen sind traurig, sehen ihn traurig an. Der Angehörige schämt sich, er springt auf. Eine Glastüre führt auf die Terrasse, da kann er hinaustreten und tritt auch hinaus.

Die Terrasse führt an mehreren Krankenzimmern entlang, an deren Fenstern der Angehörige auftaucht, ein unrasierter Mann mit einer zerwühlten Mähne, ein Anblick zum Fürchten, aber die Kranken schlafen ihren Nachmittagsschlaf und sehen ihn nicht. Im dritten Zimmer spielt der Versicherungsdirektor mit seinem Diener Karten, was dem Angehörigen schon bekannt ist, weil er sich mit dem Diener gelegentlich auf dem Korridor unterhält. Dem Diener ist sein Dienst lästig, den ganzen Tag mit einem Sterbenden Karten spielen, aber der Angehörige beneidet ihn, er macht ihm auch jetzt vom Fenster her Zeichen, er hofft, daß die beiden ihn mitspielen lassen, aber der Diener tut so, als stände da draußen gar niemand, er blinzelt in die Nachmittagssonne und gähnt.

Wie war es eigentlich, denkt der Angehörige, während er langsam zurückgeht. Er meint seine Ehe, aber 25 Jahre kann man nicht auseinanderdenken, 25 Jahre sind am Ende zusammengebacken wie ein Lehmklumpen, in dem man vielleicht noch einiges unterscheidet, eine Muschel, eine Ähre, aber weitere Einzelheiten nicht. Was man zu fassen bekommt, sind recht unerfreuliche Erlebnisse, Reiseerlebnisse, zum Beispiel die Armen, die in einer im Krieg von den Deutschen zerstörten Ortschaft ihn und seine Frau angespuckt haben, die dicke Frau, die am Strand einen epileptischen Anfall bekam und deren zuckende Glieder von ihren Kindern und Enkeln auf einem Tisch festgehalten wurden. Der Angehörige, jetzt wieder auf seinem Stuhl zusammengekauert, denkt und denkt. Schließlich sieht er Buchenwälder, endlose, in denen seine Frau und er gehen und gehen, nicht Hand in Hand natürlich, aber doch so ähnlich wie Hand in Hand.

O die langsame Zeit. Um 4 Uhr kommt die junge Schwester, die einzig Hübsche, die in der Röntgenabteilung beschäftigt ist, und der Angehörige fährt auf und starrt sie an. Die Schwester macht sich bei den Pflanzen zu schaffen, sie zieht winzige Grashälmchen aus der schwarzen Erde und sammelt das leichte Unkraut in ihre linke Hand.

Der Angehörige betrachtet entzückt ihre dünnen Finger und den Siebzehnjahreschmelz auf ihrer Wange. Wenn Sie einmal frei haben, Schwester, vielleicht am Sonntag, ... und die Schwester, die ihn eben noch mitleidig angesehen hat, weicht vor ihm wie vor einem Irren zurück. Ja ein Irrer muß er wohl sein, denn nun fängt er auch noch an zu lachen, gellend lacht er hinter der Hübschen her. Als sie in ihre Röntgenabteilung verschwunden ist, will der Angehörige auch nicht länger bleiben, will fort, wohin denn, nur hinaus, ein paar Schritte machen, zum Zeitungsstand, um eine Zeitung zu kaufen. In der Zeitung stehen männliche Dinge, lebendige Dinge, während der Tod weiblich ist und eine Krankenschwesternhaube trägt. Der Angehörige hat schon beobachtet, daß an dem Schaufenster des Zeitungsverkäufers immer Männer wie Fliegen kleben, Männer, die wie er etwas hören wollen von Maschinen und Hausbau, von Mondraketen und sogar von Krieg, nur nichts mehr von Temperatur, Blutsenkung, Blut-

235

spiegel, Krise. Krise, denkt der Angehörige, heute ist die Krise, und geht nur bis dorthin, wo er den Stand mit den bunten Zeitschriften und Zigarettenpäckchen und den schwatzenden Männern von weitem sieht. Als er langsam mit hängenden Schultern auf seinen Korridor zurückkehrt, schlägt es erst 5 Uhr. O die langsame Zeit!

Die Zeit schleicht wie eine Nacktschnecke, mit etwas rätselhaft Glitzerndem auf ihrer Spur. Um 17.30 Uhr gibt es für den Angehörigen eine Ablenkung durch das Erscheinen eines ihm unbekannten Arztes, der auf ihn zutritt und ihn fragt, ob er im Interesse der Wissenschaft einer Autopsie der Verstorbenen zustimmen würde. Welcher Verstorbenen, denkt der Angehörige blöde. Er ist aber sehr angenehm davon berührt, daß überhaupt einer der Ärzte seine Gegenwart zur Kenntnis nimmt. Er ist ein zwar grober, aber nicht unhöflicher Mensch, und das Wort Wissenschaft genügt schon, um ein Gefühl der Erhebung in ihm wachzurufen. Selbstverständlich, sagt er großartig und weiß gar nicht, wovon er spricht. Das ist nicht der Herr Krieger, sagt die Oberschwester, die dazukommt, sie sieht den Angehörigen mißbilligend an, das sieht dem verrückten Mann ähnlich, seine Frau lebt noch, muß vielleicht gar nicht sterben, und schon verspricht er ihren Leichnam der Anatomie. Der Arzt entschuldigt sich, auch er ist befremdet, zusammen mit der Schwester nähert er sich jetzt dem Herrn Krieger, der mit rotgeweinten Augen aus der Toilette kommt.

Den Angehörigen beachtet niemand mehr, es wird schon dunkel, aber das Licht ist noch nicht an. Es geht auf 6 Uhr, er ist sehr allein.

In den fünf Minuten, die noch vergehen, ehe das Geklingel und Geklapper der Abendessenwägelchen einsetzt, hockt der Angehörige wieder bei den Kakteen und fetten Hennen, raucht und denkt: meine letzte Zigarette, kein Fleisch mehr essen, keine Frau mehr ansehen, auch einen regelmäßigen sonntäglichen Kirchgang zieht er für den Fall, daß seiner Frau nichts passiert, in Betracht.

Während schon die Hilfsschwestern die Wägelchen hinter seinem Rücken vorbeirollen, fängt er an zu sprechen mit sich, vielmehr mit seiner Frau. Du hast es nicht schön gehabt, aber ich habe dich gewarnt, gib zu, daß ich dich gewarnt habe, gib es zu. Bleib trotzdem da, verdammt noch mal. Ich kann es nicht aushalten in der Wohnung allein. Die Zigarette hat er ausgemacht, er umklammert mit der Hand den Aschenbecher und plötzlich drückt er zu, drückt das dicke häßliche Steingutding mit der Faust zusammen, und es gibt Scherben und seine Hand ist voll Blut. Während er mit seinem Taschentuch wischt und preßt und überallhin Flecke macht, sieht er das Lämpchen über der Tür seiner Frau aufleuchten. Aber diesmal brüllt er nicht, und die Schwester kommt auch gleich aus der Teeküche und läuft auf das Zimmer zu. Jetzt, jetzt, denkt der Angehörige, und merkt plötzlich, daß er nicht mehr allein ist, daß vielmehr auf der Fensterbank ein Mann kauert, alt und klein von Wuchs, so wie er seinen Vater in Erinnerung hat, der auch klein war, beinahe ein Zwerg.

So können Sie das Blut nicht stillen, sagt der Zwerg sachlich, die Kakteen neben ihm spiegeln sich in der

Scheibe, so daß er wie in einem großen phantastischen Garten sitzt. Saugen Sie die Wunde aus, fährt er fort, und der Angehörige saugt an seinem Handballen wie als Knabe und schluckt sein eigenes Blut. Ich gehe nicht hinein, sagt er zwischen Saugen und Schlucken. Ich bin den ganzen Tag nicht hineingegangen, ich weiß nicht, wie Sie das finden, alle hier finden es entsetzlich, auch daß ich singe und fluche finden sie entsetzlich genug. Ich kann aber nicht hineingehen, seit gestern abend, weil da etwas war, etwas Furchtbares, soll ich es Ihnen erzählen oder nicht.

Erzählen Sie, sagt der kleine alte Mann.

Eigentlich, sagt der Angehörige, gibt es gar nichts zu erzählen. Es handelt sich nur um einen Blick, den wir, meine Frau und ich, getauscht haben, gestern abend, ehe ich das Zimmer verließ.

Ich weiß, daß du weißt, daß ich weiß, sagt der kleine Mann.

Wie, fragt der Angehörige erstaunt. Er wundert sich, daß der Alte aufsteht, und ist enttäuscht, weil er annimmt, daß der Fremde damit den Blick bezeichnet hat, der es ihm heute unmöglich gemacht hat, das Zimmer seiner Frau zu betreten. Ja, sagt er, das war es, genau so. Er sieht, daß der Alte aufsteht, und ist enttäuscht, weil er annimmt, daß er nun wieder allein bleiben wird. Aber der Alte, der jetzt dicht vor ihm steht, verabschiedet sich nicht. Kommen Sie, sagt er, und der Angehörige steht folgsam auf und geht hinter dem Kleinen den Korridor entlang. Als sie sich dem Zimmer Nr. 4 nähern, tritt eben die Schwester, lächelnd und winkend, aus der Tür.

Was bedeutet das, fragt der Angehörige erschrocken, und bleibt stehen.

Das kann alles bedeuten, sagt der kleine Mann, er wendet sich um und federleicht springt er auf die Brust des Angehörigen, die sich wie ein Uhrkästchen öffnet und wieder schließt. Der Angehörige wundert sich darüber nicht. Aufrecht und mit festen Schritten geht er auf die helle offene Tür zu.

Ein Mann, eines Tages

Ein Mann, eines Tages, betrachtet eine Visitenkarte, auf der geschrieben, aber nicht gedruckt, ein weiblicher Name steht, dreht sie um, so als könne er auch auf der Rückseite noch etwas entdecken, eine Erklärung, aber natürlich, da steht nichts. Der Mann nickt dem Bürodiener unwillig zu, sagt aber, ehe der geht, die Besucherin hereinzuführen, noch, hören Sie, Backe, wir haben heute abend Gesellschaft, ich muß noch Verschiedenes besorgen, ich habe keine Zeit. Sagen Sie der Dame, sie soll sich kurz fassen, oder besser, kommen Sie nach fünf Minuten und melden Sie ein Ferngespräch auf dem andern Apparat, oder Fräulein Lippold soll die Unterschriftenmappe bringen. Wohl, Herr Direktor, sagt der Diener und macht die Türe hinter sich zu. Der Mann legt die Visitenkarte auf den Tisch und starrt weiter auf den Namen, Helene Soundso, der ihm nichts sagt, ihm eigentlich nur ein Gefühl übermittelt, das aber kein angenehmes ist. Als er die Tür wieder aufgehen hört, nimmt er sich zusammen, steht auf, macht sein Weltbeglückergesicht, gnädige Frau, was kann ich für Sie tun, und ist gleich peinlich berührt, weil die Frau nicht antwortet, sondern ihm nur, erwartungsvoll lächelnd, in die Augen sieht. Gott wie unangenehm, eine alte Bekannte, die man erkennen sollte und nicht erkennt.

Entschuldigen Sie, aber im Augenblick, sagt er und denkt erbittert, ungerecht ist das, sie weiß, zu wem sie kommt und ich weiß nichts. Womöglich habe ich etwas mit ihr gehabt, aber das muß schon lange her sein, vielleicht will sie Geld, fünfzig Mark, meinetwegen, und dann adieu.

Robert, sagt die fremde Frau lächelnd, ich bin Lena, und streckt ihm die Hand hin, die er nimmt und drückt, sie hat ihren Handschuh ausgezogen und er bemerkt, nicht ohne Erleichterung, daß sie einen Ehering trägt.

Lena, sagt die Frau, oder Leni, damals noch nicht verheiratet, fliegergeflüchtet im badischen Wiesental, da war ich zwanzig Jahre alt, der Krieg war beinahe zu Ende, aber das wußten wir nicht.

Bitte, sagt der Mann, und macht eine elegante Handbewegung, wollen Sie sich nicht setzen, natürlich, jetzt erinnere ich mich, und er erinnert sich auch, nämlich an Küsse in einem Geräteschuppen und mit dem Namen Leni waren diese Küsse allenfalls in einen Zusammenhang zu bringen, aber mit dieser fremden Dame nicht. Geräteschuppen oder Heuspeicher, Märzgewitter und Schüsse, und er selbst tagelang nicht aus der Uniform gekommen, dreckig, stinkend, unbegreiflich, daß eine Frau so etwas tut. Vielleicht hat er ihr Geld gegeben, aber was war damals Geld, vielleicht Zigaretten oder zu essen, aber nein, sie hatte ihm zu essen gegeben, vielleicht hatte sie ihm mit ein paar Brotkrusten das Leben gerettet, dem armen verhungerten Schwein.

Die Frau hat sich auf den Besucherstuhl gesetzt, daß sie noch immer lächelt, berührt den Mann unangenehm, was gab es da zu lächeln, wenn einer von ihnen sich gut gehalten hatte, war er es, sie ist keine Matrone geworden, aber ein altes Mädchen, Frauen haben nur zwischen beidem die Wahl. Ein leichtfüßiges altes Mädchen mit rötlichen Haaren, mit fleckigem Teint und Krähenfüßen unter den hellen Augen, und auf den Händen zeigen sich dann auch kleine braune Flecken, diese Hände starrt er jetzt wieder an.

Sie sind verheiratet, sagt er verbindlich, haben Kinder, erzählen Sie. Er schlägt ein Bein über das andere und öffnet den Zigarettenkasten, die besseren Zigaretten für prominente Besucher und die Initialen der Firma stehen auf jeder gedruckt.

Gut, sagt die Frau und greift in den silbernen Kasten, eine Zigarette, damals haben wir auch eine Zigarette geraucht.

Damals, damals, denkt der Mann ärgerlich, wenn sie nur damit aufhören würde, und sagt, ich kann leider nicht mithalten, ich habe mir das Rauchen abgewöhnt.

Die Frau lächelt wieder und auch diesmal ärgert er sich, was war denn schon dabei, von seinen Altersgenossen rauchte fast keiner mehr, deshalb brauchte man noch kein Angsthase zu sein. Seine Frau hatte darauf bestanden und natürlich hatte sie ganz recht gehabt.

Meine Frau, sagt er, vorstellend gewissermaßen, und rückt die große, in Silber gerahmte Photographie so, daß die Besucherin sie sehen kann, und auch sehen kann, wie jung seine Frau aussieht und wie geschmackvoll sie gekleidet ist, enger Rock und Pullover und die dreifache Perlenkette um den Hals.

Aha, sagt die Frau, was von Interesse zeugen kann, aber auch von völliger Gleichgültigkeit, als ob sie sich mit seiner Frau messen könnte, das dürftige Gestältchen, und Pullover ist nicht Pullover, Rock ist nicht

Rock. Ich könnte Ihnen, sagt er schnell, auch die Bilder meiner Kinder zeigen, aber ich habe sie zu Hause, zwei Buben sind es, prächtige Burschen, der eine ist schon beim Militär. Auch eine Photographie von unserem Haus könnte ich Ihnen zeigen, eine Wand ist aus Glas und ein Schwimmbecken haben wir seit dem vorigen Jahr. Der Mann beißt sich auf die Lippen, er haßt es, zu protzen, macht sich nicht viel aus dem Schwimmbecken und schon gar nichts aus der Glaswand, es gibt aber Leute, bei denen sagt man lauter falsche Sachen, dafür kann man nichts, sie fordern einen dazu heraus. Mein Junge, redet er weiter, hat das Sportabzeichen, so heißt es ja jetzt nicht mehr, nun, Sie wissen schon, jedenfalls hat er eine Medaille bekommen beim Skispringen, das ist schon etwas, da darf man kein Angsthase sein.

Kein Angsthase, denkt der Mann plötzlich, er hat das Wort jetzt schon zum zweitenmal gebraucht und es hat eine Saite in ihm angeschlagen, die noch immer scheppert und klirrt. Wahrscheinlich, sagt er, bin ich Ihnen zu Dank verpflichtet, und macht eine unwillkürliche Bewegung, die Hand zur Brieftasche, aber auf halbem Wege schon aufgehalten, jetzt liegt seine Hand mit den gut gepflegten Fingernägeln auf der Tischplatte, jetzt greift sie nach dem Telefonhörer, weil der Apparat ein diskretes Summen von sich gegeben hat.

Ihre Frau Gemahlin, sagt die Telefonistin, darf ich sie Ihnen geben, und er sagt ja, hebt, zu seiner Besucherin gewendet, bedauernd die Schultern und hört sich an, was seine Frau ihm mitzuteilen hat, lauter Aufträge für die Abendgesellschaft in seinem Haus. Ja, sagt er am

Ende, wird gemacht, auf gleich, nein, ich bin nicht müde, ich habe Besuch.

Sie müssen entschuldigen, sagt er, als er den Hörer hingelegt hat, wir geben heute abend eine Gesellschaft, ich hätte Sie gern dazu eingeladen, aber es ist geschäftlich, Fusion zweier Unternehmen, es wird ganz langweilig, aber das ist der Beruf.

Dazu bin ich nicht gekommen, sagt die Frau, ich dachte nur, – und hält inne und sieht ihn nachdenklich an.

Wozu also, fragt der Mann unhöflich, und dabei fällt ihm plötzlich alles ein, der kahle Buchenwald über der kleinen Ortschaft, der Befehl, bis zum letzten Mann Widerstand zu leisten, und er war keineswegs der letzte Mann gewesen, aber er war fortgelaufen und hatte sich versteckt. Vielleicht war ihm auch zuerst nur schlecht geworden und er war in ein Bauernhaus gelaufen und hatte um Wasser gebeten, aber dann war es gekommen, der Nervenzusammenbruch, das Heulen und Schreien und Sich-über-den-Tisch-Werfen, und das alles vor dem Mädchen, das jetzt an seinem Tisch saß und das ihn damals in einem Schuppen versteckt hatte, und zu essen hatte sie ihm gebracht und ihn geküßt. Zu dumm, es hatte sich nur um ein paar Tage gehandelt, dann hatte sich seine ganze Abteilung ergeben, und wenigstens seinen Namen hätte er nicht nennen sollen, oder einen falschen, weil Frauen ein so fürchterliches Gedächtnis haben, für Frauen sind zwanzig Jahre nur wie ein Tag.

Er rückt auf seinem Stuhl hin und her und versucht, dem Blick seiner Besucherin standzuhalten, der aber jetzt von ihm abgleitet, die Frau schaut zu Boden, er sieht ihre Augen nicht mehr. Sie redet aber endlich weiter, vielleicht, sagt sie, vielleicht bist du mir wirklich zu Dank verpflichtet, vielleicht habe ich dir wirklich das Leben gerettet, und nun wollte ich sehen, was das für ein Leben ist.

Was für ein Leben, denkt der Mann erbittert, als wenn er nicht etwas erreicht hätte, Direktor mit noch nicht fünfzig Jahren, Verantwortung für ein paar hundert Menschen, eine Familie, ein Haus. Damals war er 27 Jahre alt gewesen und hatte Gedichte gemacht und gemalt, wahrscheinlich hatten sie davon gesprochen und jetzt erwartet sie noch immer etwas dergleichen, aber komm einer noch zu solchen Dingen, wenn ihn der Beruf beim Wickel hat, nicht einmal zum Lesen kommt man mehr, nur seine Frau las abends im Bett und erzählte ihm etwas und darüber fielen ihm die Augen zu.

Mein Leben, sagt er trotzig und denkt, wie kommt sie dazu, mich zur Rechenschaft zu ziehen, ebensogut könnte ich nach ihrem Leben fragen, wahrscheinlich ist sie Schullehrerin geworden oder Schriftstellerin, sie redet so merkwürdig, ja, das wird es sein. In diesem Augenblick kommt der Diener, der an der Tür geklopft und keine Antwort erhalten hat, ins Zimmer und will sein Sprüchlein sagen, und der Mann fährt auf und sagt, es ist gut, Backe, Sie können gehen.

Du hast es weit gebracht, sagt die Frau unbefangen und sieht ihn freundlich an. Aber der Mann kann sich darüber nicht freuen, er hat jetzt einen Verdacht, der ihn nicht mehr losläßt, was ihm eben eingefallen ist, kann die Frau weitererzählen, ihrem Mann hat sie es vermutlich schon erzählt. Eine kleine Geschichte, seine Geschichte, natürlich nicht mit seinem Namen, nur ein Herr Direktor, der abends eine Gesellschaft geben und am nächsten Tag feierliche Reden halten soll, ein Vorgesetzter, ein Vorbild, und einmal ist er weggelaufen, man kann schon sagen desertiert, und hat geweint und geschrien. Seine Angestellten werden das erfahren und seine Frau und sein Junge, der bei der Bundeswehr ist, und die Zeiten, in denen man über so etwas nachsichtig geurteilt hat, sind schon lange vorbei. Vielleicht war die Frau gekommen, um sich ihr Schweigen erkaufen zu lassen, Geld, das wäre eine Möglichkeit, aber es gibt eine bessere, ableugnen, alles ableugnen, auch das bereits Zugegebene, jedes Wort. Und kaum, daß sich der Mann hierzu entschlossen hat, beugt er sich auch schon über den Tisch und sieht seine Besucherin liebenswürdig an.

Wie, sagten Sie, fragt er, hieß der Ort, von dem Sie gesprochen haben?

Ich habe es nicht gesagt, antwortet die Frau arglos, aber er hieß Sandhofen, unser Haus war das letzte am Abhang hinter der Kirche, die Bauern, denen es gehörte, hießen Huber, es war da eine Linde und ein steinerner Brunnentrog vor der Tür.

Sandhofen, sagt der Mann mit furchtbarer Glätte, nein, da war ich nie. Ich muß Ihnen etwas gestehen, setzt er hinzu, als Sie hereinkamen, habe ich geglaubt, Sie zu erkennen, aber das war ein Irrtum, ich kenne Sie nicht. Ich war auch gar nie in der Gegend, auch zu Ende des Krieges nicht, da war ich im Westerwald und bin auch da in Gefangenschaft geraten. Mein Name ist nicht eben selten, auch Robert heißen noch andere Leute, es tut mir leid, daß Sie die weite Reise gemacht haben, umsonst.

Robert, sagt die Frau erschrocken, und einen Augenblick lang wird der Mann unsicher, er steht auf und sieht zum Fenster hinaus. Hören Sie, Robert, sagt die Frau hinter seinem Rücken, jetzt duzt sie ihn nicht mehr, jetzt versucht sie nur zu retten, was noch zu retten ist. Ich will doch nichts von Ihnen, sagt sie, wir wollen uns die Hand geben und dann will ich gehen. Ja, wohin, denkt der Mann böse, in den Wartesaal oder ins Gasthaus, da macht man Bekanntschaften, da kommt man ins Erzählen und morgen früh bringen sie mein Bild auf der ersten Seite und auf der letzten die Geschichte, nein, ich bin es nicht gewesen, ich gebe nichts zu.

Er dreht sich um und setzt sich wieder an den Schreibtisch und dabei bringt er es fertig, einen der Klingelknöpfe leicht zu berühren. Nein, wirklich, sagt er, ich war nie im Wiesental, ich habe zuerst geglaubt, Sie zu kennen, aber es war ein Irrtum, ich kenne Sie nicht.

Die Frau starrt ihn an, offenbar zweifelt sie jetzt an ihrem eigenen Verstande, was dem Mann nur recht sein kann. Ja, so irrt man sich zuweilen, redet er weiter, glatt und liebenswürdig, er redet seinen Kopf aus der Schlinge, aber aus was für einer Schlinge, einer ganz anderen, als er wahrhaben will. Aber sicher ist sicher, und nun greift er doch nach einer Zigarette, und wenn die Frau ihn beobachtete, könnte sie seine Finger zittern sehen. Ich hoffe, sagt er, Sie werden Ihren Robert noch finden, wenn ich Ihnen dabei behilflich sein kann, ich bin mit Vergnügen dazu bereit.

Ich finde ihn nicht mehr, sagt die Frau ruhig, ich kann ihn gar nicht mehr finden, Sie haben ihn getötet, aber das ist jetzt egal. Überspannt, denkt der Mann, ich wußte es ja, und horcht auf die Schritte seiner Sekretärin, die jetzt, ohne anzuklopfen, ins Zimmer kommt, sie hat die Unterschriftenmappe in der Hand. Darf ich vorstellen, sagt der Mann, Fräulein Lippold, meine Sekretärin, meine Perle, wohin käme ich ohne sie. Fräulein Lippold nickt und wirft einen geringschätzigen Blick auf die Besucherin, die sie vertreiben soll. Ja, nun müssen wir wohl noch ein bißchen arbeiten, sagt der Mann, meine Frau wird auch warten, die Gäste kommen um zwanzig Uhr.

Guten Abend, Herr Direktor, sagt die Frau, und alles Gute, wohlerzogen und ohne alle Ironie. Sie geht schnell vor der Sekretärin durch die Türe, und kaum, daß die beiden verschwunden sind, hat der Mann keine Lust mehr, Briefe zu unterschreiben, und keine Lust mehr, Besorgungen zu machen, und keine Lust mehr, neben seiner schön angezogenen Frau in der Halle zu stehen und die Gäste zu empfangen. Er stützt den Kopf auf die Hände und denkt an damals und rührt sich nicht. Er weiß schon, daß seine Frau am Apparat ist, und weiß auch schon, was sie sagen wird, na hör mal, das ist doch eine Rücksichtslosigkeit, ja das ist es auch, aber er antwortet trotzdem nicht. Er denkt weiter an damals, jetzt, wo er die Frau nicht mehr sieht, sieht er das Mädchen ganz deutlich und sieht auch sich selber, tränenüberströmt, zwei junge verlorene Menschen, die beieinander Schutz suchen, reden und träumen, und wie die Schüsse allmählich zum Schweigen kommen, fängt die Wirklichkeit an. Das Leben ein Traum, der Traum ein Leben, zwei Theaterstücke haben so geheißen, sie haben sie im Abonnement gehabt, aber er hat nicht hingehen können, er hat keine Zeit. Schade, denkt der Mann und weiß dabei gar nicht, was er bedauert, daß er nicht im Theater gewesen ist oder daß er die Frau hat weggehen lassen, oder daß er sein Leben gelebt hat, wie er es gelebt hat, – aber nein, so weit kommt es mit ihm nicht.

Er steht auf und schließt seinen Schreibtisch ab, auf der Straße sieht er sich um, da ist niemand, jedenfalls keine Frau. Er fährt im Wagen in die Stadt und holt die bereits gerichteten Päckchen, die Läden schließen schon, es ist höchste Zeit. Es ist höchste Zeit, daß er nach Hause kommt, die Zigarette hat ihm nicht gutgetan, vor seinen Augen schwankt die Straße und durchsetzt sich mit Vergangenheit, auch liegt da plötzlich ein junger Mensch, über den er hinwegfährt wie über einen kleinen Erdwall, aber als er erschrocken anhält und aussteigt, ist es nichts, nur ein Lichtstrahl, ein Wintermondstrahl aus einer Hauslücke, und nur noch um zwei Ecken, dann ist er zu Haus. Am nächsten Morgen möchte er jemanden im Büro nach der Besucherin fragen, ob sie wirklich da war oder nicht, aber wie kann man so etwas fragen, und es ist dazu auch gar keine Zeit. Die Herren kommen schon ins Konferenzzimmer, auch die Presse ist bereits da und die Photographen stehen mit allerlei Lampen und großen Apparaten bereit. Ein großer Augenblick, Herr Direktor, und bitte, Ihre Krawatte, sagt Fräulein Lippold, und rückt seine Krawatte gerade, und wahrhaftig, ein neues Stück Leben beginnt.

Vogel Rock

Kurz vor drei Uhr bemerkte ich den Vogel in meinem Zimmer. Kurz vor drei Uhr nachmittags, ein schöner Tag im September, draußen schien die Sonne, also nichts von Dämmerung oder unheimlicher Stimmung, keine Spur. Da ich morgens früh aufwache, habe ich nach dem Mittagessen eine tote Zeit und bin unfähig, irgend etwas zu tun. Ich lege mich also mit der Zeitung auf mein Bett, lese ein bißchen und schlafe ein bißchen, übrigens ohne die Vorhänge zuzuziehen, auch die kleine Balkontüre steht offen und zwar bei jedem Wetter und bei jeder Temperatur. Neben meinem Bett befindet sich ein langer niederer Tisch, auf dem außer Büchern und Zeitschriften auch Schreibhefte und Bleistifte liegen, die ich gern zur Hand habe, um jederzeit etwas aufschreiben zu können.

Ich habe also auch an dem Tag geschlafen und bin aufgewacht und zwar diesmal nicht von selbst, sondern von einem merkwürdigen Geräusch, Schlagen wie von schweren Flügeln, aber wer denkt gleich an so etwas, und ich habe auch nicht an Flügel gedacht. Ich habe mich nur gewundert, weil in meiner Nähe sich etwas bewegte und habe die Augen aufgemacht. Den Vogel, einen großen, graubraunen, habe ich dann mit Erstaunen gesehen. Noch nie war einer zu mir ins Zimmer gekommen und war dort herumgeflogen zwischen den rosatapezierten Wänden, was dieser gleich zu Anfang mit einiger Geschicklichkeit tat. Mein Zimmer ist nämlich nicht groß, drei auf fünf Meter würde ich sagen, und es hätte mich nicht gewundert, wenn der Vogel sich bei seinem aufgeregten Hin und Her verletzt hätte und tot zu meinen Füßen niedergestürzt wäre. Er machte aber jedesmal eine rasche Wendung, nicht einmal mit dem Schnabel oder mit seinen Schwanzfedern berührte er die Wand. Wenn er nur, dachte ich, wieder hinunterfliegen würde auf den Teppich, und hinausspazieren, zu Fuß sozusagen, wie er doch wohl auch gekommen war, den braunen Teppich für Moos haltend und die rosa Wände für die Morgenröte, aber er tat es nicht, er blieb da oben und fand nicht zurück. Er flog noch eine ganze Weile lang hin und her und versuchte bald auf der Kette des Kerzenleuchters, bald auf dem Rahmen des Spiegels Fuß zu fassen, wandte sich aber auch dort jedesmal blitzschnell wieder ab und strich unter der Zimmerdecke hin. Es war ihm bald anzumerken, daß er müde wurde und nicht aus noch ein wußte, und ich überlegte, wie ich ihm helfen könnte, etwa dadurch, daß ich das Fenster öffnete, das viel breiter als die Balkontüre ist und durch das man ein großes Stück Himmel sieht. Ich fürchtete aber, den Vogel zu erschrecken, und rührte mich nicht. Nur mein Schreibheft hatte ich ganz vorsichtig herübergeschoben und hielt es auf meinen angezogenen Knien.

Dann, kurz nach halb vier Uhr, fing der Vogel plötzlich an zu schreien. Er gab, immer noch hin- und herfliegend, einen langgezogenen und schrillen Ton von sich und dieser durchdringende und angstvolle Ton erschreckte mich sehr. Ich habe niemals, etwa in einem Käfig, Vögel gehalten und bin Tieren gegenüber überhaupt befangen; auch die zutrauliche und respektlose

Art, mit der viele Menschen mit ihren Hunden oder Katzen umgehen, habe ich niemals nachahmen können. Ich bekam darum, als ich die wilde Stimme des Vogels hörte, sofort Herzklopfen. Ich wollte sogar aufspringen und aus dem Zimmer laufen, ich schlug schon mit der Hand die leichte Decke, die über meinen Knien lag, zurück. Es ist aber in diesem Augenblick der Vogel, der wohl meiner jetzt erst gewahr geworden war, plötzlich zur Ruhe gekommen. Er hat sich auf meine Wäschekommode gesetzt und seinen Kopf zu mir herübergewandt. Die ganze nächste Zeit über saß er da oben und sah mich mit seinen gelbumränderten traurigen Vogelaugen an.

Wenn ich mir jetzt einbilde, daß ich mich von Anfang an vor dem fremden Vogel gefürchtet habe, so ist das nicht wahr. Seine Stimme hat mich einen Augenblick lang beunruhigt, ich habe ihn aber, sobald er wieder still war, ganz ruhig und mit einem gewissen sachlichen Interesse angesehen. Ich habe versucht herauszubekommen, was für ein Vogel es war, und zu diesem Zweck habe ich zuerst einmal festgestellt, was er für eine Körperform hatte, wie lang seine Beine und sein Schnabel waren und wie sein Gefieder beschaffen war. Es hätte mir ohne Zweifel Freude gemacht, ihn einer bestimmten Gattung von Vögeln zuzuordnen, und wahrscheinlich hätte ich mich auch, wenn mir das gelungen wäre, in seiner Gegenwart ruhiger und sicherer gefühlt. Ich habe aber mit diesen Untersuchungen kein Glück gehabt. Obwohl ich eine Menge von Vögeln kenne, gab es doch keinen, dem mein struppiger Gast ähnlich gesehen hätte. Er war ziemlich groß, aber er hatte weder die rostroten Steuerfedern der Trappen noch das bunte Gefieder der Wildtauben, nicht die glänzenden schwarzen Federn der Raben und Krähen, nicht den langen Schwanz der Elster und nicht die Federkrone des Wiedehopfs. Sein Schnabel war lang und gelb wie der einer Schnepfe und seine Füße waren wie die der Schnepfe stark und niedrig, aber seine Färbung war gleichmäßig und stumpf, es waren auf seinen Federn weder lichte Flecke noch helle Streifen zu sehen. Es gibt ihn also nicht, dachte ich ein wenig beunruhigt, als ich mir noch all die andern Vögel ins Gedächtnis gerufen hatte, die ich zwar nicht aus der Natur kannte, die aber einmal, auf großen farbigen Tafeln abgebildet, in unserem Kinderzimmer hingen. Es gibt dich also nicht, sagte ich laut, und stieß dann, weil ich vor meiner eigenen Stimme erschrak, einige lächerliche Pieptöne aus, so als könnte ich mit meinem Gast ins Gespräch kommen, ich wußte aber schon, daß das nicht gelingen würde, und der Vogel rührte sich auch nicht und schaute mich nur immer weiter an.

Soviel ich mich erinnere, habe ich gleich danach, es mochte jetzt etwa vier Uhr sein, angefangen den Vogel zu zeichnen. Wahrscheinlich habe ich dabei die Absicht gehabt, eine etwa gelungene Wiedergabe des Tieres mit Abbildungen in berühmten vogelkundlichen Werken zu vergleichen und ihn auf diese Weise schließlich doch noch zu identifizieren. Ich zeichnete in mein Notizheft, das ich gegen meine aufgestützten Knie lehnte, ich gab mir Mühe und hatte, da ich, ohne den Vogel zu erschrecken, das Zimmer ohnehin nicht verlassen konnte, Zeit genug. Ich bin auch im Zeichnen ganz geschickt, ich meine auf eine gewisse akademische Weise, ich habe, um mich in dieser Fertigkeit zu üben, verschiedentlich Abendklassen besucht. Es gelang mir aber nicht, den Vogel so wie er war aufs Papier zu bringen, und darüber wunderte ich mich sehr. Ich machte vier Zeichnungen und auf der einen hatte der Vogel Storchenbeine und einen Spatzenkopf, auf der zweiten trug er auf einem dünnen Hals zwei Köpfe, auf der dritten hing er in einer Schlinge und hatte drei Beine, auf der vierten war von ihm fast nur das mir zugewandte Auge, ein riesiges Menschenauge, zu sehen. Ich versuchte es noch ein paarmal, auf immer neuen Blättern, aber es wollte mir nicht gelingen, meine Finger taten nicht, was ich wollte, sondern etwas, was ich gar nicht wollte und was mir den Vogel nicht näher brachte, sondern ihn fremd und höchst unheimlich erscheinen ließ.

Als ich meine Zeichnungen eine Weile angestarrt hatte, klingelte das Telefon. Bei diesem Geräusch fing der Vogel an mit den Flügeln zu schlagen und die Augen zu verdrehen und ich hielt es für besser, auf den Korridor zu gehen und den Hörer abzunehmen, manche Leute lassen den Apparat viele Male klingeln, ehe sie ihren Versuch aufgeben, und das hätte den Vogel gewiß ganz verrückt gemacht. Ich war aber auch sehr froh, auf diese Weise aus dem Zimmer zu kommen, und vielleicht hatte ich auch die Hoffnung, der Vogel würde in meiner Abwesenheit den Mut haben, bis zur Balkontür und durch die Tür ins Freie zu fliegen. Ich ging also hinaus und redete eine ganze Weile, aber als ich wieder in mein Schlafzimmer zurückkehrte, war der

Vogel immer noch da. Er saß immer noch auf der Kommode, nur daß er sich jetzt aufgeplustert hatte, jedenfalls schien er mir jetzt viel größer als vorher. Ich starrte ihn erschrocken an und dann setzte ich mich hin, diesmal auf einen Stuhl, aber ich zeichnete nicht mehr. Ich muß ihm einen Namen geben, dachte ich und fing an mich zu besinnen. Es fiel mir aber keiner ein und darüber geriet ich in eine furchtbare Aufregung, so als sei mit einem Namen alles gewonnen, Ruhe und Sicherheit und Glück. Ein Name aus einem Märchen, aber ich wußte nicht, aus welchem, kam mir endlich in den Sinn, ich wußte auch nicht mehr, was für eine Art von Vogel das gewesen war. Ich schrieb unter meine Zeichnungen die Worte Vogel Rock und sagte sie auch leise vor mich hin, Rock, Rock, Rock, aber eine Beruhigung war das nicht.

Ungefähr um fünf Uhr muß ich auf den Gedanken gekommen sein, mir eine Tasse Tee zu machen. Ich ging in die Küche und stellte Wasser aufs Gas, und als das Wasser kochte und ich es auf die Teeblätter gegossen hatte, beschloß ich, das Tablett ins andere Zimmer zu tragen, das ehemals das Zimmer meines Mannes war. Ich hatte aber diesmal die Tür nicht richtig zugemacht, und als ich in das Zimmer meines Mannes kam, sah ich den Vogel schon dort sitzen und zwar auf einem Tisch, der mit Büchern und Manuskripten bedeckt war. Er saß da nicht ruhig, sondern wandte den Kopf nach allen Seiten, so als wolle er alles in Augenschein nehmen, den Sekretär und die lange Bücherwand und die Couch mit den drei Rückenkissen und den Schreibtischstuhl mit den Armlehnen, die vorn etwas eingekerbt sind, so daß man in die Kerben seine Finger legen kann. Auf eine dieser Armlehnen setzte er sich später und das war mir sehr unangenehm, weil ich überhaupt niemand Fremden auf diesem Stuhl sitzen lasse, wenigstens wenn ich es vermeiden kann. Die Fenster standen auch in diesem Zimmer weit offen, und während ich auf der Couch saß und meinen Tee trank, überlegte ich, warum der Vogel nicht hinausflöge, es wurde darüber sechs Uhr und die Sonne ging unter, gerade in der Lükke zwischen den beiden gegenüberliegenden Häusern, dort, wo die Pappeln stehen. Sie war groß und rot, und als sie hinter den Pappeln verschwunden war, fing der Vogel wieder zu schreien an.

Ich glaube, daß mir schon in diesem Augenblick der Gedanke gekommen ist, den ich damals nicht in Worte zu kleiden wagte und den ich auch heute noch nicht aufschreiben kann. Das Telefon klingelte noch einmal, diesmal war eine Freundin von mir am Apparat, die, kaum daß ich ein paar Worte gesprochen hatte, erschrocken fragte, was hast du, was ist dir, und gewiß dachte ich daran, ihr von dem Vogel zu erzählen, aber ich tat es nicht, ich redete mich heraus mit Kopfschmerzen und Übelkeit, ich mußte wohl etwas Verdorbenes gegessen haben, und als meine Freundin herüberkommen und nach mir sehen wollte, sagte ich schnell, nein danke, ich brauche nur Ruhe, ich gehe ins Bett. Ich dachte aber nicht daran, ins Bett zu gehen, vielmehr zog ich, kaum daß ich den Hörer niedergelegt hatte, meinen Mantel an und lief aus der Wohnung und die Treppe hinunter, wohin ich wollte, wußte ich nicht.

Es war jetzt schon dunkel, aber noch sehr warm, und

ich war froh, draußen zu sein. Ich ging eine Weile ziellos durch die Straßen und dann ging ich zu einem mir befreundeten Ehepaar, das ziemlich weit draußen, schon am Rande der Schrebergärten, ein Häuschen und einen Garten mit schönen alten Bäumen besitzt. Der Mann ist Vogelkenner und überhaupt ein Tierliebhaber und wahrscheinlich wollte ich mir bei ihm Rat holen, was ich mit dem Vogel anfangen sollte, ein großer Vogel in einer kleinen Stadtwohnung, ein Vogel, der wegfliegen könnte und nicht wegfliegen will. Wie ich es erwartet hatte, saßen meine Freunde im Garten bei einem Windlicht, um das die Nachtfalter schwirrten, in der hohen Rüster hörten wir die Käuzchen schreien. Über diese Käuzchen wurde gleich gesprochen und nun hätte nichts näher gelegen, als daß ich meine Frage anbrachte, aber ich habe es nicht getan. Ich habe schon angefangen, denkt euch nur, heute, und bin dann wieder ausgewichen und habe von einem anderen, ganz belanglosen Vorfall berichtet, der schon ein paar Tage zurücklag und den ich nur benützte, um nicht stumm dazusitzen und die großen Bäume im Nachtwind ächzen zu hören. Wir sprachen danach noch einmal über Nachtvögel, aber auf eine ganz nüchterne, fast wissenschaftliche Weise, es wurde die volkstümliche Anschauung von den Käuzchen als Todverkündern gar nicht erwähnt und auch von Seelenvögeln, das heißt von in Gestalt von Vögeln dem Körper entfliehenden Seelen, war die Rede nicht. Ich machte im Laufe des Abends noch zweimal, aber vergeblich den Versuch, von meinem Erlebnis zu erzählen, und hatte wohl auch im Sinn, mich von meinen Freunden nach Hause begleiten zu lassen, wenn der Vogel dann verschwunden war, um so besser, stellt euch vor, hätte ich dann gesagt, ich habe mich vor ihm gefürchtet, und mit einem Gelächter wäre alles zu Ende gegangen. Ich sagte aber nichts und bat meine Freunde auch nicht um ihre Begleitung, und das war gerade, als ob ich etwas zu verschweigen oder zu verbergen hätte.

Es muß ungefähr halb zwölf gewesen sein, als ich mich von meinen Freunden verabschiedete, und kurz vor Mitternacht, als ich nach Hause kam. Sofort, nachdem ich das Licht im Korridor angedreht hatte, sah ich den Vogel, der auf dem schmalen blauen Läufer saß und sich langsam auf mich zu bewegte. Er ging nicht, wie am Nachmittag auf dem Büchertisch, hochbeinig den Flur entlang, sondern kroch auf dem Bauch, wobei er seine Flügel weit ausgebreitet nachschleppte. Der Korridor ist ebenfalls recht schmal, darum streifte der Vogel mit seinen Flügelspitzen die Wände, was ein seltsam fegendes Geräusch hervorrief, so wie wenn große Schwärme von Zugvögeln in geringer Höhe vorüberziehen.

Der Vogel schien mir viel größer als vor meinem Weggehen, niemals hätte er jetzt noch auf der schmalen, mit allerlei Sachen vollgeräumten Wäschekommode Platz gehabt. Er war so groß, daß ich erschrak und am liebsten gleich wieder zur Türe hinausgelaufen wäre. Aber dann blieb ich doch stehen und überlegte, was ich tun könnte, die Nachbarn wecken oder die Feuerwehr anrufen, von der ich wußte, daß sie mit Hilfe von langen Leitern oft verirrte Tiere aus den Wipfeln der Bäume oder von den Dächern herunterholt. Ich hätte aber, um zum Telefon zu gelangen, an dem Vogel vorbeigehen oder vielmehr über ihn hinwegsteigen müssen und das wagte ich nicht. Ich wagte gar nichts und eine Zeitlang machte ich aus Feigheit einfach die Augen zu. Als ich sie wieder öffnete, war der Vogel mir noch ein Stück näher gekommen. Er saß jetzt bei der Türe zum Wohnzimmer, die offenstand, und auch die Fenster im Wohnzimmer standen noch immer offen, und ich konnte über den Pappeln zwei Sterne sehen.

Geh fort, dachte ich, und vielleicht sagte ich es sogar, verstört und verwirrt, wie ich war, mit dem riesigen Vogel zu meinen Füßen, von dem ich mir schon vorstellte, wie er mir auch ins Schlafzimmer folgen und schließlich auf meiner Brust hocken würde. Denn der Vogel drängte sich jetzt ganz nah an meine Füße, und ich spürte seine staubige Wärme an meinem nackten Bein. Er war sehr groß und häßlich, und seine Augen waren trübe und ohne Glanz, und als ich auf ihn herunter- und gerade in seine traurigen kalten Augen sah, gab er ein merkwürdiges Krächzen von sich und jeden Augenblick konnte er wieder anfangen zu schreien. Zum ersten Mal roch ich ihn auch, er hatte den Geruch von trockenen Tannennadeln, auf die den ganzen Tag die Sonne geschienen hat, aber am Abend kriechen die fürchterlichen Schatten eines modrigen Talgrundes wie Nacktschnecken über sie hin.

Sie wissen, wie man ein Tier verjagt. Man klatscht in die Hände und stößt den Atem wie eine Lokomotive ihren Dampf von sich, und wenn das nicht hilft, stampft man mit den Füßen, bewegt die Arme wie Windmühlenflügel und schreit. All das habe ich am

Ende dieses Tages getan und der Vogel hat sich wirklich gerührt, er ist ins Zimmer gekrochen und von dort zum Fenster hinausgeflogen, ziemlich ruhig übrigens, ohne wildes Flügelschlagen und ohne einen Laut. Es hat während seines kurzen Fluges merkwürdigerweise so ausgesehen, als flöge jeder Teil des Tieres für sich, der Kopf für sich und die Flügel für sich und der Schwanz für sich, es war Luft zwischen dem allen, wie bei einem Ding, das sich in seine Bestandteile aufzulösen beginnt. Einen Augenblick lang habe ich ihn auch draußen noch so schweben sehen, er war jetzt wieder klein, nicht größer als ein gewöhnlicher Vogel, und kaum, daß er das Fenster hinter sich gelassen hatte, war er auch schon nicht mehr da. Ich bin gleich durch das Zimmer gelaufen, um ihm nachzusehen, vielleicht wollte ich auch das Fenster hinter ihm schließen. Es war aber da gar nichts mehr, kein Schatten vor den stillen, nachtbleichen Häusern, keine Bewegung auf die Pappeln zu. Da war nur ich, die jetzt ihre Arme nach dem verschwundenen Vogel ausstreckte und weinte und die am nächsten Tag und am übernächsten Tag und noch viele Tage lang mittags zitternd vor Erwartung auf ihrem Bett lag, aber der Vogel kam nicht, und ich weiß, er kommt auch nicht mehr.

Das Ölfläschchen

Das schlimme ist, daß Johanna sich nicht erinnern will. So lange her ist das alles, und inzwischen ist ihr Mann aus Rußland heimgekommen und ist alt geworden, und die Kinder sind groß geworden und sind, nachdem sie ihr noch einigen Kummer gemacht haben, ihrer Wege gegangen. Johanna hat das Häuschen, kein freistehendes natürlich, sondern ein Reihenhäuschen, von rechts und von links hört man den Rundfunk, und auch noch manches andere, aber in dem Handtuch von Garten hat Johanna zwei Fliederbüsche, weißen Flieder, wie in dem alten Evergreen, und neuerdings auch ein Vogelbecken, und die Kinder behaupten, daß Johanna die Fliederbüsche jeden Tag abstaubt und daß sie das Badewasser für die Vögel mit dem Thermometer mißt.

Dies nur um zu sagen, wie Johanna geworden ist, pingelig, bei Gott, und gar nichts kann es ihr schaden, wenn man ihr ins Gedächtnis zurückruft, was vor bald zwanzig Jahren gewesen ist, dies oder jenes, nur daß sie sich eben gegen dies und jenes sträubt, und lieber was weiß ich für Themen anschneidet, Vogelfutter und Kunstdünger, den Ausverkauf und die Frauenseite und manchmal sogar die Politik. Nur daß ich dann ganz unerbittlich bleibe, und wenn ich es nicht auf dem geraden Wege erreichen kann, versuche ich es auf dem krummen, mit List.

»Du hattest doch nach dem Krieg noch lange Haare«, sage ich zum Beispiel.

»Nein, ausgeschlossen«, sagt Johanna, »die Haare habe ich mir schon früher abgeschnitten, 1943 ungefähr.«

»Aber wie konntest du dann«, frage ich, »das Ölfläschchen in deiner Frisur verstecken?«

»Welches Ölfläschchen«, fragt Johanna.

»Das Parfumfläschchen«, sage ich, »in das du jeden Tag ein bißchen Öl abfülltest für deine Kinder.«

»Ach ja«, sagt Johanna und greift nach ihren Haaren, als könnte sie noch heute das Ölfläschchen darin finden.

»Du hattest es wahrscheinlich im Knoten«, sage ich.

»Ja«, sagt sie dann lebhaft, »und es war nicht so leicht, die Nadeln so fest zu stecken, daß es nicht herausrutschen konnte.«

»Es ist ja auch einmal herausgerutscht«, sage ich.

»Ja«, sagt Johanna erschrocken, »und gerade am Tor, wo der Posten stand. Es ist heruntergefallen und zerbrochen und auf dem Pflaster war ein großer fettiger Fleck. Der Posten hat nichts gesagt, ist nur dagestanden mit der Nase in der Luft, aber am Abend hat er mich angezeigt und die Polizei hat mich verhört.«

Und nun steht Johanna auf und nimmt einen Lappen und wischt in ihrem sauberen Häuschen herum, und ich kann mir nicht anders helfen, ich muß ihr eine Fangfrage stellen.

»Also kamst du ins Gefängnis«, sage ich.

»Ins Gefängnis«, sagt sie, »wieso denn das«, und wackelt mit dem Kopf.

»Nun, ich denke«, sage ich, »sie waren recht streng damals. Es war immerhin Diebstahl und bei der Besatzungsmacht, oder hatten sie dir erlaubt, das Öl zu nehmen?«

»Natürlich nicht«, sagt Johanna, »was ich nehmen durfte, waren zwei Briketts, mit denen habe ich abends zu Hause für meine Kinder den Ofen geheizt.«

»Also kein Öl«, sage ich.

Und nun starrt Johanna auf das Staubtuch, das mit hübschen Blumen bedruckt ist und das sie jeden Tag zu waschen pflegt. Sie scheint sich zu besinnen, wieso sie eigentlich damals nicht ins Gefängnis gekommen ist. Sie besinnt sich sehr lange und dann fängt sie plötzlich zu lachen an.

»Da war doch die Frau Kommandant«, sagt sie.

Mir ist bekannt, daß Johanna damals bei einem Kommandanten in Stellung gewesen ist und daß sie für ihn und seine junge Frau gekocht, aufgeräumt und gewaschen hat, für Geld natürlich, aber doch vor allem für das Essen und die zwei Briketts und das Fläschchen Sonnenblumenöl, denn wie man sich erinnert, war das Jahr 1945 eine harte Zeit.

Ich weiß alles besser als Johanna, aber es liegt mir daran, daß sie sich erinnert, und darum lasse ich ihr keine Ruhe.

»Tanja hieß sie, nicht wahr«, sage ich.

»Ja«, sagt Johanna, und macht noch einen kleinen Versuch auszuweichen, indem sie den Teekessel aufs Gas setzt, dieses glänzend polierte Ding, das nach einer Weile, von dem Dampf in seinem Bauch bedrängt, ein gellendes Pfeifen hören läßt. Dann aber holt sie aus einem Fach im Küchenschrank eine Schachtel und aus der Schachtel eine kleine Photographie. Sie legt die

Photographie vor mich hin und das ist gerade, was ich habe erreichen wollen.

»Eine hübsche Frau«, sage ich, in der Absicht, Johannas Widerspruchsgeist zu wecken, was mir auch gelingt.

»Hübsch, was heißt hübsch«, sagt Johanna, »schön war sie, eine Schönheit, so etwas sieht man nicht alle Tage, und hier schon gar nicht, eine Haut wie Rahm und pechrabenschwarze Haare, und die Zähne einer schöner als der andere, obwohl sie sie nicht putzte, wie wir, sondern nur mit Salbeiblättern abrieb. Salbei, Frau, sagte sie, und dann mußte ich in den Küchengarten laufen und eine Handvoll Kräuter holen, und sie rieb und spuckte und sah mich mit ihrem strahlenden Lachen an.«

»›Frau‹, sagte sie zu dir, einfach Frau«, sage ich.

»Ja«, sagt Johanna und wendet sich zu dem Kessel, der schon einen schwachen Ton von sich gibt wie ein Kind, das pfeifen möchte, aber noch nicht pfeifen kann.

»Auch der Kommandant«, frage ich.

»Was ist mit dem Kommandanten«, fragt Johanna erschrocken.

»Hat er auch Frau zu dir gesagt«, frage ich.

»Natürlich«, sagt Johanna ärgerlich, »stellst du dir das so einfach vor für einen Ausländer, sie konnten sich meinen Namen nicht merken.« Und dann gießt sie das kochende Wasser auf die Teeblätter und stellt die hübschen Tassen und das Porzellankörbchen mit den selbstgebackenen Plätzchen auf den Tisch.

»Und der Kommandant«, frage ich, »war das auch ein schöner Mann?«

»Nein«, sagt Johanna und wirft einen zornigen Blick auf den Platz, auf dem sonst ihr Ehemann sitzt, der aber in seinen Briefmarkensammlerverein gegangen ist, wir richten das schon immer so ein. »Schön war er nicht, aber ein Mann, der lachen und weinen konnte und schreien und alles wie ein Gewitter und wo gibt es das noch.«

»Er lachte also auch mit seiner Frau«, sage ich.

»Ja«, sagt Johanna und wird mit einem Mal ganz nachdenklich.

»Den ganzen Tag waren sie beisammen, entweder sie in der Amtsstube oder er in der Wohnstube und die ganze Nacht und so ein junges Ehepaar waren sie auch nicht mehr. Aber sie redeten die ganze Zeit, erzählten sich etwas oder machten Witze und manchmal lachten sie eine halbe Stunde lang wie toll. Und ich stand draußen in der Küche und schüttelte den Kopf darüber, daß es so viel zu reden und zu lachen geben kann zwischen Mann und Frau.«

Jetzt habe ich Johanna so weit, daß eine Art von Geistesabwesenheit sie überkommt. Sie vergißt, mir Rahm und Zucker anzubieten, und sieht sich in ihrer funkelnden Küche um, als sähe sie dort etwas ganz anderes als die weißen Anbaumöbel und den Kühlschrank und die Maschine, hinter deren rundem Fenster die Wäsche sprudelt und kocht.

»Das war ein altes Haus«, sagt sie plötzlich, »in dem der Kommandant wohnte, und ein altmodisches Haus. So eine Villa mit einem Garten voll schwarzer Thujabäume, da hatte schon mal Militär drin gelegen und die Möbel waren alle kaputt. Aber der Kommandant und seine Frau fanden trotzdem alles wunderschön. Manchmal wickelten sie sich in die alten seidenen Gardinen, jedes in eine und dann riefen sie mich und ich mußte ganz erstaunt tun, wo Herr Kommandant, wo Madam, und dann fingen sie in ihren Gardinen an zu hopsen und zu springen und wie Käuzchen zu schreien.«

»Ein Bad gab es da wohl nicht«, frage ich.

»Doch«, sagt Johanna, »eine alte Blechbadewanne und einen Kohlenofen und in der Badewanne schwammen die Karpfen, und wenn der Kommandant und seine Frau baden wollten, wurden die Karpfen herausgenommen und in hölzerne Bottiche gesetzt. Weil aber in dem Badezimmer dann ein furchtbarer Dampf war, hatten die Fische Angst zu ersticken und sprangen aus ihren Bottichen heraus. Der Herr Kommandant und die Frau, die zusammen in der Wanne saßen, schrien aus Leibeskräften ›Frau, Karpfen‹, und ich mußte hereinkommen und die Fische fangen. Weil ich aber dabei nicht zu der Badewanne hinsehen wollte, war das sehr schwer.«

»Du hast also nicht hingesehen«, sage ich.

»Natürlich nicht«, sagt Johanna, »aber wenn ich mich nach den glitschigen Fischen bückte, sah ich doch, ob ich wollte oder nicht, manchmal die fetten krebsroten Schultern und den nassen Haarschopf des Herrn Kommandanten und das lachende, von schwarzen Kringeln umgebene Gesicht seiner Frau. Sie klatschten auch jedesmal in die Hände, wenn ich einen Karpfen gefangen und in den Bottich zurückgesetzt hatte. Am Ende ging ich wieder hinaus und das Gelächter der beiden folgte mir und ein wenig von dem dicken weißen Dampf kroch mir nach in den dämmrigen Flur.«

»Das waren noch Zeiten«, sage ich.

»Ja«, sagt Johanna, und schiebt entschlossen ihre Tasse und den Teller mit ihrem Kuchen weit zurück. »Habe ich dir erzählt, wie es war auf der Polizei?«

»Nein«, sage ich, obwohl ich damit nicht die Wahrheit sage. »Die Frau Kommandant ist hereingekommen und hat die Türe hinter sich zugeschlagen, wie sie das immer machte, aber noch etwas lauter als sonst. Dann hat sie sich vor den Kommissar hingestellt und hat statt aller Worte mit den Füßen gestampft. Der Kommissar ist ganz empört aufgesprungen, aber dann hat er sich wieder hingesetzt und hat gelacht. ›Nun, nun, mein Täubchen‹, hat er gesagt, ›warum denn so zornig, Genossin, erzähle, was ist geschehen?‹«

»Wie hast du denn das verstanden«, frage ich.

»So viel habe ich schon verstanden«, sagt Johanna, »und ich habe auch verstanden, daß die Frau Kommandant behauptet hat, sie habe mir erlaubt, das Öl zu nehmen, es sei ein Geschenk von ihr gewesen und sie selbst habe mir das Fläschchen in den Knoten gesteckt. In ihrer Heimat trage man alles in den Haaren, alle Einkäufe, so praktisch sei das und bequem.« »Und das hat der Kommissar geglaubt«, sage ich und lache. »Natürlich nicht«, sagt Johanna, »er hat mit den Augen gezwinkert und gesagt, ›was du nicht sagst, Genossin, aus so einer Gegend bist du, wo man sich alles in die Haare steckt‹, und ich habe gemerkt, er kann ihr nicht widerstehen. Und dann, als sie im Sarge lag –«

»Wieso im Sarg«, frage ich.

»Das weißt du doch«, sagt Johanna gekränkt, »daß sie eines Tages, um ihre Familie zu besuchen, nach Hause reiste und daß sie da irgendwo auf dem Wege ermordet worden ist.«

»Warum denn ermordet«, frage ich wieder.

»Wieso denn, warum denn«, äfft Johanna mir nach, »als ob man das damals hätte sagen können, das war nicht wie jetzt, keine Ordnung, kein Schutz, aus Versehen ging einer zugrunde, und aus Versehen kam einer davon. Die Genossin Tanja wurde damals eingescharrt, irgendwo an der Bahnstrecke, nicht tief, denn es war dicker Winter, und der Herr Kommandant ließ sie ausgraben und hierher bringen, ich meine, in sein Haus bringen, und da kam sie an, steifgefroren wie ein Stockfisch und gelb.«

»Wie du dich ausdrückst«, sage ich.

»Ja«, sagt Johanna trotzig und hebt den Kopf und sieht wieder durch die Wände ihrer Küche hindurch. »Sie kam in einer Art von Kiste, und ich mußte sie auspacken und sie zurechtmachen. Ich habe das getan, dem Herrn Kommandanten zuliebe, aber auch wegen dem Ölfläschchen und weil ich sie liebhatte, wie ein schönes verrücktes Kind. In einem der Seidenvorhänge aus dem Salon habe ich sie eingewickelt, mit einer alten Brennschere habe ich ihr die Locken gebrannt und die Backen habe ich ihr mit Lippenstift bemalt. So haben sie sie in den Sarg gelegt, übrigens einen feuerroten Sarg. Es war eine Art von Feier, aber ohne Pfarrer natürlich, die Männer sind um den offenen Sarg herumgestanden und haben Zigaretten geraucht. Und nur der

Kommissar ist einmal ganz nahe herangetreten und hat der Toten zärtlich und voll Widerwillen ins Gesicht gesehen. Aber dann ist der Kommandant gekommen und hat sich mit seinem ganzen Gewicht auf den Sarg geworfen und hat sein Schneewittchen, seinen Stockfisch herausheben wollen und hat geweint und geschrien. Es hat an dem Tag auch bei uns geschneit, und weil wir die Fenster offenlassen mußten, sind ganze Wolken von Schnee wie von weit her, aus Sibirien, ins Zimmer gekommen. Darum haben sie den roten Sarg bald zugenagelt und weggetragen und der Kommandant ist hinterhergelaufen und hat noch immer gebrüllt wie ein Tier.«

»Und du«, frage ich.

»Ich«, sagt Johanna, »ich habe aufgeräumt und für die Männer ein Essen gekocht. Drei Tage später habe ich mir meinen Lohn auszahlen lassen und bin gegangen und nicht mehr wiedergekommen.«

»Und warum das«, frage ich.

»Weil da die neue Frau gekommen ist«, sagt Johanna, »eine junge blonde, mit langem Haar.«

»Schon nach drei Tagen«, sage ich erstaunt.

Aber Johanna blickt mich strafend an. »Solche Menschen«, sagt sie mit einer großartigen Handbewegung, »solche Menschen kannst *du* eben nicht verstehen.«

Der Kustode

Niemand wird ihm verübeln, daß er seinen Beruf verteidigt. Er ist Kustode und den Kustoden wird viel Häßliches nachgesagt, wie zum Beispiel, daß sie den ganzen Tag nichts tun als gähnen und auf die Uhr sehen und daß sie im Grunde eine Art von stumpfsinnigen Tieren sind. Wie oberflächlich ist diese Beurteilung, wie kurzsichtig und dumm. Natürlich gibt es in diesem Beruf, den man ja meist nicht von Jugend auf ausübt, auch unerfreuliche Typen, wie etwa die Kriminalisten, die, aus bloßer Ruhmsucht, ihr Leben lang darauf aus sind, einen Museumsdieb auf frischer Tat zu ertappen, zu welchem Zweck sie sich hinter Vorhängen und Türen verstecken und es manchmal geradezu darauf anlegen, einen armen Teufel in Versuchung zu führen. Ebensowenig schätzt der Kustode diejenigen unter seinen Kollegen, die er die Spinner nennt. Es sind Menschen, die sich mit den von ihnen zu bewachenden Gegenständen (Bildern, Uhren, Skeletten) in einer fast krankhaften Weise identifizieren. Auf die harmlose Frage eines Besuchers, wo ist der Ausgang, Kustode, fangen sie an zu ticken, mit ihren Knochen zu rasseln oder die Augen wie der Judas Ischariot zu rollen. Andererseits gibt es unter den Kustoden aber auch richtige Wissenschaftler, die keine Gelegenheit vorübergehen lassen, ihre Kenntnisse zu vertiefen. Sie lieben es, von ihren Freunden mit dem Titel Professor angeredet zu werden, und mit ironischer Überlegenheit stellen sie fest, welch ein haarsträubender Unsinn dem Publikum von den gewerbsmäßigen Fremdenführern dargeboten wird.

Wie Sie sich denken können, rechnet der Kustode dieser Gruppe von ernst zu nehmenden Wissenschaftlern auch seine Wenigkeit dazu. Seit Jahren ist er unablässig bemüht, seinen Gesichtskreis zu erweitern, der Umstand, daß er nicht nur den Saal, sondern auch das Museum mehrmals gewechselt hat, ist ihm dabei zugute gekommen. Seine Kenntnisse auf dem Gebiet der Fossilien, der Numismatik, der Kleinbronzen und neuerdings auch der Juwelenkunde können sich sehen lassen. Er ist ein eifriger Benützer der Bibliotheken und seit Anfang dieses Jahres hält er sogar eine Fachzeitschrift, die wissenschaftlich einwandfrei und zudem sehr angenehm ausgestattet ist.

Das ehemalige Hofmuseum, in dem der Kustode seit einigen Jahren angestellt ist, behagt ihm sehr gut. Es enthält im Erdgeschoß eine ansehnliche archäologische Sammlung, während die Bilder und Kunstgegenstände des Mittelalters und der Neuzeit im ersten Stockwerk untergebracht sind. Der Saal der kostbaren Schmuckstücke, den zu bewachen der Kustode die Ehre hat, ist ein wenig abgelegen, was ihm nur recht ist, da er ei nem starken Publikumsandrang wenig Geschmack abgewinnen kann. In den Räumen, die sich an seinen Saal anschließen, sind kostbare Porzellangefäße und sakrale Gewänder untergebracht. Eine nur vom Personal benutzte Hintertreppe ist leicht zu erreichen; durch das Haustelefon kann jederzeit Hilfe herbeigerufen werden. Die Vitrinen, in denen sich die größten Kostbarkeiten befinden, sind zudem mit elektrischen Alarmanlagen ausgestattet, was früher eine Seltenheit war, sich aber wohl jetzt überall von selbst versteht.

Ein ruhiger Posten und eine vornehme Umgebung, – Sie können mir glauben, daß der Kustode zufrieden ist und daß seine Nerven völlig in Ordnung sind. Wenn er in letzter Zeit angefangen hat, etwas geschwätzig und, wie manche Leute sagen, sogar wunderlich zu werden, so ist daran nur ein gewisser Diamant, das hervorragendste Stück seiner Sammlung, schuld. Daß sogar ich den Namen dieses berühmten Edelsteines nicht auszuschreiben wage, sagt Ihnen über seine gefährlichen Eigenschaften genug. Der Kustode nähert sich der Vitrine Nr. 12, in der der Stein untergebracht ist, denn auch nur, indem er mit den Fingern ein gewisses unheilabwehrendes Zeichen macht. Um so mehr beschäftigt er sich mit der Geschichte des Diamanten, die eine Geschichte unaufhörlichen Schreckens ist. Seit einigen Wochen findet er ein immer lebhafteres Vergnügen daran, den Besuchern seines Saales diese Geschichte zu erzählen, man könnte fast sagen, daß er damit einem Zwang folgt, der, ich weiß nicht von welcher Seite, auf ihn ausgeübt wird. Denn wenn ich sein Erzählen auch als ein Vergnügen bezeichnet habe, so ist es doch aufregend und schadet seiner Gesundheit – er brauchte nur einen Blick in den Spiegel zu werfen, um zu erkennen, daß es ihm bereits geschadet hat. Trotzdem fängt er jeden Morgen von neuem an.

»Kennen Sie«, fragt er schon den ersten Menschen, der zur Türe hereintritt, »die Silberminen von Haiderabad«, und dann versucht er ihm den Mann zu beschreiben, der in einem Stollen dieser Minen den Stein gefunden hat. »Ein Gefangener aus der Festung«, sagt er, »ein Hungerleider, ein wahres Skelett. Da hockt und kratzt und schürft er in der Tiefe, schwitzend, hohlwangig, und plötzlich hat er den Stein in der Hand. Leute kommen, man darf das Ding nicht bei ihm finden, er versteckt es, gerade noch ehe Feierabend ist und er mit einem Haufen anderer Gefangener aus dem Bergwerk getrieben wird. In der Nacht überlegt er sich, daß er einen Mitwisser braucht, und es fällt ihm auch schon einer, nämlich ein Wächter, ein.«

So fängt der Kustode an zu erzählen und er merkt schon, der Besucher hört ihm nicht mehr zu. Ein dicker Herr ist es vielleicht, der mit funkelnden Augen in die Vitrinen schaut. »Allerhand Werte beieinander«, sagt er, und »was steht da, aus dem Schatz des Hauses Habsburg, na ja, das waren reiche Leute, aber jetzt.« »Ja, ja«, sagt der Kustode eifrig, gerade darum ist es ihm ja zu tun, daß der Stein kein Glück bringt, im Gegenteil. »Hören Sie doch«, erzählt er weiter, »der Gefangene hat sich den Wächter zum Mitwisser gemacht, am nächsten Tag schleichen sie beide zu der gewissen Stelle im Stollen und der Gefangene holt den Stein aus dem Versteck. Der Wächter sieht den Stein an und ist zufrieden, der Stein soll verkauft und der Erlös geteilt werden, ohne die übliche Leibesvisitation verläßt der Gefangene den Stollen und der Wächter führt ihn selbst am Abend in die Festung zurück.«

Wenn der Kustode mit seiner Geschichte so weit ist, ist sein erster Zuhörer schon verschwunden, ein anderer beugt sich über den Glaskasten, schaut verstohlen, ob er nicht hinsieht, und zeichnet dann in sein Notizbuch, wahrscheinlich ist es ein Juwelier. »Mein Herr«, sagt der Kustode, »das ist verboten, Zeichnen und Photographieren ist verboten, aber geben Sie mir Ihr Notizbuch, ich zeichne Ihnen auf, wie das gewesen ist und wo, die Mauer, an der der Wächter den Gefangenen umgebracht hat, hier sehen Sie, das ist die Mauer und dies der Hafen, hier liegt das Leuchtschiff und dort der englische Kutter, der wird gerade beladen und der Wächter tut, als ob er zur Mannschaft gehöre, er nimmt einen Sack auf den Rücken und schmuggelt sich an Bord.«

»Was für ein Wächter, was für ein Gefangener«, fragt der Juwelier, aber der Kustode kann ihm das nicht erklären, er kann das Rad nicht zurückdrehen, schon verläßt der Kutter den Hafen und das Polizeiboot ist hinter ihm her.

Der Juwelier nimmt dem Kustoden, kopfschüttelnd, das Notizbuch aus der Hand und geht weiter, aber das macht nichts, ein Ehepaar vielleicht hat den Raum betreten, eine hübsche, nicht mehr junge Dame und ein Offizier, ein englischer Offizier. »Colonel«, sagt der Kustode und macht die militärische Ehrenbezeigung, »wenn ich recht unterrichtet bin, stellt auf einem Schiff der Kapitän die oberste Gerichtsbarkeit dar, der Kapitän kann einen Mörder der Polizei ausliefern oder nicht.«

»Was denn für einen Mörder«, fragt der Colonel amüsiert und seine Frau spiegelt sich in der Vitrine Nr. 12, aber dann sieht sie etwas und sagt: »Sieh nur, George, das ist der berühmte Diamant.« »Ja, ja«, sagt der Kustode aufgeregt, »und der Wächter hatte ihn dem Toten abgenommen und ihn in sein Taschentuch geknotet, aber jetzt verschluckt er ihn so schnell er kann. Er muß noch mit zur Hafenwache, aber sie können ihm nichts nachweisen, er ist frei.«

Der Colonel sieht den Kustoden an, wahrscheinlich macht dieser einen verstörten Eindruck, ich sagte ja schon, die Geschichte geht ihm jedesmal nah. Der Colonel zieht es vor, den Saal zu verlassen. »Mary«, sagt er taktvoll, »wir könnten zuerst die Krönungsmäntel«, und dem Kustoden nickt er freundlich zu und sagt, »ja, danke, wir kommen noch einmal zurück.« Sie gehen alle beide und sind schon verschwunden und der Wächter aus Haiderabad ist auch verschwunden, vom Schiff weg, von der Hafenstraße weg, in einem Krankenhaus liegt er und windet sich in Krämpfen, der Stein, ungeschliffen und dreckig, wie er ist, hat ihm die Gedärme zerrissen, er keucht, er stirbt.

»Er ist gestorben«, sagt der Kustode zu dem nächsten Besucher, einem jungen Menschen, einem Studenten, dem er ebenfalls die Geschichte nicht von vorne erzählen kann. »Wer denn, Ihr Kater vielleicht«, sagt der Student lustig, und der Kustode sagt, »nossignore, der Räuber des Steins.«

»Woran denn gestorben«, fragt der Junge ganz mechanisch, er ist Mediziner oder will es werden, das sieht man ihm schon an. »Was würden Sie denken«, sagt der Kustode, »wenn einer sich in Krämpfen windet? Gift, würden Sie denken und ihm den Bauch aufschneiden und das hat der Arzt auch getan. Er hat dabei den Stein gefunden und sich einiges gedacht.«

»Reden Sie von dem Diamanten«, fragt der Student

interessiert und beugt sich über die Vitrine Nr. 12, in der das Teufelsding funkelt und blitzt.

»Ja«, sagt der Kustode, »der Arzt hat das Klümpchen gesehen, das dem Toten den Darm zerrissen hatte, er war nicht dumm, wie kommt so ein Klümpchen in die Eingeweide eines Menschen, er muß es verschluckt haben, warum hat er es verschluckt? Der Arzt wartet, bis sein Assistent gegangen ist, sich die Hände waschen, und dann steckt er das Klümpchen in die Tasche. Er schreibt in seinen Bericht, innere Blutungen durch Fremdkörper und gibt die Leiche zur Beerdigung frei.«

»Das ist gut«, sagt der Student und lacht, »sehr gut ist das und wie ging es weiter?« Aber dann sieht er auf die Uhr, er muß zur Vorlesung, bei einem nächsten Besuch will er mehr hören, »Sie werden doch bestimmt da sein«, »ja, ja, mein Herr, ich bin immer da.«

Er ist immer da, auch über Mittag, wenn es in seinem Saal heiß wird und so gut wie niemand kommt. Dann sitzt er auf seinem Kustodenstuhl und hat erst richtig Zeit zum Spintisieren. Der Arzt ist er dann, ein Europäer übrigens, kein Orientale, und den Stein, der andererseits aber auch sicher in seiner Vitrine liegt, hält er in den Fingern, er hat ihn schleifen lassen, er ist über alle Maßen herrlich und ein Vermögen wert. Er will aber das Vermögen nicht, er schenkt ihn seiner Geliebten, da kommt sie schon aus dem Saal der Meßkelche und Paramenten, mit Tanzschritten kommt sie auf ihn zu. Der Kustode springt auf und sagt: »Würden Sie ihn annehmen, Fräulein, ich habe ihn nicht gestohlen, ich habe ihn gefunden«, aber wo er ihn gefunden hat, in einem zerfetzten Dickdarm nämlich, sagt er nicht. Das Fräulein sieht ihn mit klaren Augen an, natürlich merkt sie gleich, daß er nicht der Arzt ist, weil er keinen weißen Kittel trägt, sondern eine Art von grauer Uniform. »Was denn annehmen«, fragt sie lächelnd, »ich suche den Saal der antiken Masken, vielleicht habe ich mich im Stockwerk geirrt.« Ja, das hat sie, hat sich im Stockwerk geirrt, aber der Kustode hat sich auch geirrt, vielleicht ist sie eine Tänzerin, aber die Tänzerin, die der Arzt geliebt hat, ist sie nicht. Diese Tänzerin nämlich hat den Stein angenommen, sie hat sich erkenntlich gezeigt, als der Arzt als Schiffsarzt auf eine lange Reise gegangen ist, ist sie mitgefahren, sie hat den Stein an einer langen Kette auf ihrer bloßen Haut getragen und nur der Schiffsarzt hat ihn zu sehen bekommen in der Nacht.

Der Kustode ist auf seinen Stuhl zurückgekehrt und grübelt, aber es dauert nicht lange, da wird er wieder gestört. Sein Kollege von nebenan kommt herein, er langweilt sich bei seinem Sèvres, er ist ein ungebildeter Mensch, der dem Kustoden nur einmal interessant geworden ist, als er ihm gestand, er habe oft Lust, mit einem Hammer seine Vitrinen samt Inhalt in Stücke zu schlagen. Was kann man mit einem solchen Menschen reden, ganz primitiv muß man da vorgehen, zum Beispiel sagen, ich habe heute von einem Fall in der Zeitung gelesen, eine junge Frau, eine Tänzerin, die auf einem Vergnügungsdampfer gefahren ist, ist spurlos verschwunden, dabei waren die ganze Nacht über Wachen ausgestellt, es ist kein Mensch über Bord gegangen, der Mond hat geschienen, nein wirklich, keine

Seele über Bord. Der Kustode sagt das, weil dieser Kollege einmal zur See gefahren ist, seit der Zeit spricht er gern englisch, auch jetzt tut er es und schlägt vor, daß das Mädchen so dünn war, daß es mit dem Badewasser abgeflossen ist. Der Kustode sieht den Kollegen eisig an, aber der hat die Stirn, noch ein Liedchen zu singen, »making bubbles mighty fine, but hélas, I was no swimmer, and so I lost my Clementine«, wobei er auch noch zwei Vorgänge verwechselt, da jene Clementine (der Kustode kennt das Lied) gar nicht mit dem Badewasser abgeflossen ist. »Herr Heller«, sagt der Kustode, »gehen Sie zurück zu Ihrem Sèvres«, und der Seefahrer zuckt die Achseln und verzieht sich, er ist der Ansicht, daß der Kustode keinen Humor besitzt, was vielleicht auch den Tatsachen entspricht. In der Türe trifft er mit einem neuen Besucher des Juwelensaals zusammen und zu seinem Ärger sieht der Kustode, daß er sich nach ihm umdreht und sich mit dem Finger an die Schläfe tippt.

Es scheint aber, daß der Neuankömmling diese Geste nicht versteht oder daß es ihm nichts ausmacht, daß der ehemalige Matrose den Kustoden für einen Narren hält. Er trägt seinen Hut in der Hand, aber jetzt setzt er ihn wieder auf und eigens, um ihn vor dem Kustoden, und auf die höflichste Weise, zu ziehen. »Sie interessieren sich für den Stein«, sagt der Kustode, und der Besucher nickt mit großem Ernst, obwohl er dabei keineswegs auf den Diamanten, sondern auf den messingnen Spucknapf in der Ecke blickt. »Es gibt da«, sagt der Kustode, »eine Lücke, die Tänzerin ist spurlos verschwunden, der Arzt wurde noch einmal gesehen und zwar auf einer der karibischen Inseln, da stand er am Hafen, war schon ganz heruntergekommen und bot den Passagieren der großen Schiffe Spitzendecken und häßliche kleine Hunde zum Kaufe an.«

»Häßliche kleine Hunde«, sagt der Besucher, und tut so, als trüge er selbst so ein kleines Ungeheuer auf den Armen und zeige es Leuten, die hoch oben an der Reling eines Schiffes stehen. »Ja«, sagt der Kustode ein wenig ärgerlich, »aber das ist nicht wichtig, wichtig ist nur, ob er bereut hat, der Tänzerin den Stein geschenkt zu haben, und ob er sie umgebracht hat, um sich wieder in seinen Besitz zu bringen.« Er schaut den Besucher erwartungsvoll an und nun läßt dieser seinen Hund fallen und salutiert. »Zu Befehl«, sagt er, »umgebracht« und fängt an die Kaiserhymne zu singen, was ja insofern nicht so abwegig ist, als der Stein, wie ich schon sagte, zu dem Schatz des Hauses Habsburg gehört. Der Kustode sieht aber doch jetzt, daß der Mann nicht ganz bei Troste ist, und bemüht sich, ihn in die sakrale Abteilung abzuschieben, was ihm nach einigem Überreden auch gelingt. Seine Frage muß er auf sich beruhen lassen, schließlich weiß man ja einiges, wenigstens so viel, daß der Arzt auf den karibischen Inseln mit einem Typ zusammengekommen ist, einem Mr. Miller oder Mr. Brown, der Kustode kann sich Namen schlecht merken und wahrscheinlich war das ja auch sein richtiger Name nicht.

Jetzt vertritt der Kustode sich die Füße, er geht hin und her und wischt mit einem Staubtuch über die Vitrinen, legt auch hier und dort ein Namensschildchen zurecht. »Mister Miller, Mister Brown«, murmelt er und sagt die Worte gleich laut, weil er jetzt wieder einen Zuhörer hat, und fügt noch etwas hinzu, eine ungefähre Schilderung jenes Gasthofes in London, in dem der Abenteurer logiert hat. »In der Hafengegend war das, kennen Sie die Hafengegend von London, es ist heute wie damals, es werden Menschen ermordet und düstere Geschäfte gemacht.«

Und nun steht der Kustode wieder bei der Vitrine Nr. 12, auf die der neue Besucher gleich zugegangen ist. »Genauer, bitte«, sagt dieser und zieht wie der Juwelier sein Notizbuch aus der Tasche, aber er zeichnet nicht. »Genauer«, wiederholt der Kustode gereizt, »ich weiß nichts Genaues, niemand weiß etwas Genaueres als ich.« Er sieht sich den Besucher an, diesmal ist es kein Verrückter, er ist etwa dreißig Jahre alt und hat strohgelbe Augenbrauen und strohgelbes Haar, eine Kopfbedeckung trägt er nicht. Auf den Stein deutet er mit seinen kurzen roten Fingern und sagt »da ist er also wieder aufgetaucht, in dem Hinterzimmer, das Fenster war schmal und hoch und ging auf den gelben Fluß. Vor dem Fenster hingen schmutzige Gardinen, außer dem Eisenbett stand nur noch ein Stuhl im Zimmer und schmatzend hörte man das Wasser an die Bohlen des kleinen Landungsstegs schlagen.«

»Woher wissen Sie das«, fragt der Kustode kühl, »niemand weiß das, man weiß nur, daß dieser Herr Miller oder Brown in den Gasthof einen Juwelenhändler bestellt hat und daß der Händler gar nicht erst hingegangen ist.«

»Nein«, sagt der junge Mann und haucht seinen fettigen Atem gegen das Glas, daß es ganz trübe wird. »Er ist nicht hingegangen, statt dessen hat er die Polizei geschickt, zwei Polizisten in Uniform.«

»Auch das können Sie nicht wissen«, sagt der Kustode, »wie viele Polizisten es waren«, aber der junge Mann ist nicht mehr aufzuhalten, zum Ärger des Kustoden fängt er jetzt an, ihm eine Geschichte, *seine* Geschichte zu erzählen und sie mit allerlei Einzelheiten auszustatten, einer blakenden Petroleumlampe, einem chinesischen Kellner und vorbeiziehenden, schauerlich tutenden Schiffen, und wie der Mann, der Mr. Miller, da auf dem Bett, mit blauen Würgspuren an seiner Schlagader, lag. Schlecht kann einem werden, wie der Besucher das alles schildert, wovon er keine Ahnung hat oder eben doch nicht mehr als eine Ahnung, die er nun aufbläht mit Hilfe seiner schmutzigen Phantasie. »Und den Stein«, fragt der Kustode höhnisch, »hat die Polizei auch den Stein gefunden?«, und wie der Besucher, dieser elende Flunkerer und Schriftsteller, nichts zu antworten weiß, treibt er ihn mit den Worten »we are closing, on ferme, si chiude« zur Türe hinaus.

Nach dieser Unterhaltung und seiner Lüge (es wird nicht vor 5 Uhr geschlossen und es ist erst halb 5 vorbei), ist der Kustode eine Weile recht schlecht gelaunt. Er steht am Fenster und sieht auf die Anlagen hinunter und dann zieht er aus seiner Tasche ein seidenes Tuch, mit dem deckt er die Vitrine mit seinem Diamanten zu. Die Frage, die er dem Strohblonden gestellt hat, kann er selbst nicht beantworten, er weiß nicht, wer den Herrn Miller oder Brown erwürgt und den Stein an sich genommen hat. Es kommen noch einige Besucher, die aber schon müde sind und auf die Juwelen nur stumpfsinnige oder feindliche Blicke werfen, was unter dem Halstuch liegt, will keiner mehr sehen. Es gehört dem Kustoden allein, alle hier ausgelegten Diademe, Halsbänder und Armreifen gehören ihm, er ist Herr über alle, ein königlicher Kaufmann, ein Mann mit weltweiten Beziehungen, »nur hereinspaziert, meine Herrschaften, ich verkaufe alles, nur diesen einzigen Diamanten nicht.«

Indem rollt die gelbe Abendsonne ins Fenster, aus den Anlagen zu seinen Füßen werden Grachten, das Wasser schlägt gegen eine Hauswand, aber nicht gegen die einer armseligen Spelunke, sondern gegen die eines Palais, seines Palais. Schritte hört er im Vorzimmer, rasch, mit langen fliegenden Rockschößen eilt er über das Parkett der Flügeltüre zu. »Exzellenz«, ruft er, »ich bin Euer Diener, kaufen Sie die Kette aus Saphiren und Mondsteinen, kaufen Sie das Diadem aus Brillanten und schwarzen Perlen, aber nicht den Diamanten. Nein, diesen nicht.« Der Herr, der jetzt eintritt, ist groß und schlank, er sieht den Kustoden mit eigentümlichen Blicken an. »Ich weiß«, sagt dieser, »Sie kommen im Auftrag der kaiserlichen Familie, ein Hochzeitsgeschenk soll gemacht werden, Sie bezahlen, was ich verlange, Lieferant des kaiserlichen Hauses, welche Ehre, aber das Haus geht zugrunde, das Reich zerfällt.«

»Hören Sie, Montini«, sagt der Herr vorsichtig und faßt den Kustoden am Ärmel und dann geht er hin und zieht das seidene Tuch von der Vitrine weg. Der Diamant, der Bastard, blitzt und strahlt in der Abendsonne, ein Herz ist das, ein schlagender Herzmuskel, die Finger kann man sich an ihm verbrennen und der Herr zieht denn auch erschrocken seine Finger weg. »Sie wissen, was geschehen wird«, sagt der Kustode hastig, »das Vollkommene darf niemand besitzen, auch der Kaiser nicht.« »Was soll denn das heißen«, sagt der Herr und zieht einen Schlüsselbund aus der Tasche. Er ist der Abgesandte des Kaisers, aber deshalb darf er doch nicht mit Schlüsseln hantieren, nicht hier in Amsterdam, nicht in des Kustoden Geschäft. Seine Diener könnten die Polizei rufen, aber er will keinen Skandal, er ist allein Manns genug, den Eindringling zurückzuhalten, er fällt ihm in den Arm und nimmt ihm die Schlüssel weg. »Exzellenz«, schreit er, »retten Sie das Haus Habsburg« – da kommt schon aus dem Nebensaal der ehemalige Matrose, neugierig wie eine Elster, und aus der andern Tür der Sakrale, sie eilen dem Herrn zu Hilfe, alle drei stehen jetzt ganz dicht um den Kustoden herum. In diesem Augenblick ertönt das Klingelzeichen, das die Schließung der Sammlungen anzeigt, und »ist er schon lange so«, fragt der Direktor und die Kollegen sagen, »noch nicht lange, aber immerhin«. »Lieber Montini«, sagt der Direktor sehr freundlich, er ist eine vornehme Erscheinung, ihn mit einem Hofbeamten zu verwechseln, ist nicht schwer. »Lieber Montini, wir werden eine kleine Umordnung vornehmen, von morgen an werden Sie den Saal 24 übernehmen und der Kustode aus dem Saal 24 kommt hierher.« Er führt den Kustoden bis zur Türe, ja sogar bis zur Treppe, so als hätte dieser vielleicht die Absicht, sich seinen Stein zum Andenken mitzunehmen, aber diese Absicht hat der Kustode natürlich nicht. Er verabschiedet sich mit ironischer Höflichkeit und geht die

Treppe hinunter und im Parterre sieht er noch in den Saal 24, er möchte wissen, was da aufbewahrt wird, man kennt ja das ganze Museum, aber die Nummern der einzelnen Säle hat man nicht im Kopf.

In dem Saal steht zu seiner Überraschung nur ein einziges großes Ding, eine Art von Steinhäuschen, klobig und schwer, ohne Fenster, aber mit einer kleinen Tür, und der Kustode weiß schon, daß das eine ägyptische Grabkammer, eine sogenannte Mastaba, ist. Die Tür war einmal vermauert, eine Scheintüre, sie ist aber, wahrscheinlich zum Zwecke der Belehrung des Publikums, jetzt offen, man kann hineingehen und der Kustode geht auch hinein. In der Grabkammer sitzt er auf einem Steinbänkchen, ganz dunkel ist es da drinnen, er hört die Schritte seiner Kollegen, die weggehen, und später die Schritte des Nachtwächters, der seine Runde macht. Fünf Minuten wird er da zubringen, aber vielleicht auch die ganze Nacht, es ist nicht anzunehmen, daß er entdeckt wird, in Säle wie diesen leuchtet der Nachtwächter mit seiner Taschenlampe nur kurz hinein. Der Kustode kann abwarten, bis der Nachtwächter die Treppe zum zweiten Stockwerk hinaufgeht und dann die zum dritten Stockwerk, wo sich die Krippenausstellung befindet. Dort muß er sehr gründlich nachsehen, weil sich zwischen all den Aufbauten leicht jemand verstecken kann. Inzwischen hat der Kustode alle Zeit, seinen alten Saal aufzusuchen und, was er sich schon lange gewünscht hat, den Diamanten im Mondlicht zu sehen. Da der Direktor in seiner Verwirrung vergessen hat, ihm die Schlüssel abzuverlangen, kann er die Vitrine Nr. 12 öffnen und den

Stein herausnehmen. Es bleibt ihm, ehe der Nachtwächter aus dem obersten Stock zurückkommt, noch Zeit genug, über die Hintertreppe und durch den Kustodenausgang das Freie zu gewinnen. Es wird dann kaum Mitternacht vorüber sein, eine Zeit, in der die Lokale schließen und viele Menschen auf der Straße sind. Sobald der Kustode die Brücke erreicht hat, geht er langsam, ein Mondschwärmer, der von Zeit zu Zeit stehenbleibt und auf das trübe daherrauschende Wasser begeisterte Blicke wirft. Dabei lehnt er sich wohl einmal über das Geländer, seine Faust, in der er den Stein hält, öffnet sich einen Augenblick und schließt sich wieder, und ruhig und glücklich wie ein Mensch, der der Welt den Frieden geschenkt hat, geht der Kustode bis zum Ende der Brücke und auf seine Wohnung zu.

Ja, mein Engel

Genau heute vor fünf Jahren habe ich die Anzeige in die Zeitung gesetzt. Ich war damals noch gut zu Fuß, also ging ich zu Fuß den ganzen langen Weg bis zum Schillerplatz, wo sich die Annahmestelle der Zeitung befindet. Der junge Herr, der am Schalter saß, hat mich sehr freundlich beraten. Es sollte nicht zu teuer werden und doch sollte alles darinstehen, was ich suchte, nämlich eine ruhige, gebildete Mieterin für mein zweites, eigentlich drittes Zimmer, es blieben mir dann noch das Wohnzimmer und ein kleiner Schlafraum, also Platz genug.

Die Anzeige erschien am folgenden Samstag und den ganzen Samstag und Sonntag über klingelte es bei mir, und es kamen Frauen, die sich das Zimmer ansahen, mehrere alte, die ich aber nicht haben wollte, und einige junge, aber auch zu diesen sagte ich, ich stünde schon in Verhandlungen und würde Bescheid geben, weil ich immer meinte, es könnte noch eine kommen, die mir besser gefiele. Ich war darüber später sehr froh, weil das Fräulein, dem ich das Zimmer schließlich vermietet habe, erst am Sonntagabend gekommen ist und weil es mir sehr leid getan hätte, gerade diese Dame wieder wegzuschicken; denn sie war freundlich und bescheiden und schön wie ein Engel, sie erinnerte mich an meine kleine Schwester, die auch einmal so zart und fein war, die aber jetzt vier erwachsene Kinder hat und in die Breite gegangen ist.

Das Zimmer, das nach Süden lag und einen kleinen

Balkon hatte, gefiel dem Fräulein sehr gut, und es hatte auch nichts daran auszusetzen, daß es so vollgestellt war. Das Fräulein hat sich genau angesehen, was an der Wand hing, den Meisterbrief meines Mannes und die zwei Urkunden mit den goldenen Medaillen von den Wettbewerben, und, schade, hat das Fräulein gesagt, daß Ihr Mann nicht mehr lebt, ich würde mich von ihm frisieren lassen, das kann nicht jeder, ich habe so widerspenstiges Haar, und ich habe gedacht, ja, Engelshaar, ich habe aber nichts gesagt.

Das Fräulein, das an der Universität studierte, ist bald darauf eingezogen, und ich habe ihm geholfen auszupacken, es hat viele Bücher gehabt und die Bücher haben wir in einer langen Reihe auf den Schreibtisch gestellt. Schon an diesem Tag habe ich meine Mieterin gefragt, ob ich sie beim Vornamen nennen dürfe, und sie hat gelacht und genickt, sie hat Eva geheißen, ich habe aber dann doch lieber Fräulein Eva gesagt. Es ist mir zuerst sehr merkwürdig vorgekommen, auf dem Korridor Schritte zu hören und auch, daß jemand zu meiner Wohnung die Schlüssel besaß. Ich habe mich aber daran rasch gewöhnt und nach einer Weile habe ich angefangen, abends darauf zu warten, daß das Fräulein heimkam, und wenn es einmal später wurde, habe ich mir Sorgen gemacht. Das Fräulein führte aber ein sehr regelmäßiges Leben, es saß sogar am Abend noch über den Büchern und nahm sich zum Essen so gut wie gar keine Zeit. Einmal bin ich mit einer Tasse Suppe zu meiner Mieterin ins Zimmer gegangen, und weil sie die Suppe so gierig gegessen hat, habe ich das danach fast alle Tage getan. Während das

Fräulein gegessen hat, haben wir uns unterhalten, das Fräulein hat nach meinem Mann und nach meinem Leben gefragt, und wenn ich richtig ins Erzählen gekommen bin, hat es angefangen, ganz verstohlen wieder in seine Bücher zu sehen. Dann habe ich das Tablett genommen und bin aus dem Zimmer gegangen, und wenn ich irgendwo ein Paar Strümpfe oder einen Unterrock gesehen habe, habe ich die Sachen mitgenommen und sie ausgewaschen, und das hat das Fräulein gar nicht gemerkt.

Beim Aufräumen morgens habe ich mich umgesehen, ob das Fräulein nicht ein paar Photographien hätte, Aufnahmen der Eltern oder der Geschwister oder des Bräutigams, aber es waren gar keine Photographien da. Einmal habe ich mir ein Herz gefaßt und habe gefragt, wie steht es denn da, und auf meine linke Brust gedeutet, aber das Fräulein hat nur gelacht und gesagt, nichts, rein gar nichts, und es ist auch immer allein heimgekommen, wenigstens in der ersten Zeit. Ich habe das nicht recht in Ordnung gefunden, weil das Fräulein so ein hübsches Mädchen war, aber es war mir doch lieber so, als wenn es sich die Fingernägel und sogar die Fußnägel feuerrot angemalt und jeden Augenblick einen neuen Verehrer mit nach Hause gebracht hätte, wie das andere Mädchen tun. Ich glaube, daß ich mich schon damals in Gedanken sehr viel mit dem Fräulein Eva beschäftigt und daß ich es von Anfang an liebgehabt habe. *Meine* Eva, sagte ich zu meiner Bekannten, meine Eva ist erkältet, meiner Eva geht es besser, gerade als spräche ich von meinem eigenen Kind. Meine Bekannte zog dann immer ein

Gesicht, das sieht man doch auf hundert Schritte, sagte sie, daß Ihre Eva Sie nur ausnützt und sich nicht das geringste aus Ihnen macht. Sie hatte aber damit unrecht und alle, die später dasselbe behauptet haben, haben ebenfalls unrecht gehabt. Das Fräulein konnte doch nichts dafür, daß es oft zerstreut war und manchmal kaum guten Abend oder danke sagte, wenn ich bei seinem Heimkommen schon mit dem Tablett dastand, und daß es über die frisch gewaschene und gebügelte Wäsche auf seinem Bett hinwegsah, als läge da weniger als nichts. Sie mußte so viel lernen, meine Eva, mein Engel, wie ich sie auch manchmal, aber natürlich nur in Gedanken, nannte, verschiedene fremde Sprachen und darunter auch solche, die kein Mensch mehr spricht. Ich weiß das, weil sie sich einmal von mir die Vokabeln hat abhören lassen, nur daß ich, wenn sie nicht weiter wußte, das betreffende Wort nicht richtig aussprechen konnte, und das hat sie ungeduldig gemacht.

Das war im Juni, also schon über ein halbes Jahr, nachdem das Fräulein eingezogen ist, und Anfang Juli, an einem schönen heißen Abend hat es an der Haustür unten dreimal geklingelt, und die Eva ist, was sie noch nie getan hatte, aus ihrem Zimmer gekommen und hat gesagt, lassen Sie nur, das ist für mich. Sie hat nicht erlaubt, daß ich auf den Knopf drücke, sondern ist die Treppe hinuntergelaufen, ihre Tasche und ihre Handschuhe in der Hand. Das Klingeln hat sich am nächsten Abend und am übernächsten und beinahe alle Abende wiederholt, und jedesmal ist die Eva ganz schnell weggelaufen, sie ist aber keineswegs spät nach Hause gekommen, sondern schon kurz nach zehn Uhr, und niemals hat sie ihren Verehrer mit in die Wohnung gebracht. Nur daß sie sich jetzt ein bißchen mehr Mühe mit ihren Kleidern gegeben hat, oder, um die Wahrheit zu sagen, *ich* habe mir die Mühe gegeben, jeden Tag habe ich ihr ein Sommerkleid ausgewaschen und es ihr aufs Bett gelegt, und einmal hat sie so etwas gemurmelt wie, das ist ja rührend, aber natürlich, um den Hals gefallen ist sie mir nicht.

Bitte, habe ich einmal gesagt, wenn Sie mit Ihrem Bekannten auf dem Balkon zu Abend essen wollen, ich könnte ein paar Schnittchen machen, aber sie hat nur gelacht und gesagt, was ist denn das, Schnittchen, so als ob das ein ganz ausgefallenes Wort wäre, ein komisches Wort. Es war ihr offensichtlich nichts daran gelegen, ihren Freund heraufzubringen, jedenfalls nicht, bis sie mit ihm verlobt war, also nicht vor dem Herbst. Ich habe mich darüber sehr gewundert, weil ich ja nicht die einzige Frau war, die Zimmer vermietete und weil ich schon viel gehört hatte, wie es jetzt bei den jungen Leuten zugeht, und wie sie zusammenlaufen und wieder auseinanderlaufen, und indessen ist schon alles geschehen.

Im Herbst dann teilte mir die Eva eines Tages mit, daß sie sich verlobt habe, sie wolle jetzt noch ihr Examen machen und dann heiraten, und noch am selben Abend stellte sie mir ihren Bräutigam vor. Ich hatte in meinem Zimmer einen kleinen Imbiß gerichtet, ein Fläschchen Ponysekt und ein paar Pralinen, ich dachte, die jungen Leute würden zu mir kommen, und wir würden anstoßen, ich konnte mir an dem Abend so gut vorstellen, wie einer Mutter zumute ist. Ich sah aber den jungen Mann nur im Korridor, wo es ziemlich dunkel ist, er gab mir die Hand und sagte, angenehm, ja, wirklich, nur dieses einzige Wort. Er war klein und gedrungen und eigentlich gar nicht so, wie ich ihn mir vorgestellt hatte, jedenfalls kein bißchen lustig, obwohl er noch jung und kaum älter als meine Eva war. Die beiden sind an dem Abend gleich weggegangen und das Fräulein Eva ist wieder kurz nach zehn Uhr allein nach Hause gekommen. In der Zeit bis zu ihrem Examen ist sie dann abends nicht mehr ausgegangen, sondern hat ihren Bräutigam heraufkommen lassen. Er ist aber nie lange geblieben, nur ein oder zwei Stunden lang. Wenn ich von meinem Zimmer in die Küche oder ins Badezimmer gegangen bin, habe ich die beiden reden hören und gemerkt, daß sie sich jetzt von ihm die Vokabeln abhören ließ. Niemals habe ich so etwas wie Späße oder Zärtlichkeiten oder Küsse gehört, und ich habe das ein wenig traurig gefunden. Ich habe mich aber dann daran erinnert, daß mein Mann und ich, als wir verlobt waren, meiner Mutter auch nicht genug verliebt getan haben, und ich habe gedacht, daß vielleicht die jungen Leute mit der Zeit kühler werden, ein bißchen kühler mit jeder Generation.

Gleich nach dem Examen, das die Eva sehr gut bestanden hat, ist sie zu mir gekommen, um etwas mit mir zu besprechen, sie ist in mein Zimmer gekommen und hat da gesessen und sich überall umgesehen, wie jemand, der sich alle Maße genau einprägen will. Ich habe gedacht, sie würde mir jetzt kündigen, wogegen ich natürlich nichts hätte einwenden können. Sie hatte aber etwas ganz anderes im Sinn, vielmehr der junge

Mann hatte es im Sinn, und kurz gesagt, wollten sie mir außer dem Zimmer des Fräuleins noch mein Schlafzimmer abmieten, ich sollte mein Bett ins Wohnzimmer stellen, und Küche und Bad sollten wir gemeinsam benützen. Ich habe zuerst einen Schrecken bekommen, alte Leute sind ja von Natur umständlich, und ich habe auch nicht gewußt, was ich mit all den Sachen anfangen sollte, die in meinen Kommoden und im Schrank im Schlafzimmer waren. Aber dann habe ich mich gefreut, daß die jungen Leute überhaupt Lust hatten, bei mir zu wohnen, und daß ich nicht alleine zurückbleiben würde.

Ein paar Tage darauf haben die Eva und ihr Verlobter mir das Zimmer umgeräumt, das am Ende ziemlich voll, aber doch ganz gemütlich war. In die anderen Zimmer sind die Handwerker gekommen, sie haben die alten Blumentapeten heruntergerissen und die Wände weiß getüncht, den Meisterbrief meines Mannes und alles, was vorher da an der Wand hing, haben die jungen Leute nicht mehr haben wollen, der Eva wäre es wahrscheinlich egal gewesen, aber der junge Mann wollte es nicht. Als sie mit allem fertig waren, sind die beiden weggefahren, sie haben von unterwegs eine Heiratsanzeige geschickt.

Daß ich in dem großen Zimmer gewohnt habe, mit Bett und Nachttisch und Sofa und Eßtisch und Kredenz, hat ungefähr ein Jahr gedauert, nein, etwas länger als ein Jahr. Es war in dieser Zeit noch ziemlich ruhig in der Wohnung, weil der junge Mann den Tag über weg war und weil auch die Eva noch arbeiten gegangen ist. Ich habe für sie eingekauft und ihr das

Gemüse gerichtet, und am Abend, wenn die beiden nach Hause gekommen sind, habe ich mich nicht mehr blicken lassen. Ich wäre der Eva gern im Anfang noch ein bißchen zur Hand gegangen und ich hatte auch oft am Abend das Bedürfnis, noch ein paar Worte zu sprechen, wenigstens so viele, wie ich mit der Eva gewechselt hatte, als sie noch nicht verheiratet war. Ich habe aber gleich gemerkt, daß es dem jungen Mann nicht recht sein würde. Er war nicht ausgesprochen unfreundlich, aber wenn ich ihm auf dem Korridor begegnete, hatte er eine Art, durch mich hindurchzuschauen, als wäre ich gar nicht vorhanden, oder als wäre da etwas, das ihm unangenehm oder sogar unappetitlich war. Es ging mir damals schon nicht mehr sehr gut, meine Haut war grau und faltig und meine Haare, die ich, besonders solange mein Mann noch lebte, immer hübsch frisiert getragen hatte, hingen in Strähnen herab. Das Gehen machte mir Mühe und es fiel mir nicht leicht, alle Zimmer aufzuräumen und zu putzen, was aber in dem Kontrakt stand, den der junge Mann aufgesetzt hatte, und sie bezahlten mich ja auch dafür. Ich hatte dadurch jetzt ganz schöne Einnahmen und konnte am Samstag einen Blumenstrauß kaufen, den ich meinen Mietern ins Zimmer stellte, und einen Kuchen backen, den sie ebenfalls von mir geschenkt bekamen.

Auch mit Geld habe ich den jungen Leuten einmal aushelfen können. Nur bis zum Ersten, hatte die Eva gesagt, die bei dieser Gelegenheit einmal wieder bei mir im Zimmer saß, so hübsch und fein mit ihrem rosigen Gesicht und ihren hellen Haaren, ich habe das Geld herausgekramt und sie hat mir zum erstenmal einen Kuß gegeben. Am Ersten pünktlich hat der junge Mann die Miete gezahlt, er hat mich die Quittung unterschreiben lassen und beobachtet, wie meine Hände dabei zitterten, von dem geliehenen Geld war die Rede nicht mehr. Als die Eva das nächste Mal zu mir ins Zimmer kam, teilte sie mir mit, daß sie ein Kind bekommen würde, und ich muß sagen, ich hatte mir das schon gedacht. Sie war in der letzten Zeit sehr blaß gewesen, und als sie bei mir im Zimmer saß, fing sie gleich an, Zigaretten zu rauchen, und sagte, ich krieg ein Kind, ganz ohne Gefühl, so wie man sagt, ich krieg einen Furunkel oder ein Gerstenkorn, und ich glaube, es paßte ihr nicht. Ich freute mich aber sehr, ich fing gleich an zu stricken, Jäckchen und Höschen und kleine Schuhe, und jedesmal, wenn ich wieder etwas fertig hatte, rief ich die Eva in mein Zimmer und sie bedankte sich, aber es interessierte sie nicht. Die beiden jungen Leute gingen jetzt viel öfter als früher am Abend aus, und ich konnte der Eva am Morgen ansehen, wie müde sie war, und daß ihr das Tanzen und Trinken nicht bekam. Eines Abends faßte ich mir ein Herz und ging in die Küche, wo der junge Ehemann das Geschirr abwusch und eine Jazzplatte dazu spielte. Er bot mir keinen Stuhl an und stellte das Grammophon nicht ab. Als ich gesagt hatte, was ich sagen wollte, nämlich daß die Eva sich mehr schonen müsse, wurde er zum erstenmal richtig unangenehm und schrie mich an. Ich habe mir aber nachher gedacht, daß er vielleicht über meinen Anblick erschrocken ist, er bekam mich ja sehr selten zu sehen, und wie ich da an meinem Stock hereinhumpelte, sah ich wahrscheinlich wie ein alter häßlicher Vogel aus.

Die Eva hat diesen Zwischenfall niemals erwähnt. Sie ist weiter arbeiten und weiter am Abend ausgegangen, das Kind ist aber trotzdem gesund zur Welt gekommen. Ich habe der Eva all mein Gestricktes, schön in buntes Seidenpapier gewickelt, in die Klinik gebracht und ein Zettelchen daran geheftet, auf dem die Worte »von der alten Oma« standen. Das kleine Mädchen habe ich nicht zu sehen bekommen, und ich habe auch mit der Eva nicht richtig reden können, weil ein paar ihrer Freunde am Bett saßen und Likör tranken, und wie ich wieder gegangen bin und die Tür hinter mir zugemacht habe, haben sie alle laut gelacht. Die Eva hat mich aber während der paar Minuten einmal sehr lieb angesehen und gesagt, ich solle ihr später das Kind hüten und pflegen, die kleine Gudrun, daß sie groß würde und schön.

So ist es dann auch gekommen, und weil sie so glücklich darüber war, habe ich mich zusammengenommen und nicht gezeigt, daß ich zum Kinderhüten und Wickeln und Breikochen eigentlich schon gar nicht mehr imstande war. Was die Ihnen alles aufladen, hat meine Bekannte gesagt, aber ich war froh darüber, das Kind war sehr niedlich und wir stellten jetzt doch so etwas wie eine richtige Familie vor.

Bald nach der Entbindung wollte Eva durchaus wieder arbeiten gehen. Sie war ja nicht, wie sie es zuerst vorgehabt hatte, Lehrerin geworden, sondern hatte eine Bürostellung angenommen, die ihr sehr behagte, und die beiden hatten schon ziemlich viel, wie sie sagte, zur Anschaffung eines Wagens gespart. Das Kind war den ganzen Tag bei mir, abends holten sie sich das Körbchen ins Zimmer, aber manchmal, wenn sie sehr müde waren und ausschlafen wollten, ließen sie es auch stehen. Die kleine Gudrun schrie zuweilen in der Nacht, und weil ich Angst hatte, daß die Eva von dem Geschrei aufwachen könnte, trug ich das Kind im Zimmer hin und her. Einmal nahm ich es, weil es sich gar nicht beruhigen wollte, zu mir ins Bett, und dort hat es dann so fest geschlafen, daß ich mich nicht traute, es aufzunehmen. Am Morgen schlief es länger als gewöhnlich, und ich lag ganz still und rührte mich nicht. Ich weiß nicht, was Evas Mann an dem Morgen in den Sinn gekommen ist, meistens stand er zu spät auf und hatte es eilig wegzukommen. Aber an dem Tag trat er, ohne anzuklopfen, in mein Zimmer und wollte das Kind holen, er sah uns zusammen im Bett liegen und ich machte nur »psst« und legte den Finger auf den Mund. Er fing aber gleich an zu schreien und so laut, daß ich kein Wort verstehen konnte, und erst nach einer Weile habe ich gemerkt, warum er so böse auf mich war. Ein kleines Kind bei einer alten Frau im Bett, er fand das unhygienisch und unappetitlich, und wahrscheinlich hatte er damit recht.

Von dem Tag an brachte die Eva das Kind morgens zu einer Freundin, einer jungen Person, die selbst ein kleines Kind hatte, und wenn die beiden abends ausgehen wollten, ließen sie die kleine Gudrun dort, auch während der Nacht. Es muß da aber nicht sehr gut gegangen sein, denn eines Tages, schon ein paar Wochen später, kamen sie beide, Eva und ihr Mann, abends zu mir und wollten wieder etwas mit mir besprechen, sie waren beide sehr höflich und freundlich, und ich dachte schon, jetzt geben sie mir das Kind zurück. Es stellte sich aber heraus, daß sie ganz etwas anderes planten. Wie sie sagten, hatte die Eva die Absicht, ihre Stellung aufzugeben, sie wollte von jetzt an zu Hause arbeiten, Übersetzungen und dergleichen. Sie brauchte da einen Raum, in dem sie ihre Kunden empfangen könne, die kämen unter Umständen auch am Abend, ihr Mann wolle nicht gestört werden und man könne ihm auch nicht zumuten, daß er in dem kleinen Schlafzimmer sitze mit dem Kind. Ich verstand schon, worauf sie hinauswollten, ich sagte, ich würde ja gern in das kleine Schlafzimmer ziehen, wenn ich nur nicht so viele Sachen hätte. Aber auch das hatten sie sich schon überlegt. Es gehörte zu der Wohnung noch eine kleine Mansarde, in die könne man die Möbel stellen, – nein, sie selber wollten sie nicht haben, und ich wußte schon, sie gefielen ihnen nicht. Das Kind sollte ich nicht wieder versorgen und aufräumen sollte ich auch nicht mehr, ich konnte mich ja so schlecht bücken und kam nicht mehr mit dem Besen unter die Schränke und Betten, und einmal, als ich die Kommode abzustauben vergessen hatte, hatte jemand, wahrscheinlich Evas Mann, in die feine Staubschicht ein großes Fragezeichen gemalt.

Ich zog also in das kleine Schlafzimmer und räumte nicht mehr auf, aber das Kind bekam ich jetzt ab und zu wieder zu sehen, nämlich, wenn meine Mieter am Abend Gäste hatten, da wußten sie nicht wohin mit der Kleinen und schoben sie mir ins Zimmer und sagten, aber nicht ins Bett. Ich ließ in diesen Nächten meine Nachttischlampe brennen und betrachtete das Kind, das sehr gewachsen war und das jetzt ruhig schlief, mit den Fäustchen rechts und links vom Kopf. Wahrscheinlich hätte ich ohnehin nicht schlafen können, weil es drüben in den Zimmern sehr laut herging, Grammophon und Radio und Spiele, und auch darüber freute ich mich, weil es für eine alte Frau schön ist, junge Stimmen und junges Gelächter zu hören. Obwohl ich es in dem kleinen Zimmer sehr eng hatte, war ich doch nicht unzufrieden. Die Eva war jetzt den ganzen Tag zu Hause und schrieb auf der Schreibmaschine und ich richtete ihr manchmal einen kleinen Imbiß, Kaffee oder Himbeersaft und ein Brötchen und trug ihr das ins Zimmer, und das war fast wie in der alten Zeit. Nur daß es mir in diesen Wintermonaten nicht gutging, ich bekam einen schlimmen Husten und hustete manchmal die ganze Nacht. Das Zimmer, in dem die Eva und ihr Mann schliefen, lag neben meinem Zimmer, und weil ich so große Angst hatte, sie zu stören, traute ich mich manchmal gar nicht ins Bett zu gehen, sondern blieb im Stuhl sitzen, weil man dann viel weniger husten muß. Sie haben es aber doch gehört, und die Eva hat mir eine Hustenmedizin gebracht und gesagt, das ist ja schrecklich, und dann hat sie gefragt, ob es ansteckend wäre, dann solle ich doch lieber nicht mehr in die Küche gehen, wegen der Bazillen und wegen dem Kind. Ich bin also in meinem Zimmer geblieben und die Eva hat mir mittags das Essen gebracht, ein paar Tage lang richtiges Essen und dann noch einen Teller Suppe, aber das war für mich genug.

Im Frühjahr haben sie dann das Auto gekauft, das Geld hatten sie noch nicht ganz beisammen, aber ich habe ihnen etwas von meinem Sparbuch gegeben. Dafür fahren Sie mit uns, hat die Eva gesagt, wir machen schöne Ausflüge zusammen. Aber dazu ist es nicht mehr gekommen, ich war schon zu krank, und ich glaube, sie waren darüber froh. Die Gudrun lief jetzt schon und saß ganz stolz zwischen ihren Eltern in dem roten Wagen. Ich schleppte mich, wenn sie wegfuhren, immer zum Fenster, und manchmal winkte die Eva mir zu. Sie fuhren im Sommer gelegentlich auch zwei oder drei Tage fort, das lange Wochenende, und dann, als sie in Urlaub fahren wollten, beunruhigte sich die Eva, daß jetzt niemand mir meine Suppe kochen würde, und sie schlug darum vor, ich solle in die Mansarde ziehen. Ich habe mich dagegen gesträubt, erstens weil die Mansarde doch voller Möbel war, und zweitens, weil es im Sommer dort unter dem Dach zum Ersticken ist. Ich habe mich aber schließlich überreden lassen, weil in einer anderen Mansarde nebenan eine Frau wohnte, die versprochen hatte, für mich zu sorgen, und weil die Eva gesagt hat, wenn ich allein in der Wohnung bliebe, hätte sie keine ruhige Minute und der ganze Urlaub mache ihr keinen Spaß. Es war ein sehr heißer Sommer, und ich habe die ganze Zeit gut überstanden und einmal habe ich auch eine Karte bekommen mit einer Palme vor einem blauen Meer. Mit der Frau, die für mich gekocht hat, bin ich ziemlich gut ausgekommen, sie war mir nicht gerade sympathisch, aber man kann keine großen Ansprüche stellen, wenn man sich bedienen lassen muß. Ich habe auch gewußt, daß die Zeit vorbeigehen und ich bald wieder in meiner Wohnung sein würde, es war ja mit dem Husten auch besser geworden, nur mein Herz war schwach. Anfang September ist die kleine Familie, meine Familie, zurückgekommen. Von meinem Mansardenfenster habe ich nicht auf die Straße hinuntersehen können, aber ich habe doch immer gewartet, und eines Abends ist es mir vorgekommen, als ob ich Evas Stimme und das Geplapper der kleinen Gudrun hörte.

Es ist aber niemand heraufgekommen und erst ein paar Tage später habe ich von meiner Bekannten erfahren, daß die drei wirklich heimgekommen waren.

Da sehen Sie es, hat meine Bekannte gesagt, ganz gleichgültig sind Sie denen, und überhaupt wollen sie Sie nur los sein, Sie werden schon sehen, in Ihre Wohnung kommen Sie nicht mehr zurück. Gerade an dem Tag aber ist die Eva heraufgekommen, ganz braungebrannt und lustig, und hat mir etwas mitgebracht, was sie unterwegs für mich gekauft hatte, eine Einkaufstasche aus buntem Stroh mit Strohblümchen, und ich habe mich sehr gefreut und habe nicht daran gedacht, daß ich ja nicht mehr einkaufen gehen kann. Wie ich die Eva eine Weile betrachtet habe, habe ich bemerkt, daß sie wieder in anderen Umständen ist. Sie hat das auch bestätigt und hat gesagt, bei der Gelegenheit könnten wir gleich etwas besprechen, nämlich ob es mir nicht hier oben ganz gut gefiele und ob sie nicht die ganze Wohnung haben könnten, die zwei Zimmer würden ihnen, wenn das neue Kind erst da wäre, doch zu eng. Ich bin ein bißchen erschrocken, aber weil die Eva dann etwas gesagt hat von Wegziehenmüssen, bin ich noch mehr erschrocken und habe gedacht, das ist doch nicht möglich, daß ich die Eva und die Gudrun nicht mehr sehe. Die Eva war auch sehr lieb und hat versprochen, sie wird jeden Tag mit dem Kind heraufkommen, und wenn mich die Treppe nicht mehr so anstrengte, sollte ich herunterkommen und bei ihnen sitzen, wenigstens wenn ihr Mann nicht zu Hause wäre, der sei so nervös.

Wir haben es dann so abgemacht und am nächsten Tag ist der Mann von Eva heraufgekommen und hat etwas zum Unterschreiben mitgebracht, weil aber meine Gläser schon lange nicht mehr paßten, habe ich das, was ich unterschrieben habe, gar nicht richtig gelesen. Ich habe eine kleine Summe bekommen für die Möbel, die sie für mich verkauft haben, was, wie der junge Mann sagte, noch ein Glücksfall war, weil den alten Plunder heute niemand mehr will. Ich habe das ganz gut verstanden und auch, daß die beiden von nun an viel weniger Miete zahlen wollten, weil die Zimmer jetzt sogenannte Leerzimmer waren. Das Geld für die Möbel hat noch auf dem Tisch gelegen, und ich habe etwas davon gesagt, daß ich es der Gudrun in die Sparkasse geben wollte. Ich habe noch ein bißchen gezögert, weil ich daran gedacht habe, daß ich es vielleicht für den Arzt brauchen würde, aber der junge Mann hat ganz schnell die Hand darauf gelegt und dann war es weg. Ich habe plötzlich Tränen in den Augen gehabt, aber nicht wegen dem Geld, sondern weil ich mit einem Male daran gezweifelt habe, daß die Eva jeden Tag heraufkommen und das Kind mitbringen würde. Ich habe den jungen Mann gebeten, sie daran zu erinnern, aber er hat nur gesagt, jeden Tag, ist das nicht ein wenig unbescheiden, und hat gelacht. Er hat natürlich recht gehabt, es war wirklich unbescheiden von mir und wahrscheinlich hat sich die Eva auch darüber geärgert, denn sie ist höchstens jede Woche einmal gekommen und das Kind hat sie auch nicht immer mitgebracht. Sie ist auch nie lange geblieben, weil es nun schon Herbst und in der Mansarde recht kalt war, und später, als sie den dicken Leib hatte, habe ich ihr selber gesagt, sie solle die steile Treppe nicht mehr gehen. Ich war in der Zeit auch wieder krank, der alte Husten, und die Nachbarin war auch krank, oder es war ihr zuviel geworden, für mich zu kochen und mein Bett zu machen und nach mir zu schauen. Mitte November, als ich die Eva schon drei Wochen lang nicht gesehen hatte, ist an einem Samstagmorgen der junge Mann zu mir gekommen und hat einen Arzt mitgebracht und der Arzt hat mir eine Überweisung ins Krankenhaus geschrieben. Ich war damit ganz zufrieden, weil ich schon drei Tage kein warmes Essen mehr bekommen hatte, und auch weil ich dachte, daß im Krankenhaus gewiß ein Aufzug ist, so daß mich die Eva besuchen könne, ohne Mühe davon zu haben. Ich bin dann am nächsten Tag auf einer Tragbahre die Treppe hinuntergeschafft worden, und ich habe gedacht, unten wird meine Wohnungstür offenstehen. Die Eva wird da sein, und wenn ich schön bitte, tragen mich die Männer auch für einen Augenblick in meine alte Wohnung hinein.

Die Tür war aber zu und es ist mir eingefallen, daß es gerade die Zeit war, in der die Eva das Kind in den Kindergarten bringt. Ich habe also nur einen Blick auf die Tür geworfen, das Schild mit meinem Namen war nicht mehr da, und das hat mir ein merkwürdiges Gefühl gegeben, so als sei ich selbst schon gar nicht mehr da. Das Auto, in das sie mich geschoben haben, ist ganz schnell durch die Stadt gefahren, und der Wärter, der neben mir gesessen hat, hat Späßchen gemacht und mich gefragt, ob ich denn durchaus schon sterben wolle. Das hat mich auf einen Gedanken gebracht und kaum, daß ich im Krankenhaus in meinem Bett lag, habe ich die Schwester um Briefpapier gebeten und habe eine Art von Testament gemacht. Die Schwester hat mir sehr freundlich dabei geholfen, aber wie sie gemerkt hat, daß ich alles, was ich gespart habe, der Eva hinterlassen wollte, hat sie den Kopf geschüttelt und gefragt, ob ich denn keine Verwandten habe. Die Eva, habe ich gesagt, das ist mein Kind, und die Schwester hat mir das Fieberthermometer eingelegt.

Ich bin jetzt seit vier Wochen im Krankenhaus. Ich lag zuerst in einem großen Zimmer mit vier anderen Frauen, erst vor kurzem haben sie mich in diese kleine Kammer gebracht. Die Frauen haben sich beständig beklagt und nie hat ihnen jemand etwas recht machen können. Ich habe ihnen aber ganz geduldig zugehört, weil sie dann auch geduldig zuhören mußten, wenn ich ihnen von meiner Familie erzählte. Meine Tochter, habe ich gesagt, und mein Schwiegersohn, und mein Enkelkind, und an den Besuchstagen habe ich jeden Augenblick nach der Tür geschaut, ob sie nicht hereinkommen, große Blumensträuße im Arm. Das ist so lange gegangen, daß die Frauen angefangen haben, sich lustig zu machen, und weil ich mich auch manchmal versprochen und statt von meiner Eva von meinem Engel geredet habe, haben sie angefangen, sich mit dem Finger an die Schläfe zu tippen. Aber daraus habe ich mir nichts gemacht. Ich habe ja gewußt, daß junge Leute nicht viel Zeit haben, und daß es sehr unbescheiden von mir war, zu erwarten, daß sie ihre Feiertage in einem Krankenhaus verbringen. Nur meine Bekannte, die selbst alt ist und nichts zu tun hat, ist jeden Sonntag gekommen. Aber von mir aus hätte sie auch wegbleiben können, weil sie die ganze Zeit nichts anderes getan hat als auf die Eva und ihren Mann zu schimpfen und zu sagen, daß sie mich schon ganz vergessen haben und ich sie überhaupt nicht mehr wiedersehen werde. Ich will sie aber wiedersehen, schon um ihnen zu sagen, daß sie alles von mir erben, und ich weiß auch, daß sie vor meinem Tode noch einmal kommen werden. Besonders in den letzten Tagen, die ich noch in dem großen Zimmer verbracht habe, habe ich sie immer wieder ganz deutlich vor mir gesehen. Da standen sie in der Tür, die Eva hatte das Neugeborene, einen Jungen, auf dem Arm, und die kleine Gudrun riß sich von der Hand ihres Vaters los und lief auf mich zu. Die Frauen in ihren Betten waren ganz still, weil sie so etwas noch nicht gesehen hatten, so etwas Schönes wie meine Familie, die jetzt langsam näher kam und Blumensträuße auf mein Bett legte, so viele Blumen, sie deckten mich damit zu. Aber Fräulein Eva, habe ich gesagt, was machen Sie denn, weil sie mir die Blumen nun auch aufs Gesicht legte, und dann waren es gar keine Blumen mehr, sondern es war Erde und die Erde fiel mir in die Augen und in den Mund.

Jetzt haben sie mich hierhergebracht, vielleicht weil ich nachts so laut spreche und immer dieselbe lange Geschichte erzähle. So ein kleines Loch ist das, mehr als ein Besucher kann da gar nicht eintreten und darum, wenn die Eva jetzt kommt, kommt sie allein. Ja, allein ist sie, und was hat sie für ein seltsames Kleid an, schwarz mit silbernen Flügelärmeln, nichts für den Vormittag, aber ist denn noch Vormittag, es ist Abend, es ist Nacht. An mein Bett tritt die Eva und stampft ungeduldig mit dem Fuße auf, was aber nichts anderes sein kann als ein Scherz. Sie hat wieder Blumen mitgebracht und wieder legt sie sie mir aufs Gesicht. Ja, mein Engel, sage ich, sobald ich ein wenig Luft bekomme, und erschrecke, weil ich sie jetzt bei ihrem richtigen Namen genannt habe und zum ersten Male. Die Eva ist aber darüber nicht böse. Sie lächelt und legt ihre Hand auf die Blumen, sie ist so schön wie damals, als sie aus Italien zurückgekommen ist, schön wie ein Engel, und langsam, langsam drückt sie mich immer tiefer hinab.

Schiffsgeschichte

Wenigstens dem Don Miguel hätte eigentlich einiges auffallen müssen an dem Schiff, auf das er seine Schwester Viola begleitete, und das, wie sich später herausstellte, nicht das richtige war. Man war spät, fast zu spät zum Hafen gekommen, die Träger hatten sich in der Zollhalle des Gepäcks bemächtigt, Quai Nr. 5, und über die Laufbrücke war, obwohl das letzte Zeichen schon gegeben wurde, Don Miguel noch mitgegangen und hatte sich darum gekümmert, daß seine Schwester eine Kabine bekam. Es hatte einige Schwierigkeiten gegeben, war aber schließlich doch in Ordnung gekommen, und Don Miguel hatte Viola, die, in Tränen aufgelöst, auf einem der Strohstühlchen der sogenannten »Terrasse« saß, zum Abschied geküßt. Kaum, daß er wieder auf festem Boden stand, hatte der Kran die Brücke abgehoben. Don Miguel hatte die schwerfälligen Manöver des Ablegens beobachtet und zu seiner Schwester hinaufgewinkt, die plötzlich in einer, wie ihm schien, recht übertrieben flehenden Bewegung die Arme nach ihm ausgestreckt hatte und, in dieser Stellung verharrend, immer kleiner geworden war. Am Quai entlangschlendernd, hatte er dann mit einemmal groß und funkelnd die ›Lutetia‹ gesehen, den Dampfer, den er für die Reise seiner Schwester ausgesucht hatte, und war eine Weile lang bestürzt gewesen, ja, geradezu verstört. Schließlich hatte er sich damit getröstet, daß auch der andere Dampfer nach Marseille fahren mußte, da er ja eine Kabine dorthin verlangt und auch erhalten hatte. Er hatte sich, zu Hause angelangt, mit dem Schiffahrtsbüro verbinden lassen und nach dem Namen des fremden Schiffes gefragt, dieser war aber nicht herauszubekommen gewesen, zu den regelmäßig zwischen Südamerika und Europa verkehrenden Linien gehörte der Dampfer nicht. Ein von einer Reisegesellschaft gecharterter hätte es sein können, man wollte dem Don Miguel noch Bescheid geben, er erfuhr aber nichts. Natürlich konnte er, da er den Namen des Schiffes nicht wußte, auch nicht telegraphieren, er mußte abwarten, bis seine Schwester ihm einen Brief schrieb, der aber frühestens in Teneriffa von Bord gehen konnte. Die von ihm errechnete Zeitspanne verging jedoch, ohne daß er die erwartete Nachricht bekam. Nach dieser Zeit benachrichtigte Don Miguel die Polizei.

Von Don Miguels genauen und leider völlig ergebnislos verlaufenden Nachforschungen soll hier die Rede nicht sein, nur von seinen allnächtlichen Bemühungen, sich das Schiff vorzustellen, auf dem er Viola zurückgelassen hatte. Soviel er sich erinnerte, war es ein sehr altmodisches Schiff gewesen, und er begriff mit einem Mal nicht mehr, wie er es mit der erst vor kurzem in Dienst gestellten ›Lutetia‹ hatte verwechseln können. Die Salons, die er, auf der Suche nach dem Kommissar, durcheilt hatte, waren im Stil des zweiten Kaiserreichs möbliert gewesen, und statt der funkelnden Bars, die man auf den modernen Schiffen findet, hatte es auf dem »die Terrasse« genannten Teil des hinteren Verdecks nur ein kleines Holzbuffet, ein paar Gruppen von Strohstühlchen und ein paar staubige Topfpflanzen gegeben. Auf einem Podest hatte, in Hemdsärmeln übrigens, eine Kapelle gesessen und geübt, und zwar, soviel Don Miguel sich erinnern konnte, einen altmodischen Wiener Walzer, der ›Rosen aus dem Süden‹ hieß. Die Uniform des Kommissars hingegen war nach der letzten Mode geschnitten gewesen, wie überhaupt dieser Kommissar etwas Flottes, Elegantes gehabt und zudem noch, sich vorstellend, einen adligen Namen gemurmelt hatte. Wir nehmen keine Passagiere mehr auf, hatte er hochmütig behauptet, und erst, nachdem Don Miguel ihn zu seiner Schwester geführt und er einen Blick auf Violas weiches, ein wenig verschwommenes Gesicht geworfen hatte, hatte er ihr die Kabine zugesagt.

Weich und ein wenig verschwommen war Violas Gesicht schon immer gewesen, schon als junges Mädchen, schon als Kind. Und war sie nicht bei allen Abschieden über alle Gebühr traurig geworden, so als sollte jeder der letzte sein? Verstiegen, so hätte man sie auch nennen können, zumindest wenn man diesen Ausdruck von einem Mondsüchtigen herleitet, der in gefährlicher Bewußtlosigkeit auf den Dächern spazieren geht. Don Miguel, der zeitlebens mit beiden Beinen fest auf der Erde gestanden hatte, war sie so erschienen und er war ihr gegenüber immer etwas ratlos gewesen, ratlos auch am Tag ihrer Abreise, der Violas 40. Geburtstag war. Da nämlich, als sie alle zusammen beim Frühstück gesessen und er, seine Frau und seine Kinder Viola schon Grüße aufgetragen hatten an den Schwager und Onkel – du siehst ihn ja heute nacht schon – da war Viola vor diesem raschen Wiedersehen mit ihrem Mann plötzlich zurückgeschreckt, hatte Unklares gemurmelt von Geburtstag und Sich-etwas-wünschen-Dürfen und hatte schließlich darauf bestanden, die Flugkarte zurückzugeben und mit dem Schiff zu reisen. Nicht hier sein, nicht dort sein, nirgends sein – diese ziemlich unverständlichen Worte hatte sie mehrmals wiederholt und dabei einen wirklich zum Kopfschütteln merkwürdigen Ausdruck in den Augen gehabt.

Don Miguel, der nachts jetzt oft schlaflos lag, schüttelte noch in der Erinnerung an Violas Benehmen den Kopf. Daß die Schwester, die, wie er immer geglaubt hatte, in einer glücklichen Ehe lebte, plötzlich auf die fragwürdigen Liebesabenteuer einer Seereise auszugehen im Sinne gehabt hatte, war ihm mehr als unwahrscheinlich; es wäre ihm aber immerhin noch lieber gewesen als dieses plötzliche Verlangen, für eine Weile zu verschwinden, das ihn daran erinnerte, mit welcher Leidenschaft sich Viola als Kind versteckt hatte, und auf wie gefährliche Weise, in Truhen, deren schwere Deckel zufallen, in Sandgruben, deren Wände einstürzen konnten.

Sobald Don Miguel anfing, sich das namenlose und nicht feststellbare Schiff als ein solches Versteck vorzustellen, fing er in seinem Bett zu schwitzen an. Jedesmal sprang er am Ende solcher Überlegungen auf, lief auf die Dachterrasse und sah auf das Stückchen Atlantischen Ozean, das er da, zwischen niederen Palmen und Wolkenkratzern vor sich hatte. Er hatte die geheime Hoffnung, das Schiff könne, von irgendeinem Schaden befallen, umdrehen und den Hafen wieder aufsuchen. Er würde ihn schon erkennen, den alten

Kasten – aber sooft er auch bis zum Morgengrauen frierend ausspähte, es zog ein solches Schiff nicht in der Ferne vorbei. Dagegen bekam Don Miguel eines Tages von seiner Schwester doch Nachricht, und sogar einen Brief von ihrer Hand.

Dieser Brief, den der Postbote am 16. August brachte, war in ziemlich schlechtem Zustand, so als wäre er zwar nicht naß, aber doch sehr feucht und dann wieder trocken geworden. Er war zerknittert und schmutzig, und da er nicht freigemacht war, mußte Don Miguel Strafporto zahlen. Wie man sich denken kann, hinderte ihn das nicht, angesichts dieses dicken Briefes die größte Freude und Erleichterung zu empfinden. Das Schiff ist also angekommen, dachte er und war schon im Begriff, den Hörer abzunehmen und eine der Dienststellen anzurufen, die er vorher mit seinen Fragen verrückt gemacht hatte. Es drängte ihn dann aber doch, zuerst zu lesen, was seine Schwester geschrieben hatte, wie es ihr ergangen war und wo sie sich befand.

Der Brief, den Don Miguel einige Minuten später auf seiner Terrasse öffnete, war umfangreich, er bestand aus einer Menge dünner Blätter, die offensichtlich an verschiedenen Tagen beschrieben und auch datiert worden waren, doch hatte sich die Absenderin die Mühe, die Blätter zu ordnen, nicht gegeben. Der pedantische Don Miguel, der ja nun zu wissen glaubte, daß seine Schwester lebte, unterzog sich dieser Mühe gern. Er fand als erstes Datum den zweiten Tag nach Violas Abreise, als letzten den 15. Juli, das Papier war kein von der Schiffahrtsgesellschaft den Passagieren zur Verfügung gestelltes, der Brief war nicht gestempelt und ein Hafen war auch auf dem letzten der Blätter nicht genannt. Durch diese Tatsache wurde Don Miguel, der noch kein Wort gelesen hatte, in eine merkwürdige Unruhe versetzt. Er stand auf und rief seine Frau, seine Schwiegermutter und seine fünf Kinder, die sich auch gleich um ihn herumsetzten und fragten und plapperten, bis er ihnen Schweigen gebot. Es war da schon bald Abend, die großen roten Blüten der Terrassensträucher schlossen sich, ein Schwarm von kleinen gelben Papageien flog in eine Gewitterwolke hinein. Vom Strand her hörte man das Geräusch der starken Brandung, ein Geräusch, das Don Miguel seit zweiundvierzig Jahren gewöhnt war, das ihn aber heute mit Unbehagen erfüllte. Er hatte noch nicht lange gelesen, als dieses Unbehagen so groß geworden war, daß er seine Stimme zu einem Flüstern dämpfte. Später las er sogar leise, bewegte nur noch die Lippen, und die zahlreichen Mitglieder seiner Familie sahen ihn ehrfürchtig und ängstlich an.

Der Brief, oder besser gesagt das erste Blatt des Briefes, begann fröhlich, es ist schwül, aber es geht mir gut, ich habe eine ziemlich große Kabine, ein wahres Wunder, denn was der Kommissar Dir gesagt hat, stimmt: das Schiff ist überbelegt und, wie es scheint, von Flüchtlingen, was ich mir, da es zur Zeit bei uns weder Kriege noch Revolutionen gibt, schwer erklären kann. Auffallend ist die Zahl der Kinder, die an Bord sind und die sich auf allen Decks, ohne jede Aufsicht, bewegen. Bei Tisch sitze ich, wie übrigens die meisten Passagiere, an einem Tischchen allein. Ich habe darum noch niemanden kennengelernt. Alles ist anders als auf der ›Nettuno‹, auf der wir, Du erinnerst Dich, einmal zusammen die Reise machten. Aber ich könnte Dir noch nicht sagen, worin die Unterschiede bestehen. Ich will jeden Tag an diesem Brief ein bißchen weiter schreiben, damit Du Dir am Ende ein Bild machen kannst.

Ich muß sagen, hieß es auf dem zweiten Blatt, daß dieses Schiff, das übrigens nicht, wie Du sagtest, ›Lutetia‹ heißt, mir von Tag zu Tag besser gefällt. Eine Einteilung in Klassen, wie sie auf der ›Nettuno‹ so streng durchgeführt wurde, gibt es hier nicht. Alle Passagiere nehmen die übrigens bescheidenen Mahlzeiten gemeinsam ein. Die Filmvorführungen finden nicht in den Salons, sondern draußen, auf der sogenannten Terrasse, statt, und es ist hübsch, wie die Bewegung des Schiffes die Leinwand schwanken läßt und der Mond bald rechts, bald links von dem erleuchteten Viereck erscheint. Die Kapelle, die abends auf der Terrasse für alle Passagiere zum Tanzen aufspielt, läßt jeden Tag vor dem Mittagessen eine Stunde lang Wiener Walzer hören, wozu ebenfalls alle Passagiere sich versammeln. Getanzt wird aber um diese Tageszeit nicht. Obwohl wir schon fünf Tage unterwegs sind, ist die auf allen Schiffen übliche Einladung zum Cocktail des Kommandanten noch nicht ergangen. Der Kommandant zeigt sich nicht, und es sind nur wenige Matrosen und so gut wie gar keine Offiziere zu sehen.

Du würdest lachen, lieber Bruder, stand auf dem dritten Blatt, wenn Du wüßtest, in was für eine Gesellschaft ich geraten bin, lauter Träumer und Spinner, die auf keine Frage eine vernünftige Antwort geben. Lauter Einzelgänger zudem, bis auf ein junges Paar, schöne Menschen mit langen messinggelben Haaren, die Hand in Hand ihre Deckspaziergänge machen und nur ab und zu stehenbleiben, um sich in die Augen zu sehen. An den Spielen, die der Kommissar veranstaltet, beteiligen sich die beiden nicht, während die andern Passagiere, wenn auch nachlässig und in täglich geringerer Anzahl, Tauringe werfen oder Holzscheiben in ein mit Zahlen versehenes Feld schlittern lassen.

Das vierte Blatt handelte von dem Photographen, es gibt einen hier, wie auf allen Schiffen, aber Du glaubst nicht, was für ein Nichtskönner das ist. Er hat ein schlaues Fuchsgesicht und einen weißen Spitzbart, überall schleicht er herum und stellt in Windeseile sein Dreibein zurecht. Auf seinen Photographien, jedenfalls auf denen, die er von mir gemacht hat, ist außer einem Stück Reling und einem Stück Himmel darüber aber nichts zu sehen. Solche Bilder, Schiffshintergründe ohne Personen, sind in seinem Kasten zu Dutzenden ausgestellt. Er preist sie an, sehen Sie nur die peruanischen Zwillinge, sehen Sie nur die schöne junge Chilenin, und ich gebe mir alle Mühe, drehe die Photographien, bis sie auf dem Kopf stehen, und hoffe, wie auf den alten Vexierbildern, in einer Taurolle, einem Rettungsring ein Händchen, ein spitzes Gesichtchen zu entdecken. Der Photograph wird endlich böse und nimmt mir die Bilder weg. Er hat darauf bestanden, daß ich meine Aufnahmen bezahle, ich will sie Dir hier beilegen, sag mir, was Du darauf siehst und ob ich vielleicht im Begriff bin, den Verstand zu verlieren.

Wie Don Miguel bereits vermutet hatte, lagen die

angekündigten Photographien nicht bei. Auf dem fünften Blatt, das er, verzagt nun schon, zur Hand nahm, hatte Viola wieder allerlei Erstaunliches aufgezeichnet, wie die Tatsache, daß es auf ihrem Schiff schlechthin unmöglich war, das Datum, die Uhrzeit und die Position des Schiffes festzustellen. Alle Uhren, so schrieb sie, werden unaufhörlich zurück- oder vorgestellt, auf dem Wege zum Mittagessen mag es zwölf Uhr sein, auf dem Rückweg in die Kabine aber bereits siebzehn Uhr. Ein im Salon befindlicher Kalender zeigt einmal einen lang vergangenen, dann wieder einen noch in weiter Ferne liegenden Tag. Das Fähnchen, das auf einer Karte des Ozeans unsere jeweilige Position deutlich machen soll, befindet sich zur Zeit im nördlichen Eismeer, was wohl ein Scherz des mit dem Fähnchenstecken beauftragten Offiziers ist. Das Erstaunlichste ist die Bordzeitung, die an einem Tag von Ereignissen aus dem vergangenen Jahrhundert und am nächsten von gerade stattgehabten Empfangsfeierlichkeiten auf der Venus berichtet.

Niemand, schrieb Viola auf dem sechsten Blatte, ist neugierig, niemand wundert sich, niemand fragt. Dabei ist doch vieles zum Verwundern, zum Beispiel, daß die Funkerkabine nicht besetzt ist und man keine Telegramme aufgeben kann. Ich ging heute, in der Absicht, euch eine Nachricht zu schicken, auf den Ponte Commando, fand aber keinen Menschen, auch kein Licht in einem der Räume, nur verschiedene große Hunde streunten dort zu meinem Schrecken frei herum. Schließlich sah ich in dem nur für die Besatzung bestimmten Teil des obersten Verdecks doch einen

Lichtschimmer und hörte aus dem erleuchteten Raum auch Stimmen dringen. Die Tür ließ sich nicht öffnen, ich blieb aber stehen und horchte, sah auch durchs Schlüsselloch Uniformknöpfe und Tressen blinken. Die Stimmen wechselten sich ab, man las oder rezitierte, und nach einer Weile verstand ich auch, was, Dantes Göttliche Komödie nämlich, und des Paradieses letzten Gesang.

Blatt Nummer sieben, sagte Don Miguel seufzend, er las hier noch laut, ja mit einer besonders kräftigen Stimme, die seine Besorgnis übertönen sollte. Ich fragte heute den Kommissar, ob wir denn den Äquator noch nicht überquert hätten, was nach der Anzahl der hier aufgezeichneten Tage längst hätte der Fall sein müssen. Der Kommissar sah mich überrascht an, antwortete aber nicht. Ich gab ihm meine Post, Ansichten des Schiffes mit Grüßen für meine Freunde und für Deine Kinder, und er steckte sie in einen großen Sack, der, wie ich annahm, in Teneriffa von Bord gehen sollte und dem ich im letzten Augenblick auch dieses kleine Tagebuch noch anzuvertrauen gedachte. Am späten Abend, als ich auf Deck spazierenging, sah ich zu meinem Entsetzen, wie ein Matrose mit eben diesem Sack an die Reling ging und seinen Inhalt ins Meer schüttete. Ich erzählte heute mehreren Leuten von dem Vorfall, der mich sehr erregte. Es schienen aber alle, die ich darauf ansprach, das Verhalten des Matrosen ganz in der Ordnung zu finden.

Zu diesem Blatt, sagte Don Miguel, gibt es noch einen Nachtrag, und schnitt damit die erstaunten und wehklagenden Zwischenrufe seiner Frau und ihrer

Mutter kurzerhand ab. Ich bin später in der Nacht, las er weiter, noch einmal ins Freie gegangen und bin dadurch zum Zeugen einer nächtlichen Rettungsübung geworden. Diese Übung war nicht für die Passagiere, sondern für die Besatzung bestimmt. Es beteiligten sich an ihr aber nur eine Handvoll Matrosen, sie glich einem Angsttraum und beunruhigte mich sehr. Das große Rettungsboot nämlich, das aufs Meer heruntergelassen werden sollte, blieb stecken und war mehr als zwanzig Minuten lang nicht weiterzubewegen. Als es endlich auf dem Wasser lag, gelang es den Matrosen nicht, es vom Schiffsrumpf zu entfernen. Sie alle schienen weder des Ruderns noch des Steuerns mächtig, in ihre roten Westen gezwängt, sandten sie stumme hilfesuchende Blicke die Bordwand hinauf.

Die Schrift des achten Blattes gefiel Don Miguel nicht, sie machte seltsame Sprünge und schlich dann wieder geduckt auf den Zeilen hin. Ich habe Angst, schrieb Viola (und hier war es, daß ihr vorlesender Bruder seine Stimme zu einem Flüstern senkte). Warum spricht niemand mit mir, warum spricht überhaupt niemand mehr? Die Passagiere verschwinden in ihre Kabinen, von der Besatzung ist niemand zu sehen. Obwohl wir die Küste, zumindest die ihr vorgelagerten Inseln längst erreicht haben müßten, zeigen sich am Horizont nur schwere Gewitterwolken und niederstürzende Regenböen, zwischen denen ein kleiner feuriger Kegel allabendlich ins Wasser sinkt. Es gibt jeden Tag weniger zu essen, so als seien die Vorräte des Schiffes bald erschöpft. Ich erinnerte mich heute an den portugiesischen Dampfer, der vor einigen Jahren, in der

Hand von Rebellen, auf dem Ozean umherirrte, wobei die Besatzung mit Maschinengewehren in Schach gehalten wurde und die Passagiere ebenfalls nichts mehr zu essen bekamen. Es sind aber hier keine wilden Männer mit Maschinengewehren zu sehen. Als ich heute abend auf die Terrasse kam, fand ich dort nur die Kinder, diese vielen offenbar allein reisenden Kinder, von denen ich Dir bereits berichtet habe. Mit schrillen Schreien, die denen der Möwen in unserem lang verlassenen Hafen ähnelten, bewegten sie sich auf der dunkeln Tanzfläche, liefen wie Seiltänzer über die großmaschigen Netze, mit denen in der Nacht die Schwimmbecken bedeckt werden, und kletterten auf Strickleitern in die Rettungsboote, wo sie dann, hoch aufgerichtet, winkten und auf kleinen Pfeifen gellend pfiffen.

Hier fuhr Don Miguel zusammen, weil seine eigenen Kinder anfingen zu kichern und auf ihren Fingern zu pfeifen. Schnell und mit strenger, aber leiser Stimme begann er das nächste Blatt, ich habe mir heute ein Herz gefaßt und den Kommissar gefragt, wann wir ankommen werden. Ich habe darauf eine Antwort bekommen, aber eine, die ebenfalls in einer Frage bestand. Ankommen, wo? fragte der Kommissar, und ich muß sagen, daß mich ein Schauder überlief. Ich hatte gerade zu Mittag gegessen, einen winzigen Pudding, blaß wie Mondschein, in einer roten glitzernden Sauce, und zündete mir die letzte Zigarette an. Wie ich über die kleine Flamme meines Feuerzeugs hinweg den Kommissar verwundert anstarrte, kam er mir plötzlich bekannt vor, das heißt, er erinnerte mich an jemanden,

den Du auch gekannt hast, an diesen hochmütigen französischen Jungen, der mit uns in der Schule war und der auf unserer Schulreise an den Amazonas von einem Krokodil angefallen worden ist. Zugleich aber ähnelte er mit seinen vorstehenden Zähnen selbst einem Krokodil. Ich erschrak und wandte mich ab, während der Kommissar, übrigens ganz in der Art des französischen Jungen, in die Hände klatschte, um wieder einmal ein Spiel in die Wege zu leiten. Zwei Passagiere mußten sich mit in die Luft gestreckten Beinen auf Flaschen setzen und sich dort im Gleichgewicht halten, was sie, mit todernsten und verzerrten Gesichtern, eine Weile lang auch zustande brachten. Am Ende standen sie auf und verbeugten sich voreinander, ehe der Kommissar dem einen ein seidenes Halstuch, dem andern ein winziges Modell unseres Schiffes übergab.

Und nun das zehnte Blatt, das mit den Worten »lieber Bruder« begann. Lieber Bruder, schrieb Viola, ich versuche mir vorzustellen, was Du in meiner Lage tätest, zu den Offizieren gehen, aber sie schließen sich ein und lesen die ›Göttliche Komödie‹, Dich mit den andern Passagieren beraten, aber was ich sage, interessiert sie nicht. Wie im Halbschlaf liegen sie auf ihren Deckstühlen, vielleicht geschwächt durch die mangelhafte Ernährung, vielleicht durch Seekrankheitsmittel in eine Art von Betäubung versetzt. Da sich zu keinem der üblichen Spiele mehr jemand meldet, schiebt der Kommissar die weißen Holzpferdchen allein über die Planken und ruft mit seiner hellen Kommandostimme die Bingozahlen aus. Auch ich liege auf dem Deckstuhl, träge, unbeweglich, während vor meinen Blicken phantastische Wolkenlandschaften sich auftürmen und wieder vergehen. Und während ich in den ersten Tagen noch Vergleiche gezogen habe, da, ein Mann mit einem Sack auf dem Rücken, da, ein Rudel galoppierender Pferde, sehe ich jetzt nur noch Formen und Farben, eine ewige Weltschöpfung aus Licht und Finsternis und einen langsamen Übergang in die kalte, kristalline Reinheit der Nacht.

Don Miguel legte das zehnte Blatt beiseite und überflog das elfte, ja er überflog es nur, es war schon eines der letzten und es war auf ihm ärgerlicherweise wieder die Rede von Sonnenkegeln, die ins Meer sinken, von smaragdgrünen Lichtbahnen und bestimmten, rasch heraufziehenden Sternbildern – zu Don Miguels Beunruhigung waren die letzteren immer dieselben, die der südlichen Hemisphäre, die auch die Sternbilder ihrer beider Kindheit gewesen waren. Es kann doch nicht sein, dachte Don Miguel, daß dieses verfluchte Schiff sich die ganze Zeit nicht von der Stelle gerührt hat. Es konnte schon deswegen nicht sein, weil der Brief, der nur in Teneriffa aufgegeben worden sein konnte, bald zu Ende war. Viola in ihrem verwirrten Zustand mußte nicht recht hingesehen haben. Sie schrieb am Ende des elften Blattes noch etwas Persönliches, nämlich, ich zähle die Bogen nicht mehr, an wen schreibe ich eigentlich, und wer bin ich, ich weiß es und weiß es auch wieder nicht. Es sind jetzt zwei Tage, daß ich mit niemandem ein Wort gesprochen habe, es ist auch niemand zu sehen als die auf den Deckstühlen liegenden verhüllten Gestalten, dicke Kokons, die vielleicht eines Tages in sich zusammensinken, da sind dann die

Schmetterlinge schon ausgekrochen, schöne Falter, die noch einen Augenblick auf den Armlehnen zitternd verweilen. Ich würde dieses Auskriechen und Fortfliegen gerne mit ansehen, aber ich bin müde, es gelingt mir oft nicht, meine Lider zu heben. Nur das Paar höre ich noch an mir vorbeigehen, mit leichten gleichmäßigen Hand-in-Hand-Schritten, nur die Kinder höre ich noch auf ihren grellen Pfeifchen flöten und schreien. Ich habe keinen Hunger mehr, und soviel ich weiß, wird im Speisesaal auch nicht mehr serviert. Jedenfalls gongt es weder mittags noch abends, es werden keine Zeitungen mehr durch die Türritze geschoben und alle Uhren stehen still.

Don Miguel, der, wie gesagt, kopfschüttelnd und ungeduldig dieses Blatt nur überflogen hatte, atmete auf, als er das nächste zu Gesicht bekam. Ich stehe wieder auf, Miguel, hieß es da, ich gehe wieder umher. Ich ertappe mich dabei, wie ich dem jungen Paar nachschleiche oder ihm zu begegnen versuche, eines Tages, meine ich, müssen die beiden vor mir stehenbleiben und mich raten lassen, wer von ihnen der Mond und wer die Sonne (oder das Eichhörnchen und die Eichel, oder der Kolibri und der Ara) ist. Wenn ich es errate, geht eines von ihnen mit mir weiter, einmal um das ganze Schiff herum. Ich spüre eine Hand in meiner, ich bin nicht mehr allein. Auch auf andere Weise versuche ich mich aus meiner Lethargie zu reißen. Zum Beispiel, indem ich mir eure Wohnung oder meine Wohnung in Zürich, euch, meinen Mann oder meine Freunde genau vorstelle. Eben habe ich zu diesem Zweck meine Kabine aufgesucht, schließlich führe ich in meinem

Gepäck eine Menge von persönlichen Dingen, auch Photographien und Briefe mit mir. Zu meiner Überraschung standen auf meinem Korridor alle Kabinentüren offen, die Betten waren frisch überzogen, auf den offenen und leeren Schränken lagen ordentlich zusammengefaltet die roten Rettungswesten, es waren nirgends Gepäckstücke zu sehen. Auch meine Kabine war leer, im Waschraum keine Seife, keine Fläschchen, und kein Morgenrock hing an der Tür. Auf mein Läuten hin kam niemand, ich dachte, man habe meine Sachen in eine andere Kabine gebracht, und durchstreifte nicht nur die naheliegenden, sondern auch die ein Stockwerk höher und ein Stockwerk tiefer befindlichen Korridore, es bot sich mir aber überall das gleiche Bild.

Sie ist wahnsinnig geworden, murmelte Don Miguel und wischte sich den Schweiß von der Stirn. Seine Frau warf kleine Eisstücke in ein hohes Glas und schob ihm die grünliche Flüssigkeit hin. Was ist, fragte sie schüchtern, und ihre Mutter und die Kinder, Schatten nun schon auf der nachtdunklen Terrasse, wisperten ebenfalls, was ist, und beugten sich ihm zu. Wartet noch, sagte Don Miguel heiser und griff nach dem vorletzten Bogen, auf dem gleich zu Anfang die rätselhaften Worte »sie sehen uns nicht« standen.

Sie, das waren, wie sich herausstellte, die von Viola beobachteten, vorüberfahrenden Schiffe, – wie man weiß, gibt es auf dem Ozean bestimmte Routen, die streng eingehalten werden, und eine Begegnung auf der riesigen Wasserfläche ist so selten nicht. Die in einiger Entfernung aneinander vorbeigleitenden Dampfer grüßen sich, durch Flaggenzeichen, aber auch mit dem

Nebelhorn, Viola hatte dieses dreimalige Tuten von früheren Reisen noch gut in Erinnerung. Heute, schrieb sie, ist die ›Augustus‹ in unmittelbarer Nähe vorbeigekommen. Unser Schiff hat dreimal denselben mächtigen Ton von sich gegeben, aber auf der ›Augustus‹ haben sie offenbar weder etwas gehört noch uns gesehen. Am Abend sind wir durch eine ganze Flottille von Fischdampfern hindurchgefahren, auf denen man uns, obwohl das Wetter völlig klar war, auch nicht bemerkt hat, und die wie durch ein Wunder einem Zusammenstoß entgangen sind. Ich habe mich, meiner großen Müdigkeit zum Trotz, an die Reling geschleppt und habe versucht, durch Winken und Schreien die Leute auf uns aufmerksam zu machen. Plötzlich hat mich jemand bei den Schultern gepackt, mich zurückgezogen und mir den Mund zugehalten. Zuerst habe ich geglaubt, es sei der französische Junge, der mich auf jener Reise an den Amazonas, auf der er dann umkam, einmal geküßt und mir, als ich schreien wollte, den Mund zugehalten hat. Es war aber der Kommissar. Sehen Sie denn nicht, sagte er ärgerlich, und ich beobachtete staunend, wie gerade dort, wo ich gestanden hatte, ein Stück der Bordwand abbrach und lautlos in der Tiefe verschwand.

Das vierzehnte und letzte Blatt, das Don Miguel zitternd entfaltete, enthielt so präzise Schilderungen nicht mehr. Er, Don Miguel, war da wieder angesprochen, lieber Bruder, laß gut sein, vielleicht habe ich es so gewollt. Ich denke an unsere Kinderspiele, bestanden sie nicht in einem unaufhörlichen: Dies ist das und dies ist jenes, war nicht jeder Gegenstand in unseren Augen ein völlig anderer und hatte einen anderen geheimen Sinn? Ich habe einmal gehört, daß Menschen in der Nähe des Todes dasselbe erleben, ein Pandämonium von stellvertretenden Dingen, das mit der Vernunft nicht mehr in Ordnung zu bringen ist. Fahren und nicht ankommen, immer rund um den Horizont, keine Inseln, keine Küste, kein Hafen, kein Licht. Ich will Dir aber noch Nachricht geben und natürlich nicht, indem ich meinen Brief in den Postsack werfe, weil die Post aus dem Postsack jede Nacht ins Meer geschüttet wird. In meinem Köfferchen, das ich schon früher immer mit auf den Liegestuhl nahm, habe ich einen kleinen Plastikbeutel, in den will ich den Brief stecken. Sobald wir wieder in die Nähe von Fischkuttern kommen, werfe ich den Beutel, den ich mit meiner Puderdose beschwere, über Bord. Du weißt, daß ich schon als Kind gut werfen und zielen konnte, besser als ein Mädchen das für gewöhnlich kann. Ich werfe, und die Männer, die mich und unser Schiff nicht sehen, fangen ihn und schütteln erstaunt den Kopf. Danach werde ich mich wieder auf meinen Liegestuhl legen und mich in meine Decke einwickeln, eine Decke von zu Hause, eine weiche, indianische mit langen Fransen, blau und grün und rot. Ich werde die Augen nicht mehr aufmachen und weder die Schritte der Liebenden noch das Pfeifen der Kinder hören. Das einzige Geräusch, das ich noch vernehmen werde, wird das stoßweise und mächtige Rauschen der Bugwelle sein.

Nachdem Don Miguel diese letzten Worte gelesen hatte, fuhr er auf und wollte etwas tun, er wußte aber nicht wohin und was. Seine Frau legte ihm die Hand auf den Arm, und die Augen seiner Kinder, die ihn anstarrten, funkelten wie die Augen der Katze, die um die Stuhlbeine schlich. Viola ist nicht angekommen, sagte er traurig, – Viola kommt nicht zurück. Es war jetzt völlig dunkel und am Horizont zeigten sich die Sterne, nach denen sich, mit Hilfe des Sextanten, die Schiffe auf ihren großen Fahrten richten. Auf dem kleinen Stückchen Strand, das man von der Terrasse aus sehen konnte, wurde, wie jeden Abend, eine in den Sand gesteckte Kerze angezündet, eine jener Kerzen, mit deren Licht man die Seelen der Ertrunkenen der Meeresjungfrau empfiehlt. Friede ihrer Seele, murmelten die Frauen und plapperten die Kinder, und alle zeichneten auf ihrer Brust das Kreuz nach, das groß und funkelnd und von vielen Milchstraßen umflossen ihnen zu Häupten stand.

Inhalt

Ein Tamburin, ein Pferd 9
Der Tulpenmann 16
Lupinen 27
Der Tunsch 37
Wer kennt seinen Vater 51
Ferngespräche 64
Zu irgendeiner Zeit 79
Eisbären 90
Die Pflanzmaschine 102
Gewisse Gärten 112
April 126
Das Inventar 138
Silberne Mandeln 148
Der Schriftsteller 158
Die Füße im Feuer 182
Die chinesische Cinelle 199
Der Tag X 213
Der Angehörige 228
Ein Mann, eines Tages 240
Vogel Rock 251
Das Ölfläschchen 262
Der Kustode 271
Ja, mein Engel 287
Schiffsgeschichte 307

Insel Verlag Anton Kippenberg GmbH & Co. KG
Torstraße 44, 10119 Berlin
info@insel-verlag.de
www.insel-verlag.de